明星研究丛书

明星

STARS

[英] 理查德·戴尔 著

北京大学出版社

北京市版权局著作权合同登记号　图字:01－2008－4407
图书在版编目(CIP)数据

明星/(英)戴尔著;严敏译. —北京:北京大学出版社,2010.1
(未名·明星研究丛书)
ISBN 978－7－301－15860－9

Ⅰ. 明… Ⅱ. ①戴… ②严… Ⅲ. 电影演员－人物研究－世界 Ⅳ. K815.78

中国版本图书馆 CIP 数据核字(2009)第 171197 号

First Edition published 1979
Reprinted 1982, 1986, 1990, 1992
Copyright © British Film Institute 1979, 1998
Copyright © Richard Dyer 1979, 1998
Copyright © supplementary chapter Paul McDonald 1998
First published in English by the BRITISH FILM INSTITUTE

书　　　名:	明星
著作责任者:	〔英〕理查德·戴尔　著　严　敏　译
责 任 编 辑:	闵艳芸
标 准 书 号:	ISBN 978－7－301－15860－9/J·0257
出 版 发 行:	北京大学出版社
地　　　址:	北京市海淀区成府路 205 号　100871
网　　　址:	http://www.pup.cn
电　　　话:	邮购部 62752015　发行部 62750672　编辑部 62750673
	出版部 62754962
电 子 邮 箱:	minyanyun@163.com
印 　刷 　者:	北京山润国际印务有限公司
经 　销 　者:	新华书店
	650 毫米×980 毫米　16 开本　21.75 印张　279 千字
	2010 年 1 月第 1 版　2010 年 1 月第 1 次印刷
定　　　价:	39.00 元

未经许可,不得以任何方式复制或抄袭本书之部分或全部内容。
版权所有,侵权必究
举报电话:010－62752024　电子邮箱:fd@pup.pku.edu.cn

策 划 人 语

夏衍先生曾为中国电影下过"先天不足"的论断,对于电影理论的探索比较滞后。新时期国门打开,我们出于"补课"心态,积极译介国外各种电影理论著述。时至今日,已经从初期的单向借鉴,进展到建构有中国特色的影视理论。与此同时,我们仍有必要实行"拿来主义",持续关注海外学界最新研究成果,这便是策划《未名·明星研究丛书》的初衷,首批将集中推出欧美学者撰写的三本明星研究论著。

电影明星构成20世纪一道靓丽的文化风景线。明星效应从一开始就不是个人行为,而是由商业利益、大众审美、社会思潮等外部因素促成的文化现象。电影作为集体创作的艺术,最终唯有演员的形象直接留在拷贝上。当今高科技发展,电影胶片上的化学影像经数字技术刻录到光盘,电影便成了"永久不朽"的观赏文物。那么,每一位从事这门神圣职业的明星,以及有志于银屏演艺的新人,你打算在戏里戏外以什么样的形象传诸后世呢?

李亦中

总　　序

〔美〕张英进

在进入 21 世纪全球化的图像时代后,电影明星早已渗透大众文化的诸多层面,从书刊的封面、插图,街道、地铁的招贴,到电视、网络的影像,明星不停地为商品、政治,也为自己做广告,其"广而告之"的特殊魅力似乎无所不在,无处不灵。2008 年的北京奥运会就是一个众星拱月、皆大欢喜的明星(电影、体育、媒体、政界)表演。然而,与日常生活中多见不怪的追星现象相反,明星研究作为一个学术领域却起步甚晚,明星的象征意义也不如人们想象得那么不言而喻。2005 年 5 月美国《新闻周刊》的封面女郎是章子怡,目的是吸引英文读者思考这么一个政治问题:"中国是下一个世界超级大国吗?"青春靓丽的女性形象配上背景中北京的长城和上海的东方明珠,章子怡就这么成为西方主流媒体心目中代表"新中国的面孔",[1] 但这个新的中国形象(女性)所代表的是什么? 与以往的中国形象(男性、女性)有什么差异? 在西方了解中国的历史中,中国与外国的明星所扮演的又是什么样的角色?[2] 显然,明星研究所关注的类似问题不仅涉及娱乐消遣,也不仅限于通俗文化。经过 30 年的发展,明星研究成为一个跨学科的领域,考察电影、艺术、文化、社会、政治、经济、传播之间错综复杂问题。

---

[1] 见 Newsweek (May 5, 2005)。
[2] 参见张英进:《审视中国》,南京大学出版社 2006 年版,第 66—78 页。

北京大学出版社推出"明星研究"翻译丛书,对于发展中国电影研究有着重大意义。戴尔(Dyer)的《明星》1979年由英国电影研究所出版,公认是明星研究的开山作。戴尔推崇"社会符号学的方法"(sociosemiotic approach),研究作为互文本(intertextual)产品的明星形象,通过社会学与符号学的双重视角,探索明星生产的媒体、文化机制,既仔细阅读电影文本,又广泛分析意义的生产与流通过程,由此将产业与文本、电影与社会紧密联系起来。戴尔的方法首先预设明星文本的多重意义,因为明星的生产、流通和接受本来就是一个多元的过程。戴尔提出"结构的多重意义"(structured polysemy)这一中心概念,研究在什么语境中明星意义的哪些方面被彰显、夸大,或被掩盖、替换。通过论证明星形象本来就是一个充满矛盾、意义含混的文本,戴尔的研究跨越了以往的新闻体或印象式的明星传记、宣传写作,将明星从神话范畴纳入学术视野,为明星研究奠定了坚实的基础。[1]

巴特勒(Butler)指出研究好莱坞明星制度的三个主要方面:一、明星生产(经济、话语结构);二、明星接受(社会结构、主体性理论);三、明星符号学(互文本性、结构的多重意义)。[2]巴特勒的研究框架提醒我们要重视中国电影史中明星制度的建立(如20世纪20年代和90年代)与替换、缺席(如新中国成立后17年的电影、台湾新电影),以及媒体、文化的话语实践对明星的宣传与控制。历史上,明星现象出现在1914年前后,当时明星银幕外的存在开始进入大众话语机制,明星的私人生活成为一个新的知识/真实的场所。[3]当然,除了影星杂志和主

---

[1] Richard Dyer, Stars, London: British Film Institute, 1979.
[2] Jeremy Butler, "The Star System and Hollywood", in *The Oxford Guide to Film Studies*, eds. John Hill and Pamela Church Gibson, New York: Oxford University Press, 1998, p.344.
[3] Richard deCordova, "The Emergence of the Star System in America", in *Stardom: Industry of Desire*, ed. Christine Gledhill, London: Routledge, 1991, p.26.

流报刊有关影星银幕内外的消息报导是一个众所周知的机制,政治环境与产业结构的变迁也直接影响了明星的塑造。"电影明星兜售意义与情感"[1],这一方面表现在影星形象与都市现代性息息相关(如作为时尚消费者代表的明星形象,从老上海的《良友》画报到今日的精品生活杂志),另一方面表现在影星作为主流意识形态的代言人(如新中国成立后银幕内的战争英雄、银幕外的模范电影工作者)。互文本的明星研究督促我们不但要分析银幕内的人物形象塑造,也要关注银幕外的明星表演,尤其是银幕内外明星文本所包含的意义冲突和价值矛盾(如阮玲玉如何成为大众媒体"人言可畏"的牺牲品),或者银幕内外明星形象与生活不可思议的相似和重叠(如赵丹银幕内外作为囚徒、烈士的"我演我"的重复自虐表演)。族裔、性别的"跨界"表演更是影星让几代影迷崇拜不已的多重结构意义:从黄柳霜表演"东方他者"在好莱坞默片时期的崛起,到李小龙之后众多的克隆"李小龙"的功夫片,再到成龙在《醉拳》(1978年)中性别反串所发现的功夫喜剧因素,表演研究敦促我们不但要从多重结构中、更要从多重结构之间的缝隙中挖掘潜在的、另类的、甚至颠覆性的意义。[2]

北京大学出版社推出的"明星研究"丛书,除了戴尔的《明星》外,还收入研究好莱坞女影星和华裔功夫明星的两本专著,前者全面考察奥黛丽·赫本(Audrey Hepburn)这一明星文本的生产和接受过程,后者抽样分析欧美观众如何阅读华裔明星,进而创造属于他们自己的另类

---

[1] Christine Gledhill (ed.), *Stardom: Industry of Desire*, London: Routledge, 1991, p.215。
[2] 参见 Mary Farquhar and Yingjin Zhang (eds.), "Chinese Stars" *Journal of Chinese Cinemas* 2.2 (2008),中国明星研究专辑。

文化意义。[1] 丛书的三本书籍还配有三位中文版特邀在欧美和香港任教的电影专家分别撰写的序言,画龙点睛地勾勒出明星研究的成果,既为中国学者提供及时的学术借鉴,也有利于提高广大读者的艺术欣赏水平。

2009 年 7 月于美国圣地亚哥

---

[1] Rachel Moseley, *Growing up with Audrey Hepburn: Text, Audience, Resonance*, Manchester, UK: Manchester University Press, 2002; Leon Hunt, *Kung Fu Cult Masters: From Bruce Lee to Crouching Tiger*, London: Wallflower Press, 2003.

中文版序言

〔英〕朱莉安·斯特林格*

无论哪一门学科,由一部学术专著来开启整个领域的研究,都是难能可贵的。然而,理查德·戴尔的《明星》恰恰取得了如此的成功。该书于1979年首度出版,大大有助于电影学英语术语的界定和阐明,同时,通过提出崭新的"明星研究"[1](star studies)概念而又完全对之加以超越,30年来,该书一直产生着巨大的影响力。

《明星》是电影学术界第一次所做的锲而不舍的努力,旨在勾勒出对电影明星的社会和美学意义之理论上笃实的研究方法。正如戴尔所述,人们一直在大肆谈论电影名人,却很少深入检视这一现象本身,而他正好为学术界如何能够探讨这一现象提供了蓝图。戴尔在其下一部专著《超凡的胴体:电影明星与社会》(1986)中又对若干个别明星作了进一步的分析。这两部开拓性著作初版几十年来,明星学研究已经硕果累累,但是许多著者在探讨当今一系列最新的论题时依然不断地援引戴尔的著作。[2] 这些最新的论题包括:跨国明星、虚拟明星(virtual stardom)、控制明星之日益复杂的版权问题以及"日常名人"(ordinary celebrities,亦即通过当代"真人秀"电视节目而打造出来的媒体人物

---

* 本序作者系英国诺丁汉大学影视学副教授。
[1] 这是一个心智活动的领域,现已发展到涵盖文化学、文学、政治科学、大众音乐学以电影学、电视学的研究。
[2] 《超凡的胴体:电影明星与社会》分别按照性别、种族和性感三个方面,对好莱坞三位明星——玛丽莲·梦露、保罗·罗伯逊和裘迪·迦伦作了详尽的历史解读。

[media personalities])的涌现等。戴尔的重要贡献在于他提供了将明星作为媒体文本加以分析的语言和方法。《明星》提出了一系列术语,它们后来被影评人们和影视学教师们广泛引用。以前有一种误解,认为演员真实而私密的自我可以从他或她的公共形象所包含的意义中分离出来;针对这种普遍的误解,戴尔坚持认为明星的存在乃是一种"被建构的个体"(constructed personage,见《明星》原著 p.97)。这一作为他论述核心的真知灼见——明星在人们的感知中一直只是被媒介化了的现象——导致他提出了"明星形象"新概念,这一新概念可以供作理解明星形象是由媒体文本——它们可以由营销、宣传、影片、影评和评论等一起组成——建构的复合代表之方法(见原著 p.60)。本书进而界定了其他一些术语,它们同样进入了学术界分析的词汇库,诸如"总体形象"(原著 p.62)、"所建构的多义性"(原著 p.3、p.63)、"形象与人物的匹配"(原著 p.89、p.130)。另外,本书提供了极富开创性的"表演符号"之探讨,进而促成了对电影表演的研究。这些都展现出戴尔对明星如何"将自我和角色的问题戏剧化"之透彻理解(见原著 p.78、p.80 对简·方达的探讨)。与上述这一切相关的内容,在戴尔的《超凡的胴体:电影明星与社会》中都得到了进一步的阐明。

戴尔所关注的对象是好莱坞。他详尽阐释了明星出现在美国商业电影中的原因和方式,阐释了明星在好莱坞"大制片厂体制"(studio system,1910—1950 年代)时期是如何发挥作用的,以及他们在所谓的"后大制片厂"(post studio)时期又是如何以不同的方式时而发挥作用的?他还概述了与特定明星如马龙·白兰度、蓓蒂·台维丝、玛琳·黛德丽、罗伯特·雷德福、约翰·韦恩有关的具体的文化和历史含义。而在做出这些研究的每一步时,戴尔都写出了英国知识界对美国大众文化反应的特点——既五体投地地迷恋,又保持有距离的怀疑。不过,交谈中的个人语气和音色是独一无二的。

戴尔深深感到知识界新的态度需要有新的批评方法,为此他把社会学的分析同符号学的审视结合起来。《明星》1979年首版的封面就为了解戴尔是如何考量的提供了线索。它是一个黑白影调的特写,呈现的是一张脱离人体的嘴——仅仅是一张嘴——尽管人们马上识别出它是属于好莱坞传奇人物玛丽莲·梦露的。这张照片被叠印。它一方面立即给人以认知的震惊,你的注意力被这样的起始(社会学)事实所吸引住,亦即玛丽莲·梦露如此走红,仅凭她的嘴唇这个视觉代表物就能立即认出她来。它同时也激发你的(符号学)欲望,既想解开这个代表物之谜,并询问为什么梦露的嘴唇具有如此的表意功能,另外还思索她的嘴唇是如何产生含义的——换言之,想办法解读这一符号是怎样建构"玛丽莲·梦露"的。

正如上述例子所表明的那样,戴尔颇为关注媒体的材料,而它们通常被忽略为只是短智有用的(诸如明星的魅力照、影片的海报、影迷杂志上的文章等);他深知这些材料都是围绕影片而流通的,所以对它们十分重视。他的"明星形象"之模型就是这样设计的,亦即给读者提供为了解媒体文本表意所必需的各种诀窍。戴尔不得不动用他的批评武器库里的所有装备,目的只有一个,就是引导我们充分地认知和理解。不过,究竟要理解什么呢?

综览理查德·戴尔的通篇著述,他所作的调研之魔力正在于他采取了某种特殊的政治性介入。早在《明星》一书的开始处,他就表明,自己深信"对好莱坞的任何关注,首先必须同西方社会的主流意识形态关联起来"(原著 p.2)。为了不流露出简单化的反好莱坞情绪,戴尔继而概述了美国电影界名人体现资本主义的问题和未解决的紧张关系之种种复杂情况。在他的著作中屡屡出现这样一些关键词,如"矛盾性"、"复杂性"、"含糊不清"、"矛盾情绪"、"颠覆性"。之所以选用这些词语,是为了表明文化的含义从来是不确定的,其原因是个别的生产者和消费者因所处的社会地位不同而有不同的解释。

对戴尔而言,他所写及的社会同他工作所处的社会一样,"其特点是阶级和性别区分明显,其次不可忽视的是种族、性取向、文化、宗教和少数族裔/多数族裔区分明显……在任何社会中——从而在任何社会的思想及其表述中——人们总会识别出这样两种矛盾:一种是处于冲突(潜在或实际的冲突)中的不同群体的意识形态之间的矛盾;另一种是这每一种意识形态内部的矛盾"(见原著 p.2)。像这种同"主流意识形态"(原著 p.2)和"统治权"(原著 p.47)等概念的关联性,在理查德·戴尔的这部著作里俯拾皆是。这也印证了他对自己的社会地位和立场确有敏锐的意识。

为了更加全面地评估《明星》与众不同的学术特点,扼要地概述一下戴尔本人知识构型(intellectual formation)的主要方面,也许是有裨益的。这里有五个关键性的坐标应该强调:其一是戴尔在伯明翰大学当代文化研究中心攻读哲学博士期间和之后不久萌生的英国独特的马克思主义理论模式之影响非常巨大;[1]其二是20世纪70年代心理分析的电影理论(戴尔对其大部分持反对态度)不胫而走,屡见于颇有影响的《银幕》杂志上;其三是英国电影学会教育分部举行的各种活动,这些活动在当时既为《明星》之类书籍的出版提供了机会,又推动着电影学术研究在英国的发展;其四是当时电影学作为一门学科在英国各大学兴起——这一发展部分地可以说明《明星》一书"总括性论述"和宜作教材的特质;[2]最后,不管怎么说,很少有人不被戴尔对女权主义、基

---

[1] 在20世纪60、70年代,多位伟大的社会思想家如斯图亚特·霍尔(Stuart Hall)、理查德·贺加特(Richard Hoggart)和雷蒙·威廉斯(Raymond Williams)都同这个中心有联系。

[2] 20世纪70年代,电影学的研究在英国迅速展开,得益于英国电影学会所倡议的在一些主要机构如沃维克大学内设置讲师(演讲人)职位;戴尔撰写《明星》时正好在沃维克大学执教。现在他任伦敦国王学院电影系教授。

佬和同性恋运动的鲜明态度和深入探讨所吸引[1]。

戴尔研究方法的主要特质是极强的敏感性和深邃的洞察力。他从一开始就有别于英美其他许多学术评论家,他对大众电影持同情的态度。他也很欣赏大众娱乐的一些感性和无形特点,同时质疑现实主义可奉为美学原则的神圣性。再者,戴尔的著述风格十分仔细又深思熟虑。他擅长洞察,力戒泛泛空谈,他深知空谈常常是在故意地损害如今的学术风气,因此总是明确提供自己的结论。

还有,提一下戴尔撰写本书时电影研究的氛围也不无裨益。当时完全不同于现在。《明星》早在盒式录像带问世之前好多年就已经开始撰写,更遑论其他一些先进的家庭影院设备如 VCD、DVD 和蓝光碟(Blu ray)。在 1979 年,互联网更未见其影,纯粹是科学幻想,甚至还没有人给它起名呢。因此,当时研究电影只得到处寻觅并花钱观看影片,至于观影条件明显受到历史限制。在 16 mm 胶片上,可能有也可能没有其片名;可供查询的许多影片的拷贝也许只有在伦敦的国家电影资料馆内才有;可供观看的许多影片也都只在电视上、在轮映影院里放映,或者配合广告片放映。况且,即使依稀记得以前放映的情景,但时隔太久也早已忘怀。从这个方面来说,《明星》烙上了那一时期的许多特征。然而它充满前瞻性的真知灼见再一次超越了时空。

21 世纪的中国读者,若想从本书的所有探讨中寻觅阮玲玉、黎莉莉和赵丹等著名中国影星,将会徒劳无功。那么有无其他办法? 戴尔的这部专著写于李小龙仅为中国电影的偶像而在英、美无人知晓之际,也早于成龙取得突破性的国际成功之前。在这个历史时期,确实只有其

---

[1] 戴尔曾于 1977 年为英国电影学会编辑了一卷颇有影响力的书《同性恋者与电影》(*Gays and Film*)。他迄今笔耕不辍,最新工作是为伦敦全国肖像画廊发行的一本书撰稿,以配合 2009 年"同性恋偶像"大型展览会。戴尔其他论及同性恋以及关于表象论的重要著作包括《现在你请看:同性恋和基佬电影之研究》(*Now You See It: Studies on Lesbian and Gay Film*, 1990)和《怪异文化》(*The Culture of Queers*, 2002)。

他几位亚洲明星为英、美观众所知,他们是早期好莱坞电影的偶像,例如早川雪洲、关南施、黄柳霜[1]。

《明星》从其所属的时代走了出来,又悄悄地带领我们去考量当代文化所充斥的名人之含义。当我们读着它的时候,突然间想象驰骋自如,而新的问题忽又产生了。在中国,电影明星的现状如何?什么是特定时间点的"主流意识形态"?个别的明星形象同此意识形态又有怎样的关联?被建构的中国男女人物身上的复杂性、矛盾性和含糊性特征体现在哪里?这些人物折射出"统一"或"不统一"(原著 p.26)吗?遵循这样一些探究路线,可能会使你想到章子怡晋升至名人的地位,想到周润发、李连杰在全球的成功,还想到汤唯在《色戒》(2007)中裸露演出所招致的丑闻。

在《明星》的结尾处,我们被告知:"如何给观众建立概念模型——有足够的经验可建立这种概念模型——这点对人们关于明星如何工作、影片如何拍摄所能作的任何假设来说是至关重要的。"(原著 p.160)2009 年 7 月,正当我写这些文字的时候,不幸的突发事件为这一论点的准确性提供了也许是最严谨的阐释。迈克尔·杰克逊猝死。他是特立独行的流行乐之王,多亏理查德·戴尔的指引,人们才领悟到他作为文化现象的重要意义。

迈克尔·杰克逊之死在中国成了媒体的头条新闻。他对中国观众意味着什么,思考这一问题,再次触发了天马行空的想象。新浪网将整个网页都献给"这位有史以来最杰出的歌星"。据新华社报道,Mjicn.com 专设杰克逊的官方网站,在他的死讯抢先发布后 1 个小时内帖子多达 27 万个。在中国,透过杰克逊的明星形象,有关种族、性取向、青

---

[1] 这些明星最近都成了亚洲和亚裔美籍学者的重要英语著作的研究论题,他们受戴尔的影响,纷纷傲尤。其中一部最新版本的评论集《中国电影明星》(Chinese Film Stars,由玛丽·法格哈[Mary Farguhar]和张英进编著),定于 2010 年由 Routkedge 在英国和美国出版。

春、财富、名人和公民地位等的话题是如何被议论的呢？中国"网迷"们在悼念他时心中的感受如何呢？这些反应又怎么凭经验加以研究呢？下面援引《三联生活周刊》专栏作家王晓芬的话："（杰克逊的）影响已经超出音乐的范畴，而且涉及到整个社会的许多领域。"理查德·戴尔在《明星》中为我们如何充分理解这一根本真谛的深刻意义提供了一瞥的窗口。

鸣　　谢

　　本书所用的剧照和其他插图,承蒙下列公司、机构和个人提供:贝特曼档案馆、詹姆斯·布拉夫及其"明星丛书"、英国电影学会、CIC(国际电影公司)、电影城(意大利)、哥伦比亚—艾米—华纳公司、约翰·卡莱特及其《摄影机报》、约翰·科巴尔、约瑟夫·克拉夫特、"图片展"、兰克公司、联美公司、"世界广角照片"。

CONTENTS 目　录

引　论 ... 1

第一篇　明星作为社会现象

第一章　明星地位形成的条件 ... 9

第二章　生产：消费 ... 12

　　明星的渊源 ... 12

　　明星作为生产现象 ... 14

　　明星作为消费现象 ... 26

第三章　意识形态 ... 31

　　明星 VS 人物 ... 31

　　人生如戏 ... 32

　　历史范例——从神到凡人 ... 34

　　明星与现状 ... 37

　　代偿 ... 45

　　魅力 ... 48

目 录　　　　　　　　CONTENTS

第二篇　明星作为形象

第四章　明星作为明星　　　　　　　　55

　消费　　　　　　　　　　　　　　　56

　成功　　　　　　　　　　　　　　　65

　寻常性——随明星而"异"？　　　　67

　变味的梦想　　　　　　　　　　　69

　爱情　　　　　　　　　　　　　　　71

第五章　明星作为典型　　　　　　　　74

　社会典型概念　　　　　　　　　　74

　非传统性或颠覆性典型　　　　　　82

第六章　明星作为特定形象　　　　　　96

　特定形象：简·方达　　　　　　　102

CONTENTS 目　录

第三篇　明星作为符号

第七章　明星和"人物" 137

　　人物的概念 139

　　人物的建构 167

　　明星作为影片中的人物 197

第八章　明星和表演 206

　　表演研究的趋向 206

　　表演符号 209

第九章　关于作者身份的说明 236

　　明星作为作者 239

　　明星和作者 243

结　论 250

目 录　　　　　　　CONTENTS

附：文献目录　　　　　　　　　　　255

［增补］　重新建构明星概念

明星与历史　　　　　　　　　　　271

　　明星制在美国产生的渊源　　　271
　　定位明星　　　　　　　　　　274

明星的形体和表演　　　　　　　276

　　文化的具形化　　　　　　　　276
　　动作和表演，明星和演员　　　280

明星与观众　　　　　　　　　　286

　　明星和观影者　　　　　　　　287
　　日常生活中的明星　　　　　　292
　　明星和次文化　　　　　　　　294

CONTENTS　　　　　　　　　　目　录

明星作为劳工　　　　　　　　　　　　**297**

    明星的工作形象　　　　　　　　　297

    明星作为体制　　　　　　　　　　301

结　论　　　　　　　　　　　　　　　**308**

附：增补的文献目录　　　　　　　　　**310**

明星是谁？——译后记　　　　　　　　**323**

引　　论

　　本书的宗旨乃是在电影学中全面考量并开发出一个研究领域,亦即电影明星。

　　尽管影片日常讨论的核心话题大多是关于明星,尽管大多数已出版的电影书都是供影迷阅读的这种或那种资料汇编,然而对这一领域作持久研究的却少之又少。这就是说,迄今尚未有一项研究来详尽阐述有关明星现象的某种理论且运用这种理论对这一现象做实验性的调查。

　　在电影学中,研究明星的理由主要源自于两种颇不一致的关联,这两种关联可以广义地描述成社会学和符号学的关联。前一种关联的要点是明星作为一种引人注目的、也可以说具有重大影响或明星征候的社会现象,同时也作为电影工业本质的一个方面。从这个观点看,影片只是有了明星演出才具有意义。符号学关联则与之相反。从符号学观点看,明星之所以具有意义,只是因为他的身处影片之中,故他们只是影片表意的方式之一。上述不同的兴趣范围反映在本书的构成上,书中第一篇主要论及各种社会学问题,而第三篇论及各种符号学问题,只有第二篇十分明显地将这两种论题结合在一起。然而,我撰写本书的一个假设是,这样的区分基本上是为了论述的方便,同时有助于人们对付其他难以处理的大课题,因此上述两种关联是相互依存的。由此,一方面是社会学关联,同时又适当地与明星的符号学关联啮合,阐述才能有所进展。这就是说，明星特定的表意功能只有在媒体文本（包括影片，还包括报纸报道、电视节目、广告等）中才能实现。这是因为，就符号学而言，明星一旦脱离了这些文本就不复存在。所以对这些媒体文本必须加以研究；而且，必须考量明星各自的特点是什么，亦即表意功能是什么，才能做好这种研究。同样地，符号学关联作为另一方面也必须用社会学关联来加以阐述。一部分原因是明星如同所有表意的符号一样，也是且永远是社会事实，另一部分原因则是只有将明星作为研究对象适当加以理论化，在此基础上才能就其提出问题。符号学的分析必须在着手分析文本之前先臆断所有文本是如何工作的；一旦确认所有文本均为社会事实，那么接下来这些文本的假设必须以社会学的假设为基础。你需要弄清楚文本在社会中究竟为何物，以便于弄清楚你能够就文本合乎逻辑地提出什么样的问题，你能够合理地期待文本带来什么样的知识。因此，尽管本书的结构是呈线性的，但实际论述是二元的，在社会学和符号学（以及理论和经验）之间不断流动。

　　本书由三篇九章组成。这些篇章均假设：本书只涉及具有表意功能的明星，而不涉及他们是现实的人这一点。而事实上，他们也是现实的人，而这一事实本身又是明星如何表意的重要方面，但我们却不直接地认识他们是现实的人，仅在媒体文本中才发现他们是现实的人。故此本书各篇可以视为集中谈我们就明星作为表意符号所能提出的各种不同问题。第一篇（"明星作为社会现象"）是谈明星为什么要表意，亦即明星所处的社会现实是什么样的？为什么他们在一般意义和特殊意义上都存在？他们同社会结构的其他方面以及社会价值有什么样的联系？第二篇（"明星作为形象"）谈明星表意什么，亦即总体明星的形象和特定明星的形象具有什么含义和影响力？第三篇（"明星作为符号"）则谈明星如何表意，亦即明星的形象在影片文本中同文本的其他方面——包括与明星的呈现直接有关的性格刻画和表演技艺——相比又是如何发挥功能的。

全书三大篇都涉及意识形态观念。基于意识形态这个词含义十分广泛且可在不同场合使用（它还是颇有争议的论题），故我宁愿在这里就我之理解作一简单的陈述。[1]

意识形态乃是人们集体认知他们所处世界和社会的各种意念及其表达的汇总。重要的是必须区分一般意义上的意识形态和特殊意义上的意识形态。意识形态乃是所有人类社会共有的特征。然而特定的意识形态乃是特定的文化在其历史上的特定时刻所特有的。所有的意识形态都随着人类生活具体、物质化的环境变化而发展——它们实为认知这种种环境的工具而已。这种认知不一定是绝对意义上真实的——事实上，所有意识形态若界定的话都是偏颇的、有局限性的（这决不可说成是"虚假"的），同时我们都无法脱离意识形态而进行思考，从这个意义上说，所有对意识形态进行的分析本身就是带有意识形态色彩的。[2]

我们社会的特点是阶级和性别区分明显，其次，不可忽视的是种族、性倾向、文化、宗教和少数族裔/多数族裔区分明显。这种种区分极其复杂地交织在一起，人们对世界的认识虽说是集体的，但也是不同的。这就是说，所有意识形态都根植于特定社会群体在特定社会中的生活活动，不过任何群体都可能发出对他们的意识形态之某些矛盾的

---

[1] 为了帮助一般性地了解意识形态概念，可参见科林·麦克阿瑟（Colin McArthur）的《电视和历史》（*Television and History*）第一章；要对意识形态以各种方式作更详细检视的，可参见《文化研究论文集》（*Working Paper in Cultural Studies*）第10辑《论意识形态》（*On Ideology*）。让—保罗·萨特（Jean-Paul Sartre）在这后一部著作中有相当严重的疏漏，但其晚期著作，特别是《论方法问题》（*The Problem of Method*）都予以考量。这些文本大都是运用马克思主义观点而非女权主义观点阐述的。关于后一种观点，可参见《文化研究论文集》第11辑《妇女持不同意见》（*Women Take Issues*）。

[2] 为了帮助考量这些问题，可参见珍妮特·沃尔夫（Janet Wolf）的《社会中文学作品的诠释：解释学的方法》（*The Interpretation of Literature in Society: The Hermeneutic Approach*），它收录在简·鲁思（Jane Routh）和珍妮特·沃尔夫编辑的《文学的社会学：理论研究的方法》（*The Sociology of Literature: Theoretical Approach*）（注意：所有援引文本的出版详况请见"文献目录"）。

变音。在任何社会中——进而在任何社会的意念及其表达中——人们总会识别出以下两种矛盾：一种是处于冲突（潜在或实际冲突）中不同群体的意识形态之间的矛盾；另一种是每一种意识形态的每一种内部的矛盾。

对好莱坞的任何关注，首先必须以西方社会的主流意识形态为出发点。任何社会的任何主流意识形态本身代表着该社会总体的意识形态，它的作用就是否定非传统性和对抗性意识形态的合法性，并从其本身的矛盾中建立一种为大家接受的意识形态，它的问世将有益于社会的所有成员。因此，主流意识形态的运作就是不断地努力，设法掩盖或取代其本身的矛盾以及由非传统性和对抗性意识形态产生的对主流意识形态的矛盾。后一种矛盾永远会通过大众媒体表述出来，因为大众媒体必须同那些不处于社会主流群众中的观众打交道。上述的运作一直是渐进的，一直要设法确保"支配权"，而这种"支配权"经常会受到内部或外部的威胁（比如在主流意识形态内部，拥护平等和不得已支持不平等之间就有矛盾，这必须解决，至少在表面上解决——比如通过全体投票，提供教育机会，准许传播——以应付要求承诺为劳工阶级、妇女、黑人等实现平等的群体）。就我们而言，对好莱坞怀有巨大的兴趣，正在于这一矛盾——"管理"的过程以及主流意识形态的支配地位没有确立或不易确立的那些时刻。

从意识形态角度看，分析明星——即他们存在于影片和其他媒体文本中的形象——乃是强调明星被建构的多义性（polysemy），这种多义性即是他们所体现的有限多含义和自觉情感（affects），强调它们被如此解构的努力，以致有些含义和自觉情感被凸出，而另些被掩盖或取代。这样一来，文本分析所涉及的不再是如何确定其正确的含义和自觉情感，而更多是确定哪些含义和自觉情感在他们身上被合情合理地解读。至于它们如何在实际上被不同阶级、性别、种族等的人解读或使用，已经超越文本分析的范围（纵然这种意愿的各种概念化阐述在本书中俯拾皆是)。

媒体文本的意识形态分析,当然会使我们现在研究的东西不可避免地与政治发生瓜葛。既然我们常常设法回避政治性关联,宁可相信我们所研究的并无政治性后果,因此有充分的理由采取这样的态度。不过这也是心智上比较严格的要求——正如我上面建议的,所有文本分析必须植根于文本的社会学概念化,而且,既然文本本身属于意识形态而且含有意识形态所有矛盾的复杂性,因此以下的文本分析实际上也是意识形态的分析。

本书涉及的一些特定明星,总的说来限于以下几位——马龙·白兰度(Marlon Brando)、蓓蒂·台维丝(Bette Davis)、玛琳·黛德丽(Marlene Dietrich)、简·方达(Jane Fonda)、葛丽泰·嘉宝(Greta Garbo)、玛丽莲·梦露(Marilyn Monroe)、罗伯特·雷德福(Robert Redford)和约翰·韦恩(John Wayne)。像这样几位明星都可以在各种不同的视角下加以审视。他(她)被选中,是出于这样一些考量,并代表着典型实例:比如将"古典"明星和现代明星加以比对,将各种不同的银幕表演风格加以比对;以及对这样一些明星的关注——他们有的直接提出政治议题(如方达、雷德福、韦恩),有的通过生活方式层面加以比对(嘉宝、白兰度、方达)或者性感角色类型(如台维丝、梦露、方达"抗拒"这种定型化过程不同方面的努力)非直接提出政治议题。

显而易见,上述范例涉及的是电影而非电视(或体育、戏剧、时尚等),涉及的是美国电影而非其他国家电影。这些其他国家也都有明星,其种种特点始终应该得到尊重。书中所论述的大部分内容都涉及好莱坞电影明星,我相信,这些论述就理论化和方法学水准而言同样广泛适用于其他国家的明星。

同往常一样,我在准备本书时欠别人的债也是巨大的。在为诸多疏漏致歉的同时,我更要感谢杰克·巴布西欧、肯·巴莱特、夏洛特·布隆登、罗斯·布隆特、科林·布鲁斯、克莉丝汀·杰拉蒂、马尔科姆·

吉布、扬·吉尔曼、斯图尔特·霍尔、纪廉·哈诺尔、玛里恩·约丹、安·卡普兰、安姬·马丁、让·麦克林德尔、斯蒂芬妮·麦克奈特、泰莎·帕金斯、维克多·帕金斯和拉切尔·鲍威尔。感谢他们给予的诸多有益讨论和检视;感谢克莉丝汀·格莱德希尔和尼基·诺思在本书撰写和出版期间给予的支持和鼓励;感谢史德·伯斯孔布在编辑上的进一步帮助;感谢埃里希·萨金特提供插图;感谢英国电影学会图书馆和信息部的同仁们;感谢基尔大学美国研究和成人教育系的学生们和我于1977—1978年在伦敦大学校外班执教期间的学生们,他们在我当时生怕自己再也无法认识或认可问题时给予种种想法和激励。

第一篇 ｜ 明星作为社会现象

　　明星是这样一种映像,公众从中揣摩以调整自己的形象……一个国家的社会史可以用该国的电影明星书写出来。

　　(雷蒙·杜格内特:《电影与感觉》Films and Feelings pp. 137—138)

　　极大多数男女明星实际上都是男性和女性想象的器皿和风尚变化的晴雨表。电影中的女人如同双面镜,连接着不久的过去和不久的将来,她们折射出、凸现出女性在社会中的作用,并在某些方面提供其如何更新的方式。

　　(莫莉·哈斯克尔:《从尊敬到强奸》From Reverence to Rape p. 12)

　　你拿劳勃·泰勒先生、查尔斯·鲍育先生和劳伦斯·奥立佛先生和狄娜·窦萍小姐、葛丽娅·嘉逊小姐和蓓蒂·台维丝小姐,再拿一些男女影星,作为自己的楷模,你可能会升华为人类学上最完美的类型人,而这正是拉罗什福科、巴斯卡尔或荣格*一直梦寐以求却始终达不到的境地。

(J. P. 梅耶:《电影的社会学》Sociology of the Film p. 262)

明星……乃是美国社会的种种需求、欲望和梦想直接或非直接的映像。

(亚历山大·沃克:《明星地位》Stardom p. 11)

第一篇涉及一系列问题——我们为什么要接触明星现象?如果确实要接触,我们为什么又要接触一些特定的明星?我们如何从总的方面和特定方面解释清楚这一现象?

本篇的编排如下:

——讨论有利明星地位的一般性社会条件。

——制作和消费的各种力量在建构明星地位和捧红明星时的作用。

——明星现象的社会功能。

---

* 拉罗什富科(La Rochefawcauld,1613—1680):法国伦理学家、作家,著有《箴言录》五卷,表现愤世嫉俗的思想。——译者注

布莱瑟·巴斯卡尔(Blaise Pascal,1623—1662)法国哲学家、数学家,概率论创立者之一,哲学著作有《思想录》等。——译者注

卡尔·古斯塔夫·荣格(Carl Gustav Jung,1875—1961):瑞士心理学家,首创分析心理学。——译者注

第一章 | 明星地位形成的条件

弗朗切斯科·阿尔贝罗尼(Francesco Alberoni)和巴瑞·金(Barry King)两人都提出不同的社会结构是明星现象存在所必须获有的条件。这些条件与其说是足够的,毋宁说必备的——换言之,这些条件不会自动地产生明星,而只是奠定基础,让明星得以制造出来。

阿尔贝罗尼论及的是明星作为一种普遍的社会现象,而不仅仅是电影明星及其地位。他给明星下的定义已经在他的论文题目中点明了("无权势的精英"The Powerless Elite),其要点基于一个事实,即明星是这样一群人,"他们的制度性权力十分有限,或者说不存在,不过他们的行为和生活方式都会引起相当大、有时甚至是极其大的兴趣"(见阿尔贝罗尼上述论文,p.75)。

关于产生明星现象的基本条件,阿尔贝罗尼表示是:

——法律状况
——有效的行政系统
——已建成的社会制度

(这三个要素确保社会作用是限定的,须依据"客观"准绳[即效率]来评判。在这种情况下,明星只能在属于他们自己的领域内运作,在那里没有任何危险会"伤害"他们的"魅力",而这种"魅力""从政治角度来看已变得十分重要"。)

——大范围的社会（明星无法认得每个人，但每个人都能认得明星。）

——经济发展超过维持生计的程度（尽管这一点并不要求有太大的发展——见下文：电影明星在印度。）

——社会的流动性（基本上是人人都可以成为明星。）

由此，阿尔贝罗尼认为，明星乃是重大的社会现象——他们是精英，是出类拔萃的群体，但他们一方面不会引起嫉妒或愤恨（因为人人都可能成为明星），另一方面又未进入真正的政治权力圈。

阿尔贝罗尼的论点有助于解释清楚明星现象的下列一些特点：为什么在大萧条时期，贫穷挨饿的民众乐于听读明星的奢侈生活的报道，而无一点怨言；为什么只有一些小明星成了政客；为什么社会主义报纸更多的是同情明星而非鄙视明星，并强调他们也是资本主义的牺牲品而非受惠者。

然而，尽管明星无法成为关键的决策者（而始终只是明星），但这并不意味她/他毫无政治的意义。阿尔贝罗尼蔑视明星的意识形态意义。用他的话说，不论约翰·韦恩或简·方达公开表明政治立场，还是蓓蒂·台维丝或马龙·白兰度暗示政治含义，都是毫不相干或者毫无意义的。即使他们没有一位声称自己会产生直接的政治"效应"，但肯定会部分影响社会价值观和政治态度的形成吧？不过称韦恩、方达等在政治上无关紧要和不引人注目，似乎更为正确。人们普遍认为他们就是这样的。而"真正"的政策之决定是在社会的行政机构内进行的。基于这一看法，明星的意识形态意义都被掩盖或者略去不计。由此人们可能会认为，正是因为明星的意识形态意义被掩盖了，意识形态真正的政治权势才显得异常庞大，以至难以抗拒。

第一章 明星地位形成的条件

金[1]附和阿尔贝罗尼的论点,他指出,明星在代表社会民众上拥有很大的控制权——他们在大众媒体上如何代表民众,势必在某种程度上影响(即使是仅仅强化)民众在社会中如何活动。明星在界定社会作用和社会类型上拥有优势的地位,而这点应该对民众如何相信自己能够怎样和应该怎样这两方面产生真正的效果。

金同样提出了他关于明星地位形成的一系列先决条件:

——生产过剩(即商品超出基本的物质需求)

——大众传媒技术的发展

——工业化扩张,进入文化领域;高度工业化导致用于工具性目标(实用和主导)的行为系统和用于表现性目标(说教和控制)的行为系统这两者的分离

——工作和休闲的硬性分离;表现性角色和工具性角色的角色结构分离

——地域文化衰落,大众级文化发展,从特定的评估模式向普适的评估模式转化

——电影工业围绕商品生产组织化,对生产控制渐进式集中化

——社会流动性相对增强,进入各种表现性角色位置,但它们同宗教机构没有联系(这些宗教机构在联邦式社会里组成权力中心)

金列出的先决条件在某种程度上覆盖了阿尔贝罗尼所论述的同一些领域。金区分工具性角色和表现性角色,修正了阿尔贝罗尼关于有效性角色(用他的话说,即具有政治意义的)和非有效性角色区分的论点。金所用术语的优点在于让人们清楚看到表现性角色和工具性角色的政治或意识形态意义。阿尔贝罗尼的术语则从另一个方面提示我们:正如上文所述,表现性角色不可被相信为具有政治意义的。

---

[1] 金著作的所有引文均摘自他的未发表手稿《明星的社会意义》(*The Social Significance of Stardom*),该手稿是金长期对这个课题研究的一部分。

第二章 ｜ 生产:消费

不论是阿尔贝罗尼——有疏忽,抑或金——较确切,都指出必须从意识形态角度来审视明星。然而在提出种种先决条件之名单同时,两人都未解释为什么明星产生于这些先决条件呢?这个问题可以首先采用埃德加·莫林(Edgar Morin)的术语来加以探讨。这个术语是"大众传媒的生产—消费的二元性"(the production-consumption diatectic of mass communications,见其《大众传媒研究的新趋向》[New Trends in the Study of Mass Communications])。换言之,明星既是生产现象(由影片制作者提供而问世),又是消费现象(由观众对影片的需求而问世)。

明星的渊源

由什么决定什么——是生产还是消费——这是所有关于大众媒体讨论都涉及的一个论题,它显然来自于有关好莱坞明星渊源的种种记述。回顾这些记述,无疑是阐明有关命题和论题的捷径。

据理查德·希克尔(Richard Schickel)在其《文档中的电影》(His Picture in the Paper)一书所述,电影明星作为知名人物的历史实为一部家喻户晓的历史。他对该历史作了一次颇有裨益的总结：

> 制片人不愿意给那些在其制作影片中演出的演员做宣传；而演员本人也视自己出现在媒体上是剥夺了他们最看重的艺术资源和他们的声音，因此乐于以匿名掩饰自己的羞辱；公众早已开始从银幕上的人群中认出他们，要求知道他们更多的情况，而更重要的是要求预先知道什么样的影片最能凸现他们的长处；少数独立制片人在抓住任何武器抗衡电影托拉斯（由大制片厂组成）时，已经认同公众的意见，并得到最可喜的销售曲线上升的回报；对明星的需求很快被认为是能够稳定电影工业的一个要素，因为这种需求具有某些可测性，而对故事甚至类型片的同样需求则缺乏；一旦剧情长片广受观众欢迎，而它们的摄制成本要求银行贷款，明星的大名一定会列于银行家们乐于看到的担保者名单榜首，这时一定会得到他们的资助；1915—1920 年期间，有些明星几乎隔夜间就达到了名声和富裕的顶峰；这种现象，新的名人制的这一开始，几乎将所有卷入的人都摧毁或致残……（p.27）

明星历史上有一件重大事情，通常被指卡尔·莱姆尔（Carl Laemmle）*在《圣路易斯邮报》上采取的行动：他为了提升当时被称为"比奥格拉夫女郎"（Biograph Girl）的弗洛伦丝·劳伦斯（Florence Lawrence）**的形象，特意安插了一段故事，说她在圣路易斯遭遇车祸，被一辆有轨电车撞死，到第二天又在这家行业报纸上刊登一则启事，称上述故事纯属捏造。这件事情系电影演员***的大名为公众所知的第一个案

---

* 莱姆尔（1867—1939），德裔美籍制片人，1909 年创建独立制片公司并发起明星制。——译者注
** 劳伦斯（1888—1938），美国第一位电影明星，长期隶属莱姆尔的公司，后来自杀。——译者注
*** 我经过深思熟虑，决定用"演员"（actor）这一词，此指男、女演员，而"actress"一词我觉得含有强烈贬低女性演员之意。——原注

例,也是精心打造明星形象的第一个范本。同样,尽管有争议,这也是影片制作者回应公众要求的第一个佳例,它让公众得到了满足。因此它贴近了公众需求(明星是消费现象)和制片人首创(明星是生产现象)的交叉点。

这点先撇下不谈。在电影工业和市场的界限内,鲜有争论的倒是:电影明星系一种消费现象。但它一开始时甚至遭到制片人们的强烈反对,尽管他们在它盛行后就大肆利用。不过在明星的历史上,按照目前的情况来看,确实存在着这样两个问题。第一个问题是"需求"的概念。明星并非存在于所有时代和所有社会的。对他们的需求来自何方?谁界定需求的?第二个问题是明星制片系早已发展得很好的大众戏剧(尤其是轻歌舞剧,电影从它那里拉走了第一批观众)之产物。明星早已是演艺业的一部分。如果公众要求电影也有明星,那正是因为公众最终对整个娱乐业都有期待。这种期待迫使我们又回到"为什么明星是所有娱乐业的一部分"这个问题上。

回顾明星的由来是颇有裨益的,因为这使本章涉及的较为笼统的问题具体化了,可以统筹讨论了。现在,让我转而阐述明星制的一些问题,它们可以被认为同明星制的早期情况有关,纵然下面的讨论也很笼统。

明星作为生产现象

明星乃系以媒体文本呈现的形象,好莱坞(或者任何地方)的电影产品均如此。讨论好莱坞的电影制作,往往有两种极端的观点。第一种观点认为好莱坞的电影制作,如同其他产品一样,乃是资本主义生产,由这个观点出发,应该从明星在好莱坞经济中的作用来看待明星,主要包括他们在操纵好莱坞市场和观众时的作用。另一种极端的观点则认为明星对好莱坞在生产利润上的任何考量似乎一无所知,明星现象仅仅解释为是电影媒体固有的属性和明星本人的特殊魅力。(为了探讨明星作为他们自己形象的制作者这一问题,请参见第九章。)

经济意义

明星被公认为好莱坞经济中最有活力的因素,亦即:

——资本。明星代表着制片厂掌握的资本的形式。罗伯特·A.布雷迪(Robert A. Brady)认为这点正是好莱坞工业"垄断性"的一部分:"每位明星在某种程度上系垄断的一名股东,明星服务合同的持有者系垄断产品的持有者。大亨们掌握着对这种个别垄断人才的雇用权。"(见《垄断问题》[The Problem of Monopoly] pp. 131—132)

——投资。明星是保障,或者说是承诺,可以用于防止投资乃至投资赢利的损失。

——花费。明星占影片预算一大部分——由此,用电影的行话说,如何照看好他们得格外小心,不可闪失。

——市场。明星被用来推销影片,安排市场。亚历山大·沃克(Alexander Walker)说:"利用明星来稳定观众的反应。"(见《明星地位》[Stardom]1974年版,p. 15)艾丽丝·埃文斯·菲尔德写道:"明星的大名出现在影院的遮篷上,又位于片名的上方,一定会吸引观众,不仅是因为他们的个人磁力,还因为他们是某种娱乐类型的象征,因为他们能够确保制作成果远远超出平均水平。"(见《美国的好莱坞》[Hollywood of USA], p. 74)这表明明星既能安排好市场,又能影响到他们所演出影片的"质量"。

霍滕丝·鲍德梅克(Hortense Powdermaker)在对好莱坞这个梦工厂

进行"人类学式调查"时总结道：

> 从商业观点看，明星制有许多优点。明星秉有一系列实体的特征，它们可以用于宣传和营销——如脸蛋、胴体、玉腿、嗓音以及某种个性，且不管它们是真实的还是人造的——还可以塑造成各种类型的人物，如凶恶的坏蛋、诚实的英雄、妖冶的女人、甜美的少女、神经质女人等。明星制提供了易于理解的公式，使影片摄制更像其他行业。运用这一公式，还可以防止各路经理挖走人才，防止对故事质量或表演质量等非有形体的过分操心。明星制制造出来的商品是标准化的，它们容易理解，可以登广告推销，不但明星们，连银行、放映商都视这种产品能保证获有巨大的利润……（pp. 228—229）

明星的经济价值可以举电影史的某些时期为例阐明之。明星制是由一些独立制片人（尤其是阿道夫·祖克，还有莱姆尔、福克斯、洛夫、申克、华纳）开发出来的，它打破了电影专利公司（MPPC）对电影工业的垄断。还有，1933年1月，"派拉蒙公司……出人意料地进入破产管理……但只有打进欧洲市场和梅·蕙丝特*（Mae West）的影片在本土出奇成功，才让派拉蒙在该年年底带着自己的资产重新浮起"（见沃克：《明星地位》，p. 235）。同样地，狄娜·窦萍（Deanna Durbin）**"拯救了"环球公司。埃德加·莫林认为，玛丽莲·梦露***（以及宽银幕）使得电影业面对50年代电视的威胁作出了响亮的回答。

然而必须指出，与上述相反的是，即使在好莱坞最繁荣时期，明星

---

* 蕙丝特（1892—1976），美国早期性感明星，后来不断转型，表演风格自成一派。——译者注

** 窦萍（1922—　），美国著名歌舞片明星，拍有《绿野仙踪》等，晚年酗酒沉沦。——译者注

*** 梦露（1926—1962），美国性感明星，有"大众情人"之称，晚年开始转型，后神秘死亡。——译者注

也不能绝对保证影片的成功。明星们时而得宠,时而失宠。甚至在他们极负盛名时,也会拍出没多少人要看的影片。如果说有些明星的命运如大卫·希普曼(David Shipman)在其两本专著中所列示的——因健康欠佳或拍了烂片而衰落的话,那么大多数明星的兴衰则由于其他与上述不相干的原因(如琼·克劳馥[Joan Crawford]、蓓蒂·台维丝[Bette Davis]、约翰·韦恩[John Wayne])。基于这点,明星从经济角度说是一种或然性很大的必需品。

I. C. 贾维(I. C. Jarvie)在《论电影社会学》(*Towards a Sociology of the Cinema*)一书中表示:"对于影片的成功而言,明星既不是非需不可,也不是万无一失。"他这一论点的依据是他把用明星装饰的《埃及艳后》(*Cleopatra*)之失败同当时默默无闻的明星主演的《诺博士》(*Dr. No*,即007电影第1集)、《音乐之声》(*The Sound of Music*)、《毕业生》(*The Graduate*)之成功作了比对。这是很有说服力的,但并不表明明星不会推销影片,而只是表明影片即使有了明星也不能确保成功(最新的一些例子可能记忆犹新,明星可能不再像20、30、40年前那般至关重要了。)

明星在经济上的重要性,在美学上导致了以下一些必然结果:场景展示重点放在明星身上,叙事结构呈现明星的形象,等等。不过,一些明星的盛衰表明,单看经济意义是无法解释清楚明星现象的。

市场操纵

长期以来,明星成功与否一直取决于对市场的操纵,这点类似于对广告宣传的"操纵"。这是关于明星的经济学论点之延伸,尽管它不需要沿着马克思主义方向发展(亦即人们可以反对操纵,但不反对利润;操纵的问题可以视作伦理的问题,除非你根据保罗·巴兰[Paul Baran]和保罗·斯威齐[Paul Sweezy]在《垄断资本主义》[*Monopoly Capital-*

ism]中的观点认为对市场的操纵乃是垄断资本主义发展的必然结果)。涉及明星的操纵之论点,实际上倾向于强调这一问题的社会—伦理方面而非经济方面。

明星制特别适用于操纵这个命题,乃因为电影业在借助宣传、促销、影迷俱乐部等营造明星形象时耗费了大量的金钱、时间与精力。托马斯·哈里斯(Thomas Harris)曾这样描写有关格蕾丝·凯利(Grace Kelly)*和玛丽莲·梦露如何被捧红的过程。营销明星(promoting star)的基本机制是:

> 最早的宣传造势早在明星亮相于银幕之前数月甚至数年就已经开始。常用的造势手法是"发现新人"。这通常由制片厂的宣传人员策划,还有,将一系列富于吸引力的图片寄给所有纸质媒体,去散布该新人同另一位公众已知的大名鼎鼎明星的绯闻,或者谣传他(她)将出演一部大片的主角。这些宣传最初的"通道"是在辛迪加报纸的好莱坞绯闻专栏和影迷杂志上。当某位男演员或女演员实际上已经被选中出演某部影片后,制片厂方面会指派一个"团队"在上述媒体和全国性杂志、报纸星期日增版上"布置"有关他(她)个人的消息。在电视网的电视节目中亮相,也是制片厂的"前期推销"(pre-sale)影片和明星个人的活动中令人垂涎的最佳渠道。而在影片开拍之前或拍摄期间,好莱坞更会开足马力,进行全方位的宣传。届时,该制片厂在纽约的公关部门会接手宣传,继续操办在全国发行—放映阶段的宣传工作。在这整个过程中,尤为重要的就是把明星所擅饰的角色类型永恒化。宣传人员的任务要从用该明星先前业已确立的类型来阐释其在新片中的角色,并借助他掌握的各种各样手段来传递之。(见《大众形象的建构》

---

* 凯利(1928—1982),美国著名的"淑女型"明星,拍有《乡下姑娘》等,后嫁给摩纳哥国王。——译者注

第二章 生产:消费

[*The Building of Popular Images*],p.46)

看到这一机器如此精心地运作,你就不会对明星是制造出来的这一观念如此迅速发展感到惊奇了。埃德加·莫林说:

> 明星制的内部特点正是大规模的工业、商业、金融资本主义的特点。明星制乃是这三者制造出来的产品的第一批。制造这个词本是明星的发明者卡尔·莱姆尔直觉之下选中的:"制造明星是电影工业最基本的事情。"(见《明星》[*The star*]1960年版,p.34)

> (大宗商品)是大规模资本主义专有的一种商品:巨大的投资、产业的合理化和系统的标准化会富于成效地将明星制造成一种专供大众消费的商品。(p.135)

除了强调制造外,埃德加·莫林在书中还陈述了明星制作为一种"纯粹"操纵的发展情况。总体明星和特定明星都被认为他们的存在依赖于制造他们的机器。这意味着,明星不仅不是消费现象(从需求意义上讲),甚至不具有实体或意义。这是丹尼尔·布尔斯坦(Daniel Bourstein)在其《形象》(*Image*)中论点的实质。依布尔斯坦看来,明星如同大多数现代文化一样,是"虚构事件"*(pseudo-erents,又叫"伪事件")。这就是说,明星看上去充满意义,但实际上空无意义。因此,明星只是由于其有知名度而非任何才华或特殊素质才被人们所知。他们是"名人"的范本,根据各人不同的肤浅外表之力度而被营销。明星没有"强有力的性格,只有局限的、可宣传的个人特征:身材,它可以成为全国推销的商标"(p.162)。"那种现在被普遍用于使男人或女人成为'全国推销'的品牌之质素,实际上是一种新的人性空虚。"(p.58)

布尔斯坦的论点接近于赫伯特·马库斯(Herbert Marcuce)在《一

---

* "虚构事件"指为扩大新闻传播的影响而事先精心编造的事件,它是健康文化的大敌。——译者注

维的人》(One-Dimensinal Man)一书中的论点。后者认为,晚期资本主义社会的文化的特点就是布尔斯坦在《形象》中所阐述的空泛、虚构、人造的元素。马库斯对于这一论点,在智性上比布尔斯坦更加严格,他主张,文化(包括技术、科学以及艺术、哲学)在早期是作为现存社会的"对立面"起作用的,可用"另类"或"绝对"的指称来表示与现状的针锋相对(他把艺术称作"幸福的允诺"[promesse de bonheur])。但是在现代社会中,文化已经成为"正面",亦即它只是复制现状。这并不是说艺术是肯定资产阶级价值观的,因为肯定这些价值观——尽管它们是相当局限的,仍然只是肯定它们有价值的积极性一面,但同时否定资产阶级社会的浮华成就。确切些说,艺术已经耗尽其意义和价值,成了只是一种附属的活动。它不再肯定价值,而只是为艺术而艺术。惯例成了理想,中庸成了最佳。明星的"文化前人"们可以被视为"破坏性人物,诸如艺人、妓女、奸妇、大罪犯、流浪汉、武士、反叛诗人、恶魔、傻子等",然而如今文化传统已经发生"根本性变化"。"吸血鬼、国家英雄、垮掉一代、神经质主妇、强盗、明星、超凡大亨等都各自发挥不同的作用……他们不再是另一种生活的形象,而更像是同一种生活的畸形或变种,他们服务于肯定而非否定现行的秩序。"(p.60)

本书不拟讨论马库斯著作的所有论题(可以另见保罗·马蒂克[Paul Mattick]的《批评马库斯》[Critique of Marcuse])。人们可以把明星看成是先进资本主义社会的一维性展示,尽管我更愿意把这种展示看成是社会发展的趋势而非自始至终发挥作用的全过程。

下面是反驳有关明星现象纯粹是市场操纵观点的种种意见:

——并非所有的操纵都起作用的,乃有许多明星的个案,他们被交付给全方面营销的处理,却均未成功(例如参见大卫·希普曼在其《伟大的明星——黄金年代》[The Great Stars-the Golden Years]中对安娜·史坦[Anna Sten]的记述)。有些明星时起时伏的星运也表明,对观众的控制乃是制片厂方面的问题。这并非说类似宣传的做法不可进行。

但同样地，并非所有的宣传均收效——人们需要弄清楚，为什么有些宣传/明星能够吸引观众，而有些则不能。

——布尔斯坦和马库斯均未检视明星形象的内涵。事实上，他们的论点都停留在这样一种想法上，即明星形象是没有内涵的，他们只有纯表面性的、不同的外表，但是，外表的不同在视觉媒体中并不一定是纯表面的，况且明星也需要在他们角色和他们银幕呈现的语境中被观察。对明星形象细加审视，会发现其相当复杂、相当矛盾、相当不同（可以继续争论这种复杂性等，不过那是资本主义诱人而空泛的景观全部所在，这归根到底取决于封闭的[绝望的]你是如何看待现存的社会和人们的）。

——布尔斯坦和马库斯在某种意义上都视社会是一个庞大的机器，在其内人的意识不起任何作用，只是被利用。关于操纵的不同论点（在对之作最终分析时，若把马库斯同布尔斯坦混为一谈是欠公正的），取决于对人类行为的不同观点，这就是说，媒体"输入"会对人的主体产生一种既定的"效应"（此种情况下是消极的接受），但不会干预主体的思想或意识。传播的符号模式（semiotic model）强调人的编码和解码活动，而行为/操纵模式（behavioural/manipulation models）则强调人的"反应"机制。主张明星是操纵，正是以该媒体和实际上是整个传媒的行为模式为基础的。

时尚

时尚可以视为操纵这一论题的另一种变通说法，它采纳了这一论题的一条反对意见，亦即明星的大众知名度的增强或衰减实为明星来时是新人、去时是过气人之问题。这点可以看做是纯粹的操纵现象，上述几段详述的同样一些反对意见也都公开地认可这点。可以进一步阐述之。时尚常常被假设为操纵至极，因为时尚也是同样表面性的。

不过正如贾维所述:"明星所起的一个功能就是确定一种美的典型,借以帮助某一形体类型与它同等。"显然,美的各种典型界定了魅力的各种标准。从这个意义上说,时尚不是表面上看起来那么外向或肤浅的现象。从这点来看,时尚物化风格的变化也一直是社会内涵的变化。(为了进一步考量时尚及其社会内涵,请参见玛丽·艾伦·洛奇[Mary Ellen Roach]和乔安娜·布波尔兹·埃舍[Joanne Bubolz Eicher]编辑的《服装、饰物和社会秩序》[Dress, Adornment and The Social Order])

媒体的本质

上面概述了有关明星的经济意义和操纵市场的种种论点,它们都源自于对电影敌意的态度。而从对电影比较友好的态度出发,则有这样的论点,即电影媒体自问世起就具有一些东西专供创造明星用的。有些著者就强调特写镜头在创造明星中的作用。亚历山大·沃克说:

> 在摄影机贴近到足以摄下表演者的个人特征之前,电影明星一直不能从舞台演员群体中脱颖而出。而特写镜头正是摆脱的第一步……它把表演者同周围隔离开来,把观众的目光集中于表演者的容貌和个人特征,而且有时候几乎同他或她的表演才华毫无关系,这应该是突破舞台传统的决定性一步,是构筑艺人独创性的最有潜势的手段,也是观众和电影演员两者的情感在心理上互动交流的开始。(见《明星,好莱坞现象》,p.5)

同样地,希克尔将电影与戏剧作了以下的比较:

> 舞台是一种不大亲近的媒体(尽管观众实际处于演员的前面,因为台口起着相当大的间离作用——而且又没有特写镜头)。(见

《文档中的电影》,p.6)[1]

这样一来,演员在剧场里早已进行过的演绎可能会因电影特有的亲近性而得到加强。

特写十分重要这一观点,曾被贝拉·巴拉兹(Bela Balazs)[2]作过更多哲学上的考量。他视特写是电影媒体的一个根本性方面,它能揭示出"生命隐藏着的主要动力,而这种动力我们原以为已经了如指掌",比方说"手在做手势的性质,我们早先只看到它在鼓掌或拍打什么东西,却未发现其他的含义"(p.185)。正是特写导致了我们重新"发现人的脸孔":

> 脸部表情是人最主观的展现,它比话语更高于个人情感色彩,因为词汇和语法受到一些或多或少通用的有效规则和惯例制约,而表情的演绎,正如我们早已说过的,是一种不受客观规则控制的展现,尽管其主要也是模仿的事儿。正是在特写中,人最主观和最个性化的展现以客观的效果呈现出来。(p.188)

特写乃是一种"无声的独白":

> 有了它,孤独者的心灵能够找到比任何独白更加自由、坦率的"舌头",因为它是本能地、无意识地"说"出来的。脸部语言不可能受到抑制或控制的。(p.190)

暂且撇开心灵的说法和贝拉·巴拉兹强调人的个体"孤独性"的说法,上述关于特写作用的陈述也引发了问题。巴拉兹基本上是把电影当作易于察觉的媒体,很方便"捕捉"到脸部表情和披露心灵的心理活动。然而我们知道,我们解读脸部表情深深依赖于各种各样的常规:电

---

[1] 见大卫·希普曼:《伟大的明星——黄金年代》和《伟大的明星——国际年代》(The Great Stars——the International Years)。
[2] 巴拉兹的引文摘自杰拉德·麦斯特和马歇尔·科亨编辑的《电影理论与批评》中有关他著作的章节。

影的常规(比如库里肖夫*通过剪辑做的实验;灯光在照明不同的脸部特征时的作用,它甚至会改变表情);艺术的常规(比如由绘画开发出来的表情肖像学);文化的常规(比如脸部表情可以编码,见后文波尔海穆斯[Polhemus]的《论人体的社会方面》[Social Aspects of Human Body])。不过巴拉兹的论点十分重要,因为他将表情放到了更为广泛的观察点,亦即特写能够直接地揭示出个体的特征。这一关于"捕捉"表演者"独特个性"的看法,也许正是明星现象的核心所在。

电影和戏剧在明星现象上的进一步区别,是基于这样的事实:"大众欢迎的情节戏剧和景观戏剧的明星都喜欢沉湎于一、二或三个角色;而大众报纸在电影问世前更感兴趣的是政界和商界领导人及革新家,而不是娱乐界艺人。(见希克尔同书,p.6)。然而电影的各个方面虽然最终都与媒体不可分割,但实际上并未归属于媒体。正如埃德加·莫林指出的:"明星通常都是指电影的明星,但关于他们却无任何特别的电影性东西。"(见《明星》,p.6)这种观点的另一种说法是明星并非作为媒体的电影固有的,他们是电影作为特殊的社会体系而特有的。大众报纸兴趣的改变涉及一个更为广泛的现象。莱奥·洛温瑟尔(Leo Lowenthal)在其《大众偶像的胜利》[The Triumph of Mass Idols]中有所探讨:创造世界的英雄人物("生产的英雄")现在已经被纯粹是欣赏世界成果的人物("消费的英雄")所取代(若要进一步探讨,可参见第二篇)。关于特写重要性的观点和关于其作用不如演员在电影中作用重要的观点,可能都与现实主义美学有关;现实主义美学早已在电影中占主导地位,亦即电影如同照相,乃是"捕捉"或"反映"现实的。这意味着明星纵然十分奢华且与众不同,但始终是现实主义的一个方面,因为他们的人格也同他们所饰的人物一样备受瞩目。(详见第三篇)

---

* 列夫·库里肖夫(Lev Kuleshow, 1899—1970),苏联著名理论家兼导演,他关于"创意排列"的蒙太奇方法影响很大。——译者注

魔力和才赋

迄今所探讨的对明星现象的检视,都是企图搪塞了事,都是就其他东西(经济学、媒体等)进行阐述的。一个十分普遍的看法——纵然从智力水平上看不十分令人敬重——即明星就是明星而已,因为他们十分稀有、完美且有才赋。这种观点的极端版本是萨缪尔·高德温(Samuel Goldwyn)的下述说法:"上帝创造明星,正是制片人发现了他们。"(援引理查德·格里菲斯[Richard Griffth]的《电影明星》[*The Movie Stars*], p. 25)不过,即使最终附和这种看法的社会学家 I. C. 贾维也认为,明星之所以成为明星,乃是因为他们有"才赋",这才赋用他的话说,包括"惊人的上镜头外貌,表演才能,在摄影机面前表演的风度、魅力和个性特征、性感、迷人的嗓音和气质"(《论电影社会学》,p. 141)。还有,莫莉·哈斯克尔在谈到有些女明星对她们不得已出演降低其身份的角色而采取抗拒的方式时,指出"她们的秉有'特殊'的素质";"从一大堆平庸的素材里她们浮到表面,透过自己的意愿、才华和魅力映射出充满情感和理智力量的形象"(《从尊敬到强奸》,p. 8)。

不管你怎么听信这些想法,最终仍然取决于你对"伟大的独特个体"有多大的信任;他迥然不同于那些"在合适的地点、合适的时间做合适的人"的名流们(你要永远记住,这种合适的人、地点和时间是由同样的社会形成的)。然而也有一些比较直接却较少鲁莽的反对意见,它们也都企图阐释明星的"魔力"。第一是一种以经验为依据的说法:不是所有才华洋溢的演员都成为明星的,同样,不是所有明星都才华洋溢的。我想象得出来,任何人都能提供这两种情况的典型人物。第二,关于"才赋"的概念,贾维定义为历史层面和文化层面都特别出众的。即使有人简单理解为才赋就是技艺,他也会问,技艺是什么?正如无数例子表明的那样,技艺不是经典意义上的"表演技巧",那么,技艺是指某种人或某种形象,这也许是对的,但关键的问题是为什么那种人会成为明星呢?这个问题又涉及文化和意识形态。第三,哈斯克尔关于某些明星在角色和表演之间存在差距的假想,需要探讨的并非那些明星的魔幻力量。有人企图将这种差距看成既是电影文本中已写成的角色和明星形象之间的不一致,又是作者归属问题(亦即明星的作者关联同影片其他作者之间存在矛盾,见 p. 155)。

明星巨大的经济意义、打造形象的精细机制和电影在构筑人物类型方面的重要作用,这一切都暗示电影生产在制造明星现象时的潜在力量。然而,对明星现象作这些解释是远远不够的,我们需要在文化、历史和意识形态的语境下观察这一现象,借以弄清楚制片人对总体明星和特定明星的设想以及他们的形象究竟来自何方。这就要回到从消费角度考量明星这点上。

明星作为消费现象

从生产角度看明星,是把重点放在影片制作者身上(影片制作者涉及他们工作的经济结构和他们运用的媒体),他们制造明星或者说促成明星的存在。不过这点一直引发争论,创造明星的更决定性力量是观众,即消费者——而不是媒体文本的制造者。

安德鲁·都铎(Andrew Tudor)提出了观众与明星关系的类型学;它是根据莱奥·汉德尔(Leo Handel)的研究成果推断出来的,并经后者的发现——大众倾向于喜爱跟自己同一性别的明星——得到强化。汉德尔和都铎都据此指明,明星/观众的关系不可能建筑在性吸引力(sexual attraction)上(可能有人会反驳道,对同一性别的人们具有吸引力也是性吸引力呀;还有,由于同性恋在当今的社会里是禁忌,因此电影通过明星现象提供的是让非同性恋的观众间接而掩饰地体验到同性恋快感。)都铎的模式(由他的《形象与影响》[*Image and Influence*]一书给出,见 p. 80)如下:

		结果范围	
		特定语境	扩散
明星/个体认同范围	高	自我认同	投射
	低	情感喜好	模仿(模仿具体和简单的行为特征)

观众/明星关系的类型

区分特定结果和扩散结果并非难事,但也非轻而易举的,而区分的目的是捕捉限于"观看影片的情景"同"扩散结果进入影迷生活的一些方面"这两者的区别。

明星/观众的关系经这样分类后得出以下四种类别:

——情感喜好(emotional affinity)。这种类别的关系最脆弱,而且"可能"是最普遍的。"观众产生了对特定主人公放任的爱慕,这是在明星、叙事和观众个体特征三重影响之下得到的:是一种标准的'介入感'。"(见《形象与影响》,p. 80)

——自我认同(self-identification)。这种情况发生在"介入达到了观众自己身临其境,并与明星的个体同化的地步"(见 p. 81)。都铎援引汉德尔访谈的一名妇女作为这种情况的范例:"我提到的这些女演员个个棒极了,她们使我感受到她们所饰角色的每一种感情,我觉得我自己上了银幕去经历她们的所作所为。"(p. 81)

——模仿(imitation)。这种情况显然在青年人中间最为普遍,它使得明星/观众的关系超越了看电影,"明星的行为对于观众而言称一种楷模"(p. 81)。

——投射(projection)。模仿"当超出简单地模仿穿着、发型、接吻方式和喜好时",就融入投射之中(pp. 81—82):

"投射越是极端化,人——他或她的生活就越发同其所喜爱的明星息息相关……明星的粉丝当自我询问明星在这种情境里会干什么时,会利用明星作为自己处理现实问题的借鉴,发展到极致时,整个人生经历都会照此加以调节。这种'现实世界'的形成直接源自于'明星世界'。"(pp. 82—83)

(都铎提醒说,我们所拿的一些极端投射范本,现已广泛流传。)

明星/观众关系的上述中最明显的是,观众在形成明星现象的过程中所起的作用十分有限。这就是说,上述只告诉我们观众拿展现给他们的明星形象干了些什么,由此表明这是明星成功的根源;但未告诉我们为什么所展现的明星形象会采取这样或那样的行为方式。

需求、梦想和集体无意识

许多著者,不论在一般或特殊情况下,都把明星视为代表大众表达其各种概念化的内在需求。理查德·格里菲斯说:"创造明星本身没有什么机制的,它发生在集体无意识的深处。"(《电影明星》,p. 23)关于集体无意识这个概念,在某些方面是值得怀疑的。它倾向于指一种超个体(supra-individual)的、类似隐喻的人的意识(而不是人们共同具有的、借以生活的规范);这种意识表达时很难定义,是一种先于存在之前的本体。

埃德加·莫林和罗伯特·R.默顿(Robert K. Merton)在使用"梦想"和"需求"两个术语时并未始终让这个论题简单化,不过他俩的公式化表述不免有些欠缺。莫林援引 I. P. 梅耶的一些通信者谈及他们对明星梦想的话语,得出结论:

因此明星成了梦想的佳肴。这种梦想不同于亚里士多德的理想悲剧,没能让我们从幻想中真正净化出来,反而违反了明星的迷人仪表;同样地,明星仅仅部分地产生陶冶、激起幻想,虽然有一点作用,却无法使明星在行动时驰骋自如。这里,明星的作用变成了"精神错乱":它使其迷人的仪表和魅力极端化和固定化。(《明星》[Les Stars], p.164)

不清楚的是莫林从哪里得到这些关于梦想如何起作用的想法,还有这些想法是否有理论上的支持,是否在理论上正确。为什么有人断言梦想一定比陶冶更有吸引力?莫林的表述方式暗示他把上述"极化"效应看成是明星制在某种意义上的意识形态——或者简言之是"坏的"——功能。不过他未提出这样一个问题:梦想的意象来自哪里。最后他未审视梦想作为一种次意识或无意识的个体精神过程同影片作为一种至少是部分意识的、由规则控制(即艺术密码等)的、集体/公司的文化生产形式之间的类比问题(当然可以提到其他人如克拉考埃、沃尔芬斯坦、莱特斯对影片/梦想类比的著名运用)。

罗伯特·K.默顿在研究凯特·史密斯(Kate Smith)推销战时公债的成功时,强调她体现出一种"真诚精神",并把这一点同观众的体验联系起来——观众觉得他们无休止地受当代社会的"操纵"。当时史密斯回应了这种需求。我觉得这个说法足以可接受,但前提是应该把这一说法置于种种意识形态问题的语境中(默顿只是部分地做到了)。这些问题有——这种需求本身出自哪里?对这种需求的回应来自哪里?是什么产生这些问题的?每个社会(以及在该社会每个时期的每个阶级/团体)都通过答应什么和未能实现什么这两个方面来突出某些需求(它们可能是固有的,也可能不是固有的——请见亚布拉罕·马斯洛夫[Abraham Maslow]的《动机和个性》[Motivation and Personality])。同样,那些社团(如电影界)里的经纪人对这些需求提供了并且/或者界定了回应。为此,我将在标题是"意识形态"的下一章里讨论默顿分析的细节。

  阿尔贝罗尼在辩驳大众媒体的操纵命题时,也提供了解读生产/消费的二元公式:"明星制……从不创造明星,它只是为'选举'提议候选人,并帮助'选民'维持好感。"(见《无权势的精英》,p. 93)我觉得这是一个十分有裨益的说法,前提是人们要记住组织选举实为确定和限定选抉,而且提出候选人和选举他们这两方面的人都由他们所在社会中的特定地位和意识形态决定。

第三章 | 意识形态

生产和消费是创造明星的两股不同的决定性力量(生产者总是比消费者拥有更多的对商品的权力)。但两者始终由意识形态调解,且在意识形态内部进行调解。本章不涉及明星现象的意识形态内涵(这点请见第二篇),但涉及意识形态能够起或设法起的特定作用,而这种作用正是"意识形态效应"[1]的本质所在。

明星 VS 人物(可参见第三篇)

明星如同故事中的人物,是民众的代表。因此,明星涉及民众是(或应该是)什么样的人此一观念。然而,明星不同于故事中的人物,他们也是现实中的民众。这一观点一次又一次地在有关明星的著作中被提出来:"在我们面前演电影的人首先是人,其次才是演员——艺人——如果确实是。"(格里菲斯:《电影明星》,p. 13)正因为明星在现

---

[1] "意识形态效应"(ideological effect),此术语取自斯图尔特·霍尔的两篇论文《文化即媒介》(Culture the media)和《意识形态效应》。

实世界中占有存在的一席,而且又摆脱了其银幕/故事的外表,可以相信(尽管有种说法认为特写能揭示心灵),他们作为人比故事里的人物更加真实。这意味着他们有助于掩饰这样的事实,即他们的形象几乎就是被制造出来的,个性同"人物"一样也是被建构出来的。由此,明星所包含的价值在于很难否认他(她)是"不可能有的"或"人工造的"人,这是因为明星本身的存在确保了他所包含价值的存在。

这点在观众方面则达到了极致,似乎含有极端的可欺骗性。我不想暗示观众往往不明白明星的生活不同于他们所演人物的生活。如果相信葛丽泰·嘉宝*实际上就是瑞典女王,这只能是精神混乱的症状。不过我想,这个事例亦表明明星在影片中所演的角色和(或者)他的表演都被当做是该明星的人格之揭示(之后杂志上的种种报道更会言之凿凿)。明星的人格只能有时才瞥见,由好莱坞或明星偶尔显示的明星的人格本身是已知的建构,只有通过影片、故事、宣传等才能表达出来。(明星作为个人和作为形象的融合,如今流行到什么程度尚不清楚。)

人生如戏

上述过程也许得到了日渐流行的"人生如戏"(Life-as-theatre)说法的有力支持。正如伊丽莎白·伯恩斯(Elizabeth Burns)在其专著《戏剧特性》(Theatricality)中指出的,人生同戏剧或舞台剧之间的类比早从柏拉图到现在一直被沿用着。但是在早期,这种类比源自于上帝、天意或某种较少人格化的精神力量创造人生这一观念,而如今它的流行则源

---

* 嘉宝(1905—1992),瑞典裔好莱坞女星,以饰高傲、冷漠女性著称,拍有《瑞典女王》、《茶花女》等片。——译者注

自于"人们越来越意识到要建构自己的性格,以促成环境和人生规划的设定":"普适的类比是人所处世界的类比,人们在那里都像演员一样地扮演角色,所作所为都隐约感到自己是由'社会力量'或个人的自然欲望规划的。"(p.11)这种看法日渐流行的结果是我们得到了两种区分明星的概念,即我们是谁,我们的"自我"是什么? 一方面,我们可以相信"一个能认知和永恒的自我之存在",它在理论上不同于我们必须扮演的社会角色,这样我们就有了途径来向他人展现我们的"个性"。另一方面,如伯恩斯强调的,就是越来越对这种自治、独立的本体化之有效性产生焦虑——我们可能只是在"演我们自己的戏",我们只得接受由我们文化产生的各种社会限定的行为模式。显然这不是能梳理出哲学结论的地方,不过,如果我们哪怕暂时接受在区分个人和公众的自我表现、表演和角色诠释等概念上尚不确定的事实,我们就能够——我认为——看到它同明星现象是密切相关的。

伯恩斯强调,在戏剧中一直有共享表演传统,演员在剧场演出,诠释角色,借之建构人物性格。演员"介入……他自己的生活、他的自我和他熟悉(还有观众熟悉或至少部分臆断)的过去的真实性同他所饰人物的被证明真实的生活的真实性这两者之间"(pp.146—147)。(此处"被证明真实"指演员建立了所饰人物和即时的社会规范——或者她/他所具形化的社会类型——之间的相符性;详见第二篇。)明星,正如我早已表明的,会消除演员的真实性和她/他所饰人物的真实化之间的差别。如果说这种消除在某些例子(如约翰·韦恩、秀兰·邓波儿[Shirley Temple])中可能根植于人物本身是"真实的"、"可信的"、"真正的"自我(即明星的自我),那么在另一些例子(蓓蒂·台维丝、拉娜·透纳[Lana Turner])中,"自我"和表演、外表、建构的人格面貌之间的差异可能正是这些明星的内涵一部分,这就是说韦恩、邓波儿表明相信独立的本体,而台维丝、透纳则表明对个人本体说法之有效性产生焦虑。(韦恩和台维丝下面仍将讨论。关于邓波儿,请参见查尔斯·埃克特

[Charles Eckert]在《跳》[Jump]杂志第2期上的文章。关于透纳,请参见我在《电影》[Movie]杂志第25期上的文章。)明星现象把人生如戏这一普通比喻和诠释角色等所包含的全部问题都和盘托出,而明星正解决之,因为他们是众所周知的演员,而人们对他们感兴趣的不是他们建构的人物(演员所饰的传统角色),而是他们如何建构/诠释/成为人物的过程(这取决于特定明星介入的程度)。

历史范例——从神到凡人

明星现象在意识形态上如何施展影响这个问题的第三个方面,来自于明星地位发展过程中的历史范例。关于这点,莫林、沃克、希克尔、格里菲斯等人的著作都有论述。在早期,明星就是男神、女神、英雄、模范人物——他们都是行为的理想方式之化身。但在后期,明星则是有身份的人物,同你和我一样的人物——他们都是行为的通常方式之化身。有些学者就把这种转变视为由于声音的问世。沃克就写道:

"幻象的失去"肯定是有声片带给观众的第一种效应之一。理查德·希克尔将"沉默"定义为有声片之前明星最有价值的贡献。"神应该是神秘莫测的,不能指望他会直接跟我谈话。把他的形象呈现出来,让我们适当地膜拜就行了。"(见希克尔和赫尔伯特一书,p.13)一旦众神动嘴道白,那么这些沉默一时的偶像的神秘性即丧失殆尽。他们不再是具有人形的形象,不再通过精细的哑剧艺术将人的情感体现出来。他们发出声音使得他们在观众观看时如同活生生的人一样。(《明星地位》,p.223)

亚历山大·沃克认为,正是声音本身促成了明星的非神化。部分原因是声音强化了这一媒体的自然主义。埃德加·莫林则从另一方面认为,从神进化为有身份的人物乃是这一媒体的资产阶级具形化(embourgeoisement)的一部分。他认定 1930 年是转折点,但也认为声音只是这一进化过程中的一个要素,声音带来了一定的现实主义("各种声音的具体真实感,说话遣词的准确性和细微变化",见《明星》,p. 15),但探寻"现实主义"也是好莱坞电影"社会题材"增加的标志之一(金·维多[King Vidor]的《狂怒》[*Fury*]、《迪兹先生进城记》[*Mr. Deeds Goes to Town*]等)。同时,大萧条也促使好莱坞同意接受"大团圆结局"(the happy end)的"公式"。"新的乐观主义故事结构迎合了观众的'逃避主义',在这个意义上说却是脱离了现实主义。不过从另一个意义上说,影片神话般的内容恰是'亵渎'的,回到了现实世俗。"(p.16)莫林认为这点构成了好莱坞电影的幻想之资产阶级具形化。这种电影首先是"庶民景观"(plebeian spectacle),它接近于廉价刺激的情节剧,其特点有魔幻般的出奇冒险、突兀的跌宕递转、英雄的壮烈牺牲、强烈的情感活动等。"现实主义、唯心理化、'大团圆'和美国式幽默都准确地显示出这种幻想的资产阶级变形。"(p.16)机遇和超自然的拥有被纯心理动机取代。资产阶级的个人主义不能接受英雄的死亡,因此坚持要有"大团圆结局",而明星也在外表上更加日常化,在人格上更加有'心理'可信性,在形象上更加个性化(由此,较不明显地坚持既定的美德,或者用珍妮·盖诺*评价自己的话说是"精华")。明星不再是特殊的人物,而现在又把"出众的和普通的、理想的和日常的融为一体"(p. 19)[1]。

按照莫林的表述,理想的和典型的融合,乃是无产阶级幻想和资产

---

* 盖诺(Janet Gaynor,1906—1984),美国早期著名女影星,第一届奥斯卡奖影后,擅饰传统的正派女性角色。——译者注
[1] "你看到,我们曾经都是精华……嘉宝是魅力和悲剧的精华……我是初恋的精华",见珍妮·盖诺接受洛伊·纽奎斯特的采访,刊于《陈列》杂志上。

阶级幻想结合的产物(需要说明的是,这里存在着早期电影和无产阶级文化/意识同化的重大问题——因为它很难说是无产阶级的产物——还存在着电影和表面评价(apparent valuation)同化的重大问题,只因为它是"无产阶级性质"的,涉及机遇、超自然和强烈情感等概念)。这种结合可以视为马库斯所述的一维性(one-dimensionality)更为广泛发展过程(它影响着艺术和文化的所有层面)的另一个方面。因此早期明星坚持要区分理想(应该具有的)和现状(实际存在的)——他们是这一发展过程的"对立面"。但到了后来,去神化了的明星填补了理想和现状之间的隙缝,可以认为明星参与了社会典型、普通人变成完人的过程。

审视这一过程的另一种方式,在奥林·E.克莱普(Orin E. Klepp)和莱奥·洛温瑟尔探讨"英雄的变质"时都有阐述。莫林和马库斯的研究是在马克思主义思想的范畴内进行的,而另一方面,克莱普和洛温瑟尔的研究则是在自由思想的语境中进行的,后两位视英雄的变质乃系资产阶级的堕落腐化。

克莱普在《英雄、坏蛋和傻瓜》(Heroes, Villains and Fools)一书中对英雄的变质有详尽的阐述,他的阐述强调了有关当代英雄形象的以下几个观点:英雄作为楷模(如果是的话),实际上并不比中间人物好多少;高等"人物"并不被珍重;现在受器重的"好人"素质很容易被模仿;模范人物各式各样且充满矛盾。克莱普并未表述是什么造成这些变化的,他也未把这些陈述同早期的一些特定理想联系起来,他只是同一般的"理想"联系起来。

洛温瑟尔的陈述则依据于对大众杂志上英雄/名人生平传记的分析(详见第二篇中的"大众偶像的胜利")。他从中观察到了从代表理想——他称其为"思想开放的自由社会"(p.113)——的英雄向"适应封闭社会"的那些人的一种转移,而他们的成功不是靠工作而是靠运气:"如今再也没有奋发向上的模式了。成功变成偶然和非理性的事。"

（p. 126）名人传记里的种种事情都指明这样一个观念，即英雄是"消极的"，她/他是她/他的出身背景之"产物"（借助达尔文主义的一个基本概念——"社会事实"，p. 119），所以没有任何"发展"，亦即只是从童年进化到成年，童年被视为只是成年的"工人版"（p. 124）："民众不再认为是对自己人生各个阶段命运负责的代理人，而只是某种有用或不那么有用人物的特征的承担者，这些特征打印在他们身上好比是装饰物或者耻辱烙印。"（p. 125）洛温瑟尔阐述的着重点在合作精神、善于交际和良好的运动家风范，借以反对不受约束的"情感"行为，因此，"这是一个互依互存的世界"（p. 129）。

　　洛温瑟尔同克莱普一样，也是在自由派不满的语境下阐述的。他的观点涉及一些自由价值如个人主义和自由在工业化、城市化社会的大规模发展的影响下受到侵蚀，特别是在面对陈旧习俗的压力、流水线生产的商品、大众媒体、教育和政府的集权体制的影响下受到侵蚀。这个观点的一个重要概念是"大众"，即"大众社会"、"大众传媒"、"大众文化"等中的"大众"。因而各个社会命题都置于个人 VS. 社会/大众而非阶级斗争的语境下提了出来，由此不可避免的是洛温瑟尔低估了交际性和依赖性。不过，洛温瑟尔的分析指明了进一步把明星现象为意识形态运作的研究概念化的可能方法，亦即进一步把人的实践、成功和创造世界的种种概念都削弱的可能方法。

明星与现状

　　马库斯和洛温瑟尔的探讨业已指明如何把明星现象的意识形态功能概念化的途径——马库斯是否定之否定，洛温瑟尔是摒弃人性以创造历史,但都强调这种功能是为了保持现状而服务的。他俩对明星现象的大部分阐述只涉及这种"保守"的功能,而未以不同的方式将之概念化。

克莱普在其《集体寻找同化》(*Collective Search for Identity*)一文中表示,明星(以及其他名人)可以具有与通行规范有关的三种不同关系中的一种——强化(reinforcement)、引诱(seduction)和超越(transcendence)。

"强化个人在社会角色中的作用——鼓励个人发挥那些能获高度评价的作用——并维持超越群体的形象,这些假定都是英雄在各个社会中的经典作用。"(p.219)引诱和超越这两个范畴(见下)十分罕见,考虑到克莱普是两者择一,故仍可以接受。他精心设计的这一概念仍有较大的争议性:

> 英雄作为创造品德名誉的力量之美,在于其独特性和幻想性,他是在现有的模范提供的机会中作自我选择的——这对社会秩序而言是幸运的,通常是"碰巧"支持而非侵蚀或颠覆社会秩序的。(p.220)

在这里我们可能要质疑英雄的独特性程度,它不是那么明确地成型于她/他的文化的意识形态,或者说不是那么明确地建构于她/他的社会地位,以致要作出选择是相当地有限,而且确实被预先界定了。同样地,克莱普并未探究他的观点——模范"碰巧"支持现状——里面的真正蕴涵——他加引号表明他意识到问题的存在,但他的自由主义观点不允许他去问谁造成的现状,或者谁控制模范的提供。

在引诱的表述中,英雄打破规则或规范,但是以一种充满诱惑力的方式。克莱普举出米基·斯皮兰(Mickey Spillane)和詹姆斯·邦德为例子,这两位英雄表明"他们在禁猎的牧场玩耍是可能的、准许的,甚至令人钦佩的"。(p.227)克莱普指出:

> 引诱性英雄作为教导者的主要缺陷是他只引领人们去体验从传统来讲是坏的事情,他没有再次界定和再次创造行为标准,凭借这些标准,上述体验才得以评判。他逃避道德又把道德搞乱,只是在洞察方面作出甚微的贡献。(p. 228)

在超越情况下,英雄"制造出崭新的观点和正直感,还制造出新人"(p. 229)。这较之前两种范畴更进了一步,因为它"再次界定和再次创造行为标准,凭借这些标准,上述体验才得以评判"。克莱普在这个范畴上举出的一个例子是让-保罗·贝尔蒙多(Jean-Paul Belmondo)*,他深受大学生的欢迎,克莱普认为这体现了大学生们发现新的激进生活方式。另一个例子我认为更有趣,因为它暗示了在心智平平但为人正派情况下超越的可能性。他援引一个女大学生回忆她欣赏桑德拉·迪(Sandra Dee)**在《成功》(*Gidget*)里演出之感想。片中,迪尽管遭受嘲笑和失败等,仍锲而不舍地学练冲浪运动。这个例子克莱普认为是明星提供了一个"跳板",那名大学生借助它"可以间接地以女子气跃升为通常是留给男孩的角色"(p. 234)。克莱普的引诱和超越两个范畴也存在着一些问题,例如人们怎样在实际上严格区分这两个范畴?人们能不能不将这两者、特别是超越看成是简单地为不满情绪提供"安全阀",而是通过吸掉其实质性的颠覆力而提供表达不满情绪的方式?答案取决于你对大众媒体和意识形态有多少不受外界影响的认知。我个人的看法是体制本身要比现在人们愿意维持的有多得多的漏洞。依我看,断言体制是完全封闭的,实质上是否定阶级/性别/种族斗争的有效性,否定这三种斗争在社会各个层面和人类所有活动中被复制的有效性。我认为桑德拉·迪在《成功》中演出一例特别富于提示性,因为它

---

* 贝尔蒙多(1933—),法国"新浪潮"学派著名影星,拍有《喘息》等,他擅饰"垮掉的一代"青年。——译者注
** 迪(1942—2005),模特儿出身,金发美女型明星,影视两栖,拍有《夏天的寓所》《油脂》等。——译者注

凸现了体制的无威信、日常和开拓的方面可能存在漏洞，也凸现了观看者在为她制造颠覆性形象的作用。

关于颠覆的概念，在本书的其他章节都有探讨（见 p. 52），不过克莱普对明星现象的大部分审视都在这一简单的章节里，他探讨明星在某种程度上强化了主流价值。

强化受威胁的价值

克莱普的强化范畴表明只有体现主流价值的英雄才能强化。有两项对个体明星的研究——威廉·R. 布朗（William R. Brown）研究威尔·罗杰斯（Will Roger）*和查尔斯研究秀兰·邓波儿**——都表明，明星体现着在某种程度上陷入危机的社会价值。

布朗在《形象制造者：威尔·罗杰斯和美国梦》(*Imagemaker: Will Rogers and the American Dream*)中，阐明罗杰斯如何体现美国梦的四个组成部分（普通个体的尊严、作为自由和质素保障的民主、勤奋工作的信条、对物质进步的信念），而体现的时间点正值美国梦日渐难以信奉之际。由此，"普通个体的尊严"这一美国梦组成部分在罗杰斯塑造的形象中同坚强的自耕农的尊严联系在一起，而那时庄稼汉在购买力上同其他经济群体相比大大减少，并经受逐渐被并入宏大的市场经济之中。与此同时，"政府腐败，金融贪婪，犯罪肆虐，道德发生革命"（p.60）以及反英雄（anti-heroes）如艾尔·卡彭特（Al Caponte）问世：

> 所以，20年代被誉称为财富梦想和个体尊严体现的时代。到了30年代，爆发大饥荒，公民们疾呼要对此加以确认。原先充满

---

* 罗杰斯(1879—1935)，原是喜剧演员，后改饰严肃角色，如《加州展》等，因空难丧命全美哀悼。——译者注

** 邓波儿(1928—)，美国著名童星，所拍的"小"系列影片，在大萧条时期给民众带来欢乐。——译者注

尊严和财富的城市里,只见人们排队乞取面包或汤,孤苦伶仃的男人离开家园,到处流浪,但不是为了寻找圣杯,而是寻找有报酬的工作……老婆和孩子被遗弃,无处可去,只有去寻找丈夫和父亲……这一切看来没有尽头,冬天里挨饿受冻;人们的苦难熬不到出路。(p.61)

面对这种经历,布朗认为,罗杰斯再次确认了现实情况,而且肯定了"坚强的自耕农",美国梦的其他价值也同样得到了肯定。有人会说当时美国价值体系可能已经改弦更辙,旧的目标似乎已经不合时宜,但罗杰斯却展现了生活依然按照传统价值和传统态度进行着。

艾克特的论文是《秀兰·邓波儿和洛克菲勒之家》(*Shirley Temple and the House of Rockefeller*)。该论文采以同样的模式,但更加关注意识形态的特点。这导致艾克特侧重于邓波儿对主流意识形态和统治利益的作用,而非布朗所阐述的那种对恢复公众信心的作用。艾克特把邓波儿同共和党及民主党就大萧条造成的贫穷提出的政治对策联系在一起;前者强调个人施舍(救济穷人)的作用,并把民主党提议的联邦救援计划看做是对美国关于首创精神和个人至上理想的侵犯。艾克特说,到1934年,双方陷入僵局——联邦救援未起实际作用,但它的推行需要有"极其无道德的慈善尝试"。正是在这种情况下,邓波儿登场了。艾克特强调她的影片实际上凸现一种爱,它是人们心灵自然又自动的启开,为的是让"这种最无情的现实得到改变和驱散";这种爱虽然不是普天下的,却由人们的需求而引发出来:

秀兰宛如一块磁石,转向她影片中一些最固执的人物——像干瘪的有钱老头、防御性很重的失恋者、冷酷的权势人物、北方联军军官以及难缠的犯罪分子等。她攻击他们,识破他们,启发他们,从而使得他们有可能恢复自我。这一切不时回到她自己身上,强迫她设身处地想,自己必须判定谁最需要她。这是她的有奖竞赛(agon),也是她的受难之地,这让她不时处于极其绝望的时刻。这种需求、给予和决定谁最需要之汇合,显然也是一种解脱的体验。(p.19)

艾克特强调说,人们必须把其他要素也阐述进去,以求全面理解邓波儿的明星作用——亦即"通过幻想缓解现实,针对不够关心儿童而加深感情,弘扬通常讲的齐心协力哲理以鞭挞大萧条",但他仍然坚持说:"秀兰和她的爱之负载是出现在官方的慈善意识已无法再有的时刻,出现在支持慈善的公共资源正耗尽的时刻。"(同上)我想以这点总括这样一个想法,即明星的形象同意识形态——不论在主流意识形态内部抑或在它与其他从属性/革命性意识形态之间——的种种矛盾是息息相关的。这种关联可以是取代的关联(见下节"价值的移位"),或者是矛盾的受压一方和施压另一方的关联(请参见默顿论凯特·史密斯,下文 p.43)也可以是明星影响表面上不相容的关系"神奇"地调和。因此,如果说美国社会真的充满性兴趣——特别是对妇女而言,但实际上并未这样而只是"异常",未要求妇女既性感又纯洁,那么人们会把拉娜·透纳*性感和寻常之结合或者玛丽莲·梦露性感和天真之结合视为这些对立面之神奇综合。这种综合之可能,部分是通过这两位明星的形象之特定内涵链,部分则是通过她俩作为个体实际存在于世界之事实。由此,将对立的质素加予她们形象而产生的不统一,仍然可以因为各人都有一种人格之事实而呈现出统一性来。(人们可以在《邮差总按两遍铃》(*The Postman Always Rings Twice*)中看到这一过程。该片中,科拉这个人物充满矛盾,剧本不停地赋予她"前后不一致"的动机;因此,探讨科拉作为被建构的人物会毫无结果,除了性格分裂外别无其他特征,但由于这个人物是拉娜·透纳扮演的,所以仍是一个矛盾强加予

---

* 透纳(1921—2006),好莱坞妖冶女星,拍有《佩顿的寓所》等。——译者注

自身的统一体。请参见理查德·戴尔的《拉娜·透纳的四部影片》[*Four Films of Lana Turner*]。)

价值的移位

迄今为止,我已经探讨了明星可以通过重复、复制或调和而强化意识形态的各个方面。然而巴瑞·金和艾克特(在其关于秀兰·邓波儿的论文中)都表示,这种强化只是重申主流价值,所取得的效果可能不如通过暴露现有的矛盾或问题那么大。

金从一般方面论述之。他所谓的"好莱坞制片厂的现实主义"是围绕"英雄的离心作用"建构的,这种现实主义据他称是"不可或缺的社会评论"——但它不必提供给观众(它不可出售给别人)。而明星能够解决这个问题,"因为他或她将影片中所表达的意见转化为呈现他或她的存在……明星将'人们为什么会觉得这样?'的问题转化为'人们怎么会有这些感觉的?'"这一点就制片人而言是收到效果了:"明星……通过把评判(它会使媒体政治化)置入个人体验和感觉的领域,让这一问题从那些控制媒体的人肩上卸下来。"同样地,这点对观众也收效了,他们的意识由于个人化而非政治化了,但还是具有社会化的个人特征:

> 明星通过对信息流的具象化和戏剧化,促成了在观众身上形成非政治化的眷恋模式(modes of attachment,即对现状的认可模式)。明星促成了结构决定成分的私人化和个体化,这促成了观众的大众意识。只按个人相关性去认知世界的个体,乃是私人化群体中的个体。他们的个人麻烦始终是个人的麻烦。

明星被用于掩盖人们视自己为阶级成员的意识,途径是在观众身上将社会的区分改编成"新的极化——亲明星/厌明星……集体意识也被个体化,并失去其任何集体意义"。明星通过这些途径,再加上他们本身是被体验（亦即他们是体验现象而非认识现象）并被个体化（以"特有"的形象体现一般的社会价值/规范），且存在于现实世界，就能冲淡各种政治含义，而这种种政治含义正构成了所有大众信息不可回避的、但具有潜在进攻性和爆炸性的出发点。金不用特定明星个案来彻底论证这点，不过他的论断可能会提出约翰·韦恩或简·方达这两位明星都具有明显的政治关联性，他们的行为不可避免地要模糊他们所体现的政治议题，其做法是展示他们政治主张的生活方式，表明他们的政治信仰是他们个性的一个方面。这就是说，影片和明星只具有最一般的政治意义，两者都把观众同政治割裂开来，向观众传递的只是消极的政治意义（洛温瑟尔语），而非狭义上强化已知政治观点的意识形态意义。由此，韦恩和方达具体的政治主张同讨论他们的意识形态功能（所有明星都拥有同样的功能）无关。

我在肯定地附和金关于明星现象趋势描述的观点同时，觉得不考量已知明星具体的意识形态内涵/功能是很难的。金的观点是以撇开生活方式、感受和"人格"等与政治无关的东西为前提的。显然，人们会不会视这些东西是政治性的，乃取决于他们的政治观点。我本人觉得，如今我们都是由我们的社会形成的，都被我们的社会渗透，因此个性始终是政治性的。从这个角度看，说韦恩或方达在政治上同习惯认为的右翼或左翼政治学"命题"转化无关也许是正确的，但这正因为他们是那些政治观点的充满经验和个体生命的具象，他们可以在性别角色、日常生活等方面传达出那些政治观点的含义。那么，这究竟在什么样情况下才能发生呢，下面第六章将予以讨论。

查尔斯·艾克特关于秀兰·邓波儿的探讨强调了邓波儿的形象"即维护又否定"大萧条下资本主义社会的各个有争议方面。金钱，在邓波儿影片所属于的共和党意识形态情结中是个有争议性的命题："金钱作为捐赠的礼物是慈善性的，但以救济的形式则是毁灭性的。"慈善和主动捐赠都是值得弘扬的价值，而金钱则是"含糊的和压制的"。

第三章　意识形态

在秀兰·邓波儿的影片和传记中,通过稍微但十分重要的移位,慈善以热爱出现,主动捐赠以工作出现。热爱和工作两者都是从所有社会和心理现实中提取出来的。它们没有原因;它们是无动机的(……)金钱则在保持其含糊本质的同时,易受两种对立的运作影响。在秀兰的影片和现实生活对金钱态度的描述中,金钱被从存在中剔除。金钱甚少毁灭性。金钱皆空。然而在一个相反的活动中——大都在秀兰的传记里发现——金钱却迸发和引发一种令人陶醉的幻想,卡利班*竟会拥抱大家,黄金的幻象竟会从天堂降临,宝藏竟会在一个小姑娘的快乐、卷头发和欢笑声中产生。(p.20)

我觉得,艾克特的分析在许多方面堪称范本,它将被制造出来的形象同当时特定的意识形态现实紧密联系在一起。当然,不是所有的明星都需要用移位的概念来描写他们的意识形态功能的,不过有许多明星是需要的,邓波儿为这一观念的成效性提供了范例,因为她属于一种从表面上看没有意识形态意义的明星(依然让人遗憾的是艾克特未能探讨她在影片中较为直接、较为明显地体现着家庭、童年和女子气以及她同黑人人物关系的意识形态观念)。

代偿

关于明星代偿人们在他们生活中匮乏的质素之提法,显然接近于对明星体现受威胁价值的观念。后一种价值乃是假定的质素,人们设

---

* 卡利班(Caliban)系莎士比亚戏剧《暴风雨》中丑恶又凶残的奴仆。——译者注

想的质素,而不是他们在日常生活中未体验到的质素。不过,代偿的含义不是形象会产生一种信念即价值总是受到威胁,而是把你的注意力从这种价值转向其他某种较少受威胁的、"代偿性"的价值。

莱奥·洛温瑟尔视这种转化为一种从积极参与商业、政治和生产领域转向积极参与休闲和消费的转化:

> 这对于那个从霍雷肖·阿尔杰(Horatio Alger)*的梦想中被驱逐出来的小孩来说是一种安慰,他拼命想钻入政界和商界足智多谋的植丛(thicket)里,为了想看看他的英雄,他们是一大群人,看看他们喜欢还是厌恶高速列车、香烟、番茄汁、高尔夫球和社交聚会——这一切如同他自己的喜好。(见《大众偶像的胜利》,p.135)

洛温瑟尔认为,这点正是社会中现实结构失灵的问题,它不单单是对意识形态的信仰产生危机。罗伯特·K.默顿在其著作《大众信念》(*Mass Persuasion*)中研究凯特·史密斯时也持有这种观点。该著作是研究凯特·史密斯于1943年9月21日主导的战时公债发行所获得的巨大成功。这次成功归结为许多因素(长时间的广播、特别的造势、史密斯的讲话内容等),不过没有什么比史密斯本人的形象更重要。默顿认为,这里有着史密斯形象和用于推销债券的各种主题(比如爱国主义、自我牺牲等)的一致性,不过最主要的看法是默顿研究的被访者都一次又一次强调史密斯的真诚。广播本身也"证实"了史密斯的真诚形象,广播不断讲述这样的事实:她发动这一运动别无他求,进行的时间甚长,她一点不气馁。同样地,她的形象通过下述各种因素之汇合而被塑造出来:

---

* 阿尔杰(1832—1899),美国儿童文学作家,作品大都描写儿童靠艰苦奋斗而发家致富。——译者注

登载她的慈善行为报道;非特意地、偶然地广播与她的贡献有关的消息;不断地表达她和其他平民同化的意愿;将她谈论的那些人头上的光环转移到她自己的头上——这一切都用于建立她的施善者名声。(p.100)

于是,史密斯的形象成了多种传统价值的浓缩,但"确保"这一点的前提是史密斯作为一个人的实际存在,这种存在使她成为真诚之心的化身。

默顿的被采访者都把史密斯的真诚之心同他们在日常生活体验中所观察到的做作、欺骗和虚伪行为加以比对(p.142)。默顿认为,被操纵的体验乃系当代社会的特点,它属于社会的心理效应之一,以资本和市场为焦点,倾向于将人际关系工具化(p.143):

将情感重点放到史密斯所言的"真正含义"上,乃来自于这样一个假设,即宣传人员、公关顾问、推销人员、促销人员、剧本编剧、政客以及极端情况下的部长、医生和教师都系统地操纵着象征人物,以牟取权力、优势或收益。这实际上是想被视为人而非潜在客户或顾客的意愿之表达,也是对无安全感的抗拒,而这种无安全感源自于这样一种深信不疑的想法,即别人都在佯装好人,只为了赢得大家的信赖,从而使大家更加容易被操纵。(p.144)

史密斯的追随者不单单是所有被大众歌手娱乐的人之集合体。对于许多人来说,她已经成为道德领袖之象征,而这点正是通过她本人的行为"展示出来"的,不允许在人际关系上有表面和实际的任何不一致。任何艺人都应该捕捉到那么多追随者的道德忠诚,这种忠诚是对与支配地位的社会和政治方向之深刻评判。(p.145)

尽管人们对默顿表述的某些方面可能有争议(例如关于"人格",不应该当作既定或绝对的概念,因为它所述的个人的人格是文化和历史特定;在人际关系上可能存在着表面和实际的不一致,而这种不一致是必不可少的,也不可替代的,因此史密斯的号召力是不切合实际的乌托邦式的),但从表述本身来看,似乎还是很有说服力的。

默顿也探究了史密斯形象的其他方面,但不幸的是欠详细。他认为史密斯体现出"女性性角色的三个支配性模式——爱家模式、事业模式和魅力模式(the domesticity pattern, the career pattern and the glamour pattern)",最后一种以前两种受损害为代价——的第一种。她通过强化爱家模式使其合法化,以"减缓这些强加予妇女的矛盾的角色所产生的紧张和冲突"、"史密斯被当成一份活生生的推荐书,对女性魅力的文化上侧重可能被安全地放弃"(p.147)。"她……为那些被阻止在职场上成功的妇女提供情感支持。"默顿也探讨了史密斯的母亲形象、她的成功(通过始终"做我们的一员")和她类似意义上的"自然美",同时始终跟一部分观众缺乏焦虑的特定意义联系在一起(真诚的重要性不同于其他,默顿在各个阶级和两个性别中均有发现)。

魅力

默顿的想法和艾克特、布朗的想法,都与马克斯·韦伯*在政治理论领域里开发的"魅力"(charisma)概念有关。我愿意以探讨韦伯的理论及其与明星现象的相关性来结束第一篇,但我要采用适当修正的形式来探讨魅力的概念(该概念按照韦伯阐述的意义不只意味着"魔力"等),并将社会功能同意识形态的理解结合起来。

---

* 韦伯(1864—1920),德国社会学家、政治经济学家,著有《经济与社会》等。——译者注

第三章　意识形态

韦伯颇有兴趣地描述了政治秩序如何合法化(除了被约束力合法化)，并提出了三种选择：传统(它做的是我们一直在做的)、官僚(它做的事是按照已达成共识的、但可改变的、假定是合理的规则)和魅力(它之所以收效，因为是领袖提议的)。魅力的定义是"一个人的个性的某种质素，它使他不同于普通人，它被认为天生秉有的、超自然的、超人类的或至少表面上是十分稀有的质素"。(见《魅力和制度的建构》[Charisma and Institution Building], p.239)

这里论及的一些问题都是有关魅力概念如何从政治理论的转化为电影理论的。正如阿尔贝罗尼指出的，明星的地位决定于她/他没有制度上的政治权势。然而这里也明显有着政治魅力和明星魅力的某种一致性，这点在一个给定的人怎么或为什么会秉有属于他的魅力问题上尤其如此。E. A. 希尔斯(E. A. Shils)在《魅力、秩序和地位》(Charisma, Order and Status)一书中表示：

> 一个个人的魅力质素是被其他人感知的，或者说他有赖于其他人认为他同人的存在和他生活的秩序某种十分关键的特点之关联(包括受存在和秩序影响或植入。这种关键特点同强度配合，会使魅力显得异常特别)。

人们大可不必从"人的存在"和"秩序"上来考量魅力问题，也不必怀疑其外在的普适性，只需认可上面表述的普遍有效性，特别当情况可能常常是富于魅力的个人同她/他的社会之关系具有文化和历史特点时，这些特点仍然可以被当作永久的普适关系来呈现或解读。

S. N. 爱森斯塔特(S. N. Eisenstadt)在其为韦伯《魅力和制度的建立》撰写的引论中，接受了上述观点，但以全面审视传媒研究为基础，更进一步提出了：魅力的吸引力是十分有效的，这特别是在社会秩序不确定、不稳定和不明确时；一旦富于魅力的人物或群体提供了价值，秩序或稳定就会反其道而行之。将明星同整个社会联系在一起，可能不会让我们在这些方面走得太远,除非人们将20世纪的西方社会视为一直处于不稳定状态的。再者,人们需要从关系(上面概述的各种关系)上加以考量。这种关系实为明星同文化中具体的不稳定和不明确状况以及种种矛盾之间的关系(它现在正复制于影片摄制和电影明星的具体实践)。

上述研究模式强调了早期在分析明星形象时的一种尝试。亚里斯泰·库克(Alistair Cooke)的《陶格拉斯·范朋克:《银幕形象的制造》(*Douglas Fairbanks: The Making of a Screen Image*)发表于1940年。库克从范朋克的"美国魅力"如何符合美国当时的情况之角度,阐述了范朋克的明星现象:

> 在美国历史的困难时期,合众国对欧洲战争保持危险的中立态度,陶格拉斯·范朋克却好像知道所有的答案,他是通过装扮"普通的美国人(大写的美国人)而非全能的人"知道的。这种讨好观众的身份转换,吸引人过于明显,不必予以褒赏。电影迷对范朋克的喜爱本可用一位已故法国影评人的一句简单的话表述的:"陶格拉斯·范朋克是一帖'强壮药'。他笑,你就觉得轻松。"在他早期从影时期,决不偶然的是他最受欢迎的影片应该为《纸包着他的照片》(*His Picture in the Papers*)、《雷吉殴打记》(*Reggie Mines In*)、《曼哈顿疯狂》(*Manhattan Madness*)和《美国贵族》(*American Aristocracy*)。这些影片分别描写了美国人对扬名的狂热;描写了一个上流社会的花花公子在下等酒吧寻找姑娘,为了保护她跟一两个歹徒打架;描写了一个西部人对东部过时的习俗感到害怕;描写了一个南方人出身良好家庭,却嫁给了一个钱罐式的贵族,对任何势利行为都健忘。在范朋克的身上早已有了公众英雄的"核仁",他在行为和穿戴上相当接近于当代美国,给他的崇拜者留下的感觉是他敢于面对时代而非逃避时

代。(pp. 16—17)

玛丽莲·梦露则提供了另一种范本。她的形象不得不置于50年代美国独有的道德和性爱思潮的涌涨中,她的形象还可以用二次大战后弗洛伊德在美国风行(特别表现在好莱坞的情节剧影片中)、金赛博士*的性学报告、蓓蒂·弗里丹(Betty Friedan)的《神秘的女性》(*The Feminine Mystique*)以及马龙·白兰度、詹姆士·迪安**、"猫王"艾尔维斯·普利斯莱等反叛男星来加以阐明;当时电影的审查面对电视的竞争只得放松(反过来这些例子也需要置于同社会构成其他层面如现行的社会关系和性关系、男人和女人相对的经济地位等关联之中加以研究)。梦露把性感和天真融为一体,乃是这种涌潮的一部分,不过人们也可能将她的魅力看成是她身上所有一切质素的表面化浓缩,她似乎"正是"贯穿于50年代美国意识形态生活的那种精神紧张之具象。你可以将之看成是英雄熬过精神紧张或者痛苦地显露紧张。

正因为明星的魅力需要置于它所属的意识形态结构的特性之中(关于这一置入过程的探讨,详见第二篇),原本关于明星的所有社会学理论都不屑于一顾这一现象的另一方面——亦即观众的特性。(关于观众是共通化、同质化的集体之假设已充斥于上述资料中)此外,I. P. 迈耶、安德鲁·都铎和埃德加·莫林还指出,在考察明星现象时,必须看到观众各成员借以生存的种种矛盾之重要性,这种种矛盾会影响到成年人和妇女中间发生的那种特别强烈的明星/观众关系。他们为这一点指出了某种经验上的证明。我也指出过明星在男、女同性恋者聚居区的文化中的极其重要意义。这些群体全都体验着角色/身份奇特

---

* 艾尔弗雷德·金赛(Alfred Kinsey, 1894—1956),美国动物学家,专门研究人类的性行为。——译者注

** 詹姆士·迪安(James Dean, 1931—1955),英年早逝的好莱坞男星,擅饰"迷茫一代"青年,共拍有四部剧情长片如《无因的反叛》等。——译者注

的紧张,感受到成人、男性和异性恋主流文化的压力,而且(即使是部分地)不允许明确地谈这三种文化。如果这些明星/观众的关系仅仅是强化每个人都体验到的冲突和排斥[1],那么同样有意义的是在下一篇探讨"颠覆性"明星形象时,明星体现成人、女性和同性恋文化的形象也将起着关键作用。

---

[1] 我本人尚不知道有任何研究成果是根据阶级和种族来看待明星/观众的关系的类别的。

第二篇 | 明星作为形象

视明星为一种社会现象,这表明,不管人们就明星在电影的生产/消费二元关系中的地位侧重于哪一边,该地位都能够从意识形态上予以充分理解。"为什么要有明星?""为什么要有某某明星?"诸问题必须从意识形态加以回答——意识形态可以说是专为生产/消费二元关系设计的术语。

谈到明星,所用的术语必定会涉及形象。关于什么是"形象",按照我的理解,不只是视觉符号,而更是视觉、话语和声音这三种符号的复合体。这种复合体既可构成总体明星的共通形象,也可构成特定明星的一般形象。它不仅呈现于影片,又呈现于所有媒体文本。

正如第一篇结尾所示,明星形象的功能对于解决意识形态内部和各种意识形态之间的矛盾是十分重要的;它们会寻求各种方式来"操纵"或解决。有人认为,在一些罕见的例子中,一些明星不论是揭示或是体现一种对于主流意识形态是非传统性或对抗性的意识形态立场（它通常是矛盾的），都远远操纵不了矛盾。这些明星的"颠覆性"可以被视为代表他们自己或其他运用他们形象潜在内涵的人所作的"激进式干涉"（它不一定是有意识的）——梅·蕙丝特、葛丽泰·嘉宝、蓓蒂·台维丝和芭芭拉·斯特赖桑（Barbara Streisand）*为演出所作的种种努力（即要求演"正经的女性"角色），清楚地表明她们正是干涉主义者。不过，颠覆的问题不必如此概念化。人们可以将它简单地设想为各种代码的冲突，它们可能是偶发的，但冲突或其他强化了非传统性或对抗性代码，结果实现"颠覆"效果（或者至少可以解读为具有颠覆的可能或者使之合法）。本章探讨明星形象，将举一些明星的范例，审视其意识形态的矛盾，着眼于两个方面：他们如何根植于这些矛盾和他们如何"操纵"或"颠覆"这些矛盾。

---

* 斯特赖桑（1942—　）好莱坞著名女星，以《滑稽女郎》获奥斯卡奖最佳女主角，近期不时执导影片。——译者注

第四章 | 明星作为明星

在本章内,我将简短地审视明星总体形象的某些特征。这个总体形象构成了第五、六章内更为具体分析特定明星的背景。

明星实为明星生活方式的形象。就大多数明星而言,这种共通的生活方式可以假定为明星特定人格和她/他生活细节、事件之背景。它把可看性和日常性、特殊性和普遍性结合在一起,被视为美国/西方价值的表达,故在明星的共通生活方式及其特殊个性之间并无冲突。然而在某些个案中,这两者之间的关系可能是含糊不清或者有争议性的。玛丽莲·梦露强烈渴望明星的地位和她为得到之而蒙受不幸,正是她形象的可怜性/悲剧性的一面。早年围绕马龙·白兰度*的许多宣传,都涉及他不修边幅、衣冠不整的外表和在派对上桀骜不驯的行为,而这一切都含有拒绝明星一般生活方式之意。简·方达最近几年一直在追求政治上负面的明星身份——亦即努力维持一定程度的明星魅力,以期与劳动民众的主导文化建立联系,同时住在毗邻普通工人阶级的普通房屋里以期赢得他们对她进步观点的信任。

本章,我将主要借助《有声片、好莱坞和优秀影迷杂志》(*The Talkies, Hollywood and the Great Fan Magazines*)及《电影故事宝库》

---

* 白兰度(1924—2005),好莱坞著名男星,擅饰反叛英雄,两次荣膺奥斯卡奖影帝。——译者注

(*Photoplay Treasury*)[1]的资料加以说明。所有这些资料几乎覆盖了同一时期(从 20 年代到 40 年代),覆盖了好莱坞经典时期问世的主要的明星形象。拿这些资料同当代电影杂志(如《电影故事》[*Photoplay*]、《ABC 电影评论》[*ABC Film Review*]、《当代银幕》[*Modern Screen*]、《电影与电影摄制》[*Films and Filming*]等)作比较是颇有益的,可以看到前后不同的侧重点在哪里——比方说,现在时尚就不如性感重要,这也许是对影片本身更感兴趣了,其实也是对明星的"梦想"比较厌倦乏味了。

明星的总体形象可以视为美国梦的翻版,它围绕着消费、成功和日常性等主题建构。但这里也始终存在着一种"退浪"(undertow)现象,它可以说让这种梦"乏味"。另外,爱情、婚姻和性感也是明星形象的常数。

消费

明星如何生活的,乃是好莱坞的"传奇性"的一大要素。人们可以用不同的方式看待之。

"请看在格露丽娅·史璜逊(Gloria Swanson)等影照里'香奈儿'(Chanel)的最新款式时装。"

---

[1] 见理查德·格里菲斯编辑:《有声电影》、马丁·莱文(Martin Levin)编辑:《好莱坞和优秀影迷杂志》、芭芭拉·盖尔曼编辑:《电影故事宝库》。

第四章 明星作为明星

ANOTHER big fashion "scoop" for PHOTOPLAY! Once again we are able to give you an exclusive preview of the Chanel-designed clothes that you will see Gloria Swanson wear in "Tonight or Never." And, according to our reviewers, Samuel Goldwyn has made a picture worthy of the clothes.

Look at those wing-like draperies! Who but Chanel would add them to a black velvet evening gown? Who but Gloria could wear them so smartly? Both front and back decolletages are tricky. Those are jeweled clips on the shoulder. Note the straighter line, too

Chanel goes in for sleeves in a big way, it seems. Huge muffs of fur match a face-framing collar on the short satin jacket which accompanies this regal white satin evening gown. That train is dramatic, isn't it?

1 5帧照片取自 1932 年《电影故事》1 月号

58 明 星

Chanel has caught all the glamour that surrounds an opera singer in these clothes she has designed for Gloria's operatic screen rôle. Look at this afternoon ensemble in black satin and ermine. Every line of it is distinctive. The coat is long and slightly fitted. Barrel cuffs of ermine trim the sleeves, while a double collar of the fur rises about the face. The dress depends upon intricate seaming for its chic. Bands of ermine trim the surplice neckline. A barrel muff echoes the sleeve detail and a pert turban tops the unusual costume

Longer and more elegant goes the trend in evening wraps a la Chanel. This gorgeous satin one is lavishly trimmed with that precious fur, chinchilla. Again the unusual cuff detail that marks all these "Tonight or Never" costumes.

第四章　明星作为明星

生活方式剖析

　　明星生活方式的流行特征一览表，一开始时包括：游泳池、豪宅、华美服饰、轿车和派对。让我们仔细瞧瞧这些特征之一的时装的内涵意义。

　　比如，女明星作为时装的领军人物，在其流行形象中含有什么意义呢？如果我们看一下"请看在格露丽娅·史璜逊*等影照里'香奈儿品位'的最新款式时装"（附图1）有什么特征，会发现这样的事实，即设计师香奈儿把格露丽娅·史璜逊同高级时装界挂在一起，会有上流社会、欧洲"品位"和时髦等含义。假定读者从商标上已对时装的设计风格有某些认知，一定会问"除了香奈儿，有谁会在黑色天鹅绒晚礼服上添加翼状打褶装饰？"同样，所用材质之昂贵（如丝绸、皮裘、珠宝等）也被凸现出来，而设计本身也成了"摆阔的消费"（见下述），它们用了大量的面料和数不清的挂饰品，足以形成任何产业规模（顺便提一下，还会形成表演活动）。最后，所有这一切都促成了女人作为奇观的观念，这一论题在其他一些文章中甚至更为强调，例如《发挥美感的指南》、《我如何保持我的体型》（蓓蒂·葛兰宝［Betty Grable］撰写）（刊于盖尔曼编辑的《电影故事宝库》，pp. 132—134、286—287）、《美的"顶级"——来自一些漂亮的饰物，它们来供明星漂亮外表美化之用，也会增添你本人的吸引力》[1]。不过上述一些例子表明魅力/妖艳/性感等的美之观念同样地被明星和影迷们享用。在这样的语境里，高级时装的"时髦性"是有争议的。事实上，近年来影迷杂志上越来越强调好莱坞本身就是

---

　*　史璜逊（1898—1983），好莱坞早期最著名的女星之一，片酬甚高，生活奢侈，绯闻不断，代表作有《日落大道》等。——译者注
[1]　见《电影画报》（*Film Picturical*）1933年9月30日一期，该期刊物于1972年作为"优秀报刊重印版"系列一部分而由彼得·韦尔公司重印。

时尚的决定者这样一种看法(好莱坞这一地位的上升发生在第二次世界大战期间美国有效地摆脱了巴黎的"时尚")。这点被一篇文章《好莱坞冷落巴黎。电影资本自力更生,成为时尚中心。设计师(屈维尔·班顿[Travis Banton])不再向"破旧"的巴黎寻找意念》(见《有声片》[The Talkies]一书,pp.192—193,p.347)点明。在该文章中,巴黎作为时装中心的事实正遭到否定,并且暗示美国和/或民主会做得同样地好。同时,虽然"品位"这一概念仍然受到重视,但丝毫不可认同它与巴黎有关或者在时尚语境里巴黎是渊源……。

人们可以同样地探究其他形象簇——体育、舞蹈、建筑(明星的住处)等的相关性和矛盾性。

"摆阔消费"

索尔斯坦·威布伦(Thorstein Velblen)将"摆阔消费"这一概念列为他的"休闲阶级理论"的核心。"摆阔消费"(conspicuous consumption)是这样一种消费方式:有钱人显示其有钱的事实。它所显示的不仅是他们在消费范围内十分有钱并能进入高档品牌和时尚名单的事实,而且是他们不必工作的事实。在这种消费过程中女人是关键人物——男人可以工作,但他的妻子不必工作。正是她在自己的消费模式中带有她男人财富的符号。时尚正是这方面的范例——要准入品位名单靠的是穿昂贵面料量身定做的衣服,而且其款式设计显然不便于干活,甚至在追求摆阔目的时让穿者感到难受。她们必须硬穿进去以塑形,却未能塑形,反而把她们的身体包紧。同样地,进行体育或艺术等活动,不是为了身体健康或情感陶冶,而只是为了展示自己有休闲时间和可供挥霍的钱财。由此,人的运动家体形可能大获赞赏,但这只是通过体育而非劳动才获得的。

这些话题在影迷杂志《玩转好莱坞》(Hollywood at Play)和《片场外

的明星》(*Stars off the Set*)中被分析得清清楚楚[1]。比如后一本杂志就专门报道明星工作之余的生活,他们不停地从事体育活动和业余爱好。他们唯一受到管束的或者唯一被暂时认可的,在上述刊登的文章中就是拍戏——这是工作,影片正在摄制之中。这作为一种有趣的自我意识式玩戏,出现在一篇题为"那些令人敬畏的制造场所"的文章中。该文登载了一系列明星"在工作"的照片,但工作地点均在制片厂豪华的化妆室里(见下页),甚至在工作场所,明星们展示的也不是在工作,即在拍戏。(要指出的是,仅靠布景衬托出男、女角色的轮廓。)

---

[1] 见格里菲斯:《有声电影》,pp. 106—107,pp. 302—304。

2　所有图片均取自《电影故事》1937 年 11 月号。明星们在房内。顺时针方向：琴逑·罗吉丝（Ginger Rogers）、安·索森（Ann Sothern）、琼·克劳馥、珍妮特·麦克唐纳（Jeannette MacDonald）、尼尔森·艾迪（Nelson Eddy）、莱昂纳尔·巴里摩尔（Lionel Barrymore）

第四章 明星作为明星

消费的偶像

莱奥·洛温瑟尔在研究大众杂志上名人生平传记时,发现在 1901 年和 1941 年之间报道的重点有一个明显的变化。在早期,名人传记的主体均为"生产的偶像"(idols of production)——之所以引起人们的兴趣,是因为他们在世界上都成就了一些事业,都飞黄腾达,都攀上顶峰,都成为对社会有用的人,如银行家、政治家、艺术家、投资家和商人。但在其间,发生了向"消费的偶像"(idols of consumption)的转化。洛温瑟尔将之说成是"当代杂志英雄":

> 几乎每一位名人……都直接或间接地同休闲时间领域有关,他们要么不属于为社会基本需求服务(如娱乐界和体育界的英雄)的行业,要么或多或少接近于社会生产代理人的滑稽模仿。(p. 115)

当代英雄则"主要来自于消费和有组织的休闲时间领域"(p. 121)(亦即他们是艺人或运动员),他们的"私生活"也是消费型的生活。因此,"在这个呈现的过程中,消费商品的生产者和代理人都转变为他们本身都是消费者了"(同上)。

尽管威布伦所陈述的休闲、服饰、消费诸类型都表明财富对分析明星形象十分管用,但洛温瑟尔的上述模式也许更贴近于所有这类消费的社会意义。威布伦认为"摆阔消费"保留了休闲阶级是特定阶级这一点,而洛温瑟尔则认为明星成了每个人在消费社会中消费的模式。休闲阶级或明星们都花出比一般人更多的时间在消费上,但他们仍然能够在较小的范围内被模仿。他们的时装会被复制,他们的风尚会被仿效,他们的体育项目会被追随,他们的癖好会被接纳。在洛温瑟尔的用词里,英雄是"一大帮人,他们有的喜欢、有的却不喜欢高杯酒(highball)＊、香烟、番茄汁、高尔夫和社会派对……"（p. 135）我们可以提到许多经济学家（如戈尔布莱思、巴伦·斯威齐）都认为，资本主义到20世纪已经从以生产为基础的经济根本性地转为以消费为基础的经济——由此，对于资本主义来说，"问题"不是生产足够多的商品来满足市场，而是如何销售大量超出市场直接需求而生产出来的商品[1]。销售同"消费偶像"成长之间的联系不可抗拒地浮现出来，消费偶像以意识形态的形式表达出社会的经济紧迫性——纵使这种单纯的联系也会让我们小心谨慎起来。

成功

艾尔伯特·麦克里恩（Albert Mclean）在其关于轻歌舞剧的专著《美国作为仪式的轻歌舞剧》（*American Vaudeville as Ritual*）中阐明了这种形式的艺术是围绕成功之神话而建构的。正是这种电影将明星制从舞台剧中剥离出来，并且以此强调明星是成功的象征。

成功神话的一般含义是美国社会向所有志在向上者完全开放，且不管他们的地位是否显贵。正如丹尼尔·布尔斯汀（Daniel Boorstin）指出的："一个卖汽水的姑娘被无意中发现，迅速登上明星宝座，这一电影明星传奇迅速同原本是小木屋却成了白宫的传奇相提并论，都作为美国民主的民间传说。"（《形象》[*The Image*], p. 162）成功之神话根植于

＊ 指用威士忌或白兰地掺汽水或冰块制成的饮料，盛在高玻璃杯内。——译者注
[1] 解决生产过剩的办法有扩展海外市场，强化产品竞争性，还有通过广告宣传和产品差异化等刺激国内消费，这一切导致强调消费，从而强调品牌，强调"消费社会"，详见加尔布莱思：《消费社会》、保罗·拜伦和保罗·斯威兹：《垄断资本》。

这样一个信息,亦即阶级制度和老同学关系网都不适用于美国。但这种神话的一个不确定因素是究竟哪一种成功是任何人——不管其才赋或适应性如何——都能够达到的?在明星制中开发的成功尤其如此;该种成功之神话总是设法将这样几个矛盾的因素协调好:寻常性,它是明星的纯度之标志;明星制对待人才和"特长"的态度;运气,"突破",它们可以发生在任何人的身上,明星生涯都具有此特点;勤奋工作和职业精神,也是成为明星所必需的。有些明星将这四种因素都协调一致,而另一些明星只在某些方面突出。作为明星的总体,必须具备这四种因素,才名副其实。

好莱坞的"传记片"经常在图示明星成名时阐明成功神话的这些矛盾的基石。《乔尔森的故事》(*The Jolson Story*, 1946)堪称范本,它成功地将这四种因素融合在一起:乔尔森是一名来自普通犹太人家庭的普通人——他没有"关系",没有财富;乔尔森拥有出众的好嗓子,能够让观众倾倒(例如片始一场戏里,他去观看轻歌舞剧的日场演出,独自在观众席吟唱起来,那歌声如此优美,叫每个人都停下听他唱);他十分幸运,当一个艺术家朋友喝醉不能演出时,乔尔森当晚就去代替他演出,结果在剧场里出现了两位主演者;乔尔森职业精神很强,给自己的表演设计出一些新东西来,还接受拍电影的挑战等等。而影片中最压抑的方面正是舞台监督、经纪人、制作人、赞助人——娱乐业的"商业"机器的活动。乔尔森在这方面却一点不积极,他仿佛跨越了这座机器。有趣的是,甚至一些关于制作人的影片如《歌舞大王齐格菲》(*The Great Ziegfeld*)也不对这一方面进行审视。

成功的神话也表明成功是值得拥有的——包括以"摆阔消费"的形式。巴瑞·金[1]表示,明星所含有的不仅是成功,而且是值得拥有的

---

[1] 金著作的所有引文均摘自他的未发表手稿《明星的社会意义》(*The Social Significance of Stardom*),该手稿是金长期对这个课题研究的一部分。

金钱,明星是"通过高薪酬而实现社会迅速流动性的模式"。他们所赢得的(并非阶级联系、生育、教育或"艺术"成果),使得他们进入吃喝玩乐的世界,成为精英的一分子,亦即 C. 赖特·米尔斯(C. Wright Mills)在《权势精英》(*The Power Elite*)一书中所称的"咖啡社会"(cafe society)的一分子。由此,金认为明星作为成功者可被视为"以幻想化的形式"肯定工资收入,同时在市场上出售自己的劳动权,而这正是值得追求的人生目标。

寻常性——随明星而"异"?

在对待明星现象时,有一个问题虽然早已触及却始终十分模糊,甚至是极其矛盾的,亦即明星作为普通人和明星作为特殊人。他们是不是像你或像我,或者是不是消费和成功使得他们变成(或映射出)不同的人?

维奥莱特·莫林(Violette Morin)表示,对超级明星(她的论文题目叫"奥林匹斯山神"[*Les Olympiens*])来说,他们被人们深信在种类上与其他人迥然不同。她把这点视为源于明星被当做高等人。明星始终是世上最了不起的——最漂亮的、最会花钱的、也最性感的,但正是因为明星"化入"了这种种最高级,以至难以区分开来,所以他们成为最高等人,由此他们看上去是属于人类存在的不同种类,属于不同的"本体范畴"。他们的形象逐渐共通化,结果他们从最漂亮的尤物变成了"最伟大的人物"。

莫林所举的例子是伊丽莎白·泰勒(Elizabeth Taylor)*,莫林对后者的看法类似于亚历山大·沃克在《电影中的性》(Sex in the Movies)中有关泰勒一章所阐述的观点。尽管其他明星可以代表人民的各种不同类型,泰勒却只代表"明星"类型——世界上最叫座、最美丽、结婚和离婚次数最多的人。她的爱情生活,加上她出手阔绰,使得她颇令人感兴趣,而不是她相似于你或我。

沃克未声称泰勒是所有明星的典型。莫林界定的"奥林匹斯山神"的范畴究竟有多大也不清楚。我本人未被说服:现在,关于明星本体上不同的看法已十分广泛地流传。甚至泰勒这一个案,我也觉得可疑,因为这种看法并未阐明她的爱情生活如何成为异性恋一夫一妻问题的范例(见 pp.45—46),也未论及(比如说)她饰演《埃及艳后》一片主角的"一般性"或者她饰演妓女角色的特别成功。

关于被认为普通人的明星的奢侈生活方式和演出成功这一矛盾的悖理,可从以下几个方面加以解释。第一,明星可以被当做普通人,只不过生活比我们其他人阔绰,但本质上并未因之而脱胎换骨。第二,明星的财富和成功可以被用来分离出某些人的特质(他们赞许的特质),但不展现那些掺有物质考量和种种问题的特质。上述两种解释同人的属性存在脱离物质环境之说法是符合的。明星可以用来使这些说法合法化。最后,明星代表着一些被当做这个社会典型的人,但被我们假定用以表述我们社会特点的这些人决不可脱离我们日常实际的社会体验的;于是,明星的特殊性表现为他们只是在普通人周围的人!(这是将魅力模式以另一种方式概念化,第一篇已有探讨。)

---

* 泰勒(1932—),好莱坞著名女星,两次荣膺奥斯卡奖影后,现任艾滋病防治基金会会长。——译者注

变味的梦想

消费和成功,以及它们所暗示的附加价值如民主、开放社会、普通人/寻常人的价值等,都是构成明星形象的关键要素。不过我认为,若忽视那些与这些相悖的要素也是错误的。在整个明星制时期,明星梦想的失败也不乏其例。

消费和成功,始终不断地按照需求的愿望展示着。消费可能被描写成浪费和堕落的象征,而成功可能是昙花一现或心理负担沉重。一些影迷杂志都登载过这样一些文章,例如《15000 名临时演员的悲剧》(报道那些未能幸运入行的人——"他们千方百计去争抢在电影城的位置,但他们必须永远地将自己的银幕梦抛置脑后")、《他们也曾经是明星》(报道一些大明星息影淡出)、《凄惨的华厦》(报道一些曾被当做"已毁事业里程碑"的明星豪宅里外迷信四起,愈演愈烈)、《他们为名声付出的代价》(在好莱坞,健康、友情、美貌甚至生命本身都可奉献于"可怕野心的神坛")[1]这些文章摘自于 30 年代。到 50、60 年代,堕落、性放纵、恣意挥霍的话题变本加厉,不仅出现在影迷杂志和报纸上,还出现在剧情设定于好莱坞的小说和影片中(如《玩偶谷》[*Valley of the Dolls*])。即使像《凄惨的华厦》一文也有个副标题,叫"心碎城心碎屋奇谭",它含有这样的意思,即在好莱坞这个平庸之地,悲剧和苦难随时发生着。上述看法以及好莱坞明星总体形象的其他许多方面都可以在下面一段引文中见到。该引文摘自一部半色情的低俗小说《裸身好莱

---

[1] 见格里菲斯:《有声电影》,pp. 136—137、p. 331、pp. 140—142、p. 337;盖尔曼:《电影故事宝库》,pp. 144—147;莱文:《优秀影迷杂志》,pp. 94—96。

坞》(Naked in Hollywood),其作者为鲍勃·卢卡斯。女主角卡拉由一名二流经纪人赫勃陪同,正向好莱坞迈进哩:

> 卡拉可能记不得自己什么时候决定当明星的。随着年龄增大,她身上好像诞生了这个梦想。她不奢望发展为一位伟大的女演员。令她着迷的明星需要具备迷人的魅力、装扮的本事、漂亮的外貌和阿谀奉承。她还知道好莱坞的许多情况——她对它感兴趣的那些东西要比赫勃所能告诉的更多。
>
> 心形游泳池、罗斯劳斯轿车、豪华住宅、貂皮和皮裘、苏格兰威士忌和法国香槟——这一切她了如指掌,仿佛她已经建造好了五彩缤纷的天堂,而在那里聚集着银幕众男神和女神。
>
> 丽塔、艾娃、丽丝和玛丽莲;洛克、塔布、瑞普、弗兰克——他们的真实姓名,他们的破碎罗曼史,他们的艺术胜利,甚至他们的烦恼和爱吃的食品,都是深深印在卡拉脑海里的电影圣地传说的一部分。影迷杂志和新闻报纸八卦专栏则是她获知这一切的来源。现在,她正奔向这块希望之地,毫不怀疑自己在不太久将来的某一天会加入这批不朽明星的行列。
>
> 好莱坞——它会让你心碎,会撕裂你的肠胃,这是赫勃早就警告过的。卡拉却未放在心上。为了当明星,她准备去交换自己一颗不朽的心。

认识到好莱坞是毁灭者,也许是玛丽莲·梦露和裘迪·迦伦之死引发的最有说服力的表述;她俩潦倒的生活和可能的自杀,发生在好莱坞毫无良知地牟取利润的正门口。后来,梦露也成了宣传女人是影片奇观的象征物。

爱情

所有影迷杂志的中心话题都是爱情。之所以会这样,部分是因为电影摄制作为工作十分压抑;部分是因为对世界的首要认知即物质问题现已解决,剩下的是人际关系。人际关系必定涉及异性的情感/性欲关系——即"爱"——而影迷杂志都暗示这种关系是任何人都感兴趣的关系——它可不是工作关系、友谊关系、政治伙伴关系或者足以惊人的双亲和子女关系。(明星生育确有报道,但很少进一步细述明星和她/他的子女关系。)人们可能视这是将大众注意力从上述这些领域转移之举,实际上正是如此,不过也值得提一下,大多数观众都曾经(现在仍然)处于对异性关系期望的心理结构之中。人们感兴趣的影迷杂志的爱情报道常常更多的是热烈祝贺而非产生痛苦,这点与埃德加·莫林在《明星》一书中的观点有所不同。

莫林视明星神话的精髓是爱情。在他看来,爱情即炽热化的异性间热情——构成了报道明星的实质,这些报道都暗示人生就是爱情。这一点有各种不同的表现方式,主要是迷恋于形体美和青春活力(可以用一对看似矛盾的套语表示——"心灵是永远不会老的",因为"它始终是 20 岁",见 p. 175)以及接吻的魔力:

> 接吻不单单是做爱的关键技巧,也不单单是电影用以回避审查禁忌的性交之替代物。接吻乃是 20 世纪的爱情中脸孔和心灵角色的胜利象征。吻同脸孔的性欲一致,它在古代不为人知,在某些文明中依然不为人知。吻不单单是一种新的触觉快感之显示。它会带给生命无意识的神秘,亦即人嘴里吐出来的呼吸与心灵同

化;因此,吻象征着心灵的交流或心灵的共生。吻不单单是西方影片的至爱(piquancy),它乃是爱的情结之深度表现,既让心灵泄欲,又使胴体神秘化。(p.179)

所以,爱不再是肉体和男女关系的问题,而成了一种抽象的体验。

可以肯定,爱的概念是由许多影片和许多影迷杂志上的文章促成的。不过在对影迷杂志文章的调查中产生更为强烈的概念却都涉及爱的种种问题。那些文章大多是下列的标题:"琼(琼·本纳特)离婚的内幕故事"(pp.30—31);"(卡洛·)朗白怎么啦?""她嫁给克拉克·盖博真的要对她最近的罕见行为负责?"(pp.56—57,pp.181—182);"泰山寻求离婚"(pp.106—107,p.196);"为什么蓓蒂(·台维丝)在同丈夫六年和睦生活后独居?"(pp.110—112,pp.198—199);"今年是爱情市场"(综述上一年发生的结婚和婚姻纠纷、离婚和不幸福的事件)(pp.114—115,pp.199—200)。这么多的文章常常是借无休止的结婚、离婚和争吵等,企图指责好莱坞本身。在《好莱坞式爱情有什么错?》(pp.60—62)一文中,则暗示罗曼史在宣传的强光下不会开花结果的。("只有保密罗曼史,真爱才繁荣。"p.61)(所有引文均摘自莱文的《好莱坞和著名的影迷杂志》一书。)《银幕上做爱的高代价》一文讲述了银幕上的浪漫对银幕下的关系之影响,它写道:

> 要理性一点。如果你整整一天都躺在罗纳德·考尔门(Ronald Colman)*的怀抱里,你会忘掉吗?或者,如果你是男人,你八个小时里一直拥抱和不拥抱、吻和不吻玛琳·黛德丽(Marlene Dietrich)**——你会忘掉吗?你能回家去对你那可爱的、体贴的生活配偶说并对自己发誓,这些日子对你一点没产生影响?!(见盖

---

* 考尔门(1891—1958),好莱坞著名绅士型男星,曾以《双重生活》封为奥斯卡奖影帝。——译者注

** 黛德丽(1902—1992),好莱坞著名女星,凭《蓝天使》名声大扬,曾拒绝为纳粹服务。——译者注

尔曼《电影故事宝库》,pp. 200—201)

然而,指责好莱坞,似乎只是掩盖这样一个事实的方法,即上述文章实际上所做的就是搜寻由浪漫和激情观念在强制的异性一夫一妻制范围内引发的种种问题。由此,除了罗列浪漫——婚姻的烦恼和指责好莱坞的堕落外,还有些文章则从好莱坞的种种罗曼史中吸取教训——它要么是忍受和痛苦的代价("别怕心灵破碎",奥丽薇娅·德哈维兰[*]语,见莱文《好莱坞和著名影迷杂志》,pp. 148—149),要么是维持婚姻的指南("如何一直做电影明星的配偶——或者,其实是如何一直做任何人的配偶";见盖尔曼的《电影故事宝库》,pp. 134—137——这点讲得很清楚,同读者自己的问题有联系)。离婚故事本身也含有这样一些信息,即美满的婚姻是什么,女人和男人的正确角色是什么?他们的基本需求是什么?由此我们得知琼·本纳特(Joan Bennett)[**]:

> 深谙声誉、财富和知名度。她有一个美满的家庭。她有一位出色、迷人、忠诚的丈夫。她有每一条外部理由幸福。但是总有一些东西从她的幸福中丧失,尽管她在采访中说是全部丧失,她坚信这点。在她的心灵深处没有爱,而爱是每个女人生活所必需的。(见莱文《好莱坞和著名影迷杂志》,p. 177)

而蓓蒂·台维丝与哈蒙·尼尔森婚姻破裂是因为:

> 要求男人太多,希望他在婚姻关系上的另一半无限制地少一点——收入少一点,优点少一点。且不管男人是多么爱他的妻子,但上述似乎太奢望,以致不能让他在扮演丈夫角色上感到幸福,人们将他同舞男混为一谈,称他是靠她的薪酬养活的,并用她的姓"台维丝"加上"Mr."(先生)来叫他。(p. 112)

---

[*] 德哈维兰(Olivia de Havilland, 1916—),曾两次荣获奥斯卡奖影后,代表作有《乱世佳人》、《女继承人》等。——译者注

[**] 本纳特(1910—1990),美国正剧演员,拍有《窗中女人》等。——译者注

第五章 | 明星作为典型

纵然明星们的生活方式十分奢侈,但从赤贫到巨富的动机和罗曼史作为异性一夫一妻问题之呈现,表明明星所有特征中最重要的是他们的典型性和代表性。换言之,明星与社会的各种社会典型有关。

社会典型概念

关于典型——或确切说社会典型的概念,O. E. 克莱普已经开发出来,其意识形态的功能在第一篇里已经讨论过。下面谈一下社会典型是什么。

在《英雄、坏蛋和傻瓜》一书中,克莱普将社会典型定义为"群体制定和使用的角色行为的集体规范:是一种人们被期望成为什么样的人或者如何行为的理想化观念。"(p.11)它是人们如何身处社会的可共享、可认知、易学会的形象(可以集体同意或不同意建成之)。克莱普以此为基础,进而提出了美国流行的社会典型的分类法,他不时提到众明星的名字,用以阐述不同的范例。由此,他在"社会可接受的英雄"名单里列出了威尔·罗杰斯、索菲·塔克(Sophie Tucker)和珀利·科莫

(Perry Como),在"势利者"名单里列出了格雷丝·凯利、葛丽泰·嘉宝和蓓蒂·台维丝、伊丽莎白·泰勒、英格丽·褒曼(Ingrid Bergman)、莎莎·嘉宝(Zsa Zsa Garbo)、凯瑟琳·赫本*(Katharine Hepburn)。(一位明星当然可以列入几个不同的甚至矛盾的种类里,以反映出他们形象的不确定性和观众态度的差异性——由此,比如梦露就被用作"爱情皇后"和"傻瓜"的范例,而李伯莱斯是"勾引者"、"花花公子"、"畸形呆子"和"故作正经者"。)明星既实现了又扮演了类型,通过她/他的独特的表演风格使该类型个性化(评论家们总是把个人主义当做一种哲学或者一种倾向于把明星使类型个性化说成"超越自己"的一般意义上信条。)

然而克莱普的研究存在一些问题。首先,他未探究社会典型产生的原因,他视社会典型只是"集体代表"。他视社会典型是正面的和有用的,与公式化的类型迥然不同,后者之所以错误并有害,是因为公式化类型涉及人的文化世界的外部——他丝毫未检视谁在这个"文化世界"的里面和外面。这就是说丝毫未检视由社会典型表述的文化世界有可能代表社会的一部分压倒另一部分的统治地位。不过他的分类法有一点是清楚的,亦即如果你不是白人,不是中产阶级,不是异性恋者,不是男性的话,你就不能很好地适应这个文化世界——女性适应它也不容易,而黑人、同性恋者甚至劳工阶级更难适应它(我将在"公式化类型"一节中详细阐述之)。其次,有人会好奇地问他的分类类别来自哪里,他如何将明星纳入不同类别的。在克莱普的研究中并未探讨方法论。

尽管如此,但我认为有人还是会把克莱普的分类法用于描述流行的社会典型,前提是他把这些社会典型意识形态概念化(亦即他描述的

---

* 赫本(1909—2003),著名女星,喜欢中性打扮,四次荣获奥斯卡奖最佳女主角。——译者注

是统治群体所赞成的类型系统)。既然克莱普写了这部著作,当然也允许修改和补充。

克莱普界定的三种流行的社会典型是老好人(the Good Joe)、硬汉(Tough Guy)和美女(the Pin-up)。

老好人

克莱普把"老好人"或"好人"(good fellow)当做"美国人精神特质的核心命题"。这种类型的人"待人友好,脾气随和;他热爱民众,与人和睦相处;他从不凌驾于别人,而与大多数人同行;他很会消遣——但他也富于男子气概,不准让别人在涉及基本权利的地方欺侮他"(p.108)。他的特点是"厌恶恶霸、势利者、独裁者和伪君子;他同情受害者"(同上)。还有,老好人有别于守旧者、女人腔和学究气。这种明星范例有珀利·科莫、平·克劳斯贝(Bing Crosby)、露西尔·鲍尔(Lucille Ball)、威尔·罗杰斯、帕特·布恩(Pat Boone)、艾迪·坎托尔(Eddie Cantor)、鲍勃·霍珀(Bob Hope)和威廉·霍登(William Holden):"对老好人情结缺乏了解,我相信这正是美国人误解非美国人的主要原因。"(p.109)

克莱普确定老好人为美国主要的社会典型,是正确的,尽管我们应该问这样一些问题,例如这种典型也压制什么或掩饰什么? 这种好人精神要花多大代价才能获得? 克莱普主张女人也可以成为老好人,但他的表述排除了这样几点(女人不能有男子气概,女人不能拥有多个老婆……);还有,这种典型理所当然含有的男子气概也因反对女人腔而得到强化。同样,反对学究气也可能是(正如克莱普暗示的)抵御任何不考虑主流信念和现状的企图。

约翰·韦恩除了是老好人外,还有其他许多优点,研究他的形象和老好人情结的最有效途径是分析他在影片中的随和脾气、自我克制和男人姿态。这样既可使他有别于其他人物（包括女人、坏蛋和其他不"适应"的人——请看霍克斯执导、韦恩主演的多部西部片,检视一下男人（或女人）如何善于"适应"以及如何不善于"适应",又可化解韦恩"不可辩驳"的老好人常态所造成的意识形态紧张（例如他主演的战争片《琉璜岛沙地》[*The Sands of Iwo Jima*]、《绿色贝雷帽》[*The Green Berets*]）。当然需要补充一句,不是所有韦恩扮演的角色都符合这一分析,因为他反对公式化,曾转型饰坏蛋和自我反省的角色等。还有他形象的某些方面——与女人打交道笨手笨脚,政治立场属于"鹰派"——却有悖于他的总体形象。它们会损害他的老好人形象——不过同样地,后者也可以开释前者。

硬汉

这种社会典型,克莱普在审视"英雄的退化"（见第一篇）时已作探讨。克莱普所举的例子是麦克·汉麦、欧内斯特·海明威和小恺撒,不过他本可再举这样一些电影明星范例来补充之,如詹姆斯·贾克奈(James Cagney)、詹姆斯·邦德/肖恩·康纳利(Seam Connery)*或克林特·伊斯特伍德(Clint Eastwood)**。克莱普对这种类型关注的倒不是其实际存在,而是其模棱两可。这种象征暴力、侵犯、冷酷、凶残的不受欢迎的类型也会起有用的功能。正因为"是英雄而非坏蛋,所以硬汉成了问题类型"(p.149)。硬汉蕴涵许多价值,它们能够把他铸成英雄:

> 他好比冠军(你不得不佩服他,他能打败别人)。只要是这样,他就拥有一个不能被打败者的几乎无所不及的号召力。既然他经

---

* 贾克奈(1904—1986),好莱坞最擅饰歹徒的男星,曾获奥斯卡奖最佳男主角。康纳利(1930—)英国男星,曾五次演出007系列电影。——译者注

** 伊斯特伍德(1930—),好莱坞最擅饰硬汉的男星之一,后兼导演和表演于一身,多次荣获奥斯卡奖。——译者注

常像自己一样凶狠地打击别人,他就具有一种公正性(这样,我们对付恶霸就少许多麻烦了)。这个论题被混淆的另一种事情是唯一能打败他的人有时竟也是硬汉……硬汉常常会显示出对某一有限的理想如勇敢精神或"帮派规矩"的忠诚,而这一点可能使人们对他们产生同情。最后,硬汉可能代表着基本身份的需要,诸如证明自己或者普通人能够赤手空拳搏杀,为民造福。(p.150)

结果,硬汉混淆了善行和恶行的界限,强迫反社会行为服务于社会行为,反之亦然。在硬汉的例子中,典型并不表示集体的赞同、不赞同或嘲弄,而只表示集体的混乱和含糊。克莱普的观点是为"英雄"的退化以及道德和社会观念的崩溃而惋惜。对于这点,我更倾向于从硬汉克服男人角色的种种矛盾角度来看待。而这种克服在较为传统的典型(牛仔、剑客、战争英雄)中却被掩盖了。帕特里克·麦克吉利甘(Patrick McGilligan)对詹姆斯·贾克奈的研究(《贾克奈:作为作者的演员》[*Cagney: The Actor as Auteur*])在一定程度上证实了这一点。他将贾克奈视为体现强硬的正面和负面双重含义:

贾克奈在最坏时呈现出法西斯本能的自由派伪装:渴望至高无上,唯我独尊,驾驭女人,买百套西服,不断成功——这是竞争、个人主义、资本家的伦理标准。他在最好时则呈现出对周围世界的乐观信念,渴望美好未来,坚决拒绝在任何情况下被人支配,顽强地抗拒公认的社会标准,特别是作为典范的东西。(p.181)

麦克吉利甘的论述之所以那么适用,是因为他超越了对前述的含糊性或矛盾性的表述(克莱普基本上也弃之),而同文化含义的其他特定方面联系起来,以探究由这些方面的联系带出的意识形态含意。由此他将贾克奈的强硬作风同劳工阶级和男子气概之概念联系在一起。与劳工阶级的联系同样表现在他的早期银幕角色之中,他的生平凸现出他是纽约东区爱尔兰后裔的背景,还有他众所周知地捍卫"激进"事业。不过,正如麦克吉利甘所述,这种劳工阶级的强硬作风——这点对中产阶级和/或女权社会主义者来说始终是有疑问的——很容易且暂时地被用于他后期影片的左翼观点题材,所以到《一、二、三》(One, Two, Three, 1961)一片为止,"青年时代贾克奈的所有特征均被用于为老年时代贾克奈的个性服务——爱国主义、右翼观点和沾沾自喜"(p. 192)。然而强硬和阳刚之间的这种联系相当含糊不清。麦克吉利甘说贾克奈"在每次行动中极其富于男子气概"。其结果他跟女人的关系却成问题。而暴力问题反倒没有那么严重(他在《公敌》[Public Enemy]中所饰的梅伊·克拉克的脸膛多么像葡萄柚——还有他所有作品中唯一的爱抚手势,即用握紧的拳头温柔地一捅等)。这是因为"只有强硬的女人(像贾克奈一样强硬/像男人一样强硬)才是血性男子贾克奈的最合适拍档"(p. 169)。在他的演艺生涯中,只有琼·布隆黛尔(Joan Blondell)*、安·秀丽丹(Ann Sheridan)**真正配他,他们同贾克奈形成平等的异性夫妻之典范。对此莫莉·哈斯克尔(Molly Haskell)十分欣赏(关于贾克奈,她特别看重的是"犯罪和改变信仰的最佳拍档")。至于人们如何评价这些例子(见后页关于霍克斯影片中的女人男性化)——作为男女平等的形象或者因无能而秉有女人气质——我现在暂且不议。

　　硬汉/贾克奈同男子气概联系的另一个方面则是母亲角色。正如麦克吉利甘所表示的,贾克奈(在银幕上)亲近他所饰角色的母亲,这点很重要,因为它"使贾克奈所饰人物的一些肮脏行为免遭指责";同时,他和母亲两人的极致忠诚也含有神经质之义,难怪一些凸现这点的影片如《恶棍的假日》(Sinner's Holiday)、《公敌》、《白热》(White Heat)都

---

* 布隆黛尔(1909—1999),美国影、剧、视三栖女星,1931年同贾克奈合拍《恶棍的假日》。——译者注
** 秀丽丹(1915—1967),美女型明星,拍有二十余部影片。——译者注

"显示出亲密的美国家庭之倒错(也许是非故意地),它原来不像普通家庭那么美妙"(p.109)。麦克吉利甘的研究乃是研究的范本,它始终遵循明星扮演社会典型的关联链码;至于这种典型中的某些被忽视的矛盾是可以探究的。

美女

我们早已指出,克莱普的分类法对女人是明显欠缺的。他指明了这一点,因为"即使给所有性别的人都分发圣牌,这仍然是一个男人的世界"(见《英雄、坏蛋和傻瓜》,p.97)。所以女性的英雄典型特别之少,结果造成现代妇女"地位丧失"的困境(p.98)。(他对为什么会这样未作深入研究——他只是在其他著者研究时才作阐述。)有意义的是应该提一下,当他提出占压倒优势的女性类型时,实际上在媒体的呈现中早已有一种类型存在了,它就是美女照里的美女(pin-up)(他本可用"有魅力的女郎"这一术语)。

他在所列出的美女的同义词的名单中也包括进一些男人,尽管如此,他的着重点仍在女人身上:

> 这种体态优美的典范需要的既不是伟大的情圣,也不是社会的雄狮。她们能上镜头显示完美就足够矣。称美女需要的不是外貌出众,这可能让人们跌破眼镜(许多人都抱怨美国的裸体女人和好莱坞的美女千篇一律)。时装、美容、发型实际上使得各种类型的美女都更加相似。(p.39)

有人会说英雄也这样呀,谁需要坏蛋和傻瓜?美女作为社会模特儿,促成了外表美化和无个性化,女人变成性感的奇观和性交的对象。

美女不啻是明星形象建构的一个重要部分,但我们不应该将这点同美女作为社会典型混为一谈。我们在研究中专注的所有明星,不管是男明星还是女明星,都拍过俊男、美女照片,并且被使用过这种照片。但是在他们中间只有梦露和方达才是真正的"美女",她俩在自己的美女照里符合托马斯·B.赫斯(Thomas B. Hess)在其《美女和偶像》(*Pin-up and Icon*)一书中所述的标准:

> 到 40 年代为止,美女形象都按照严格的标准定义。其众多标准中,首先是"美女郎"(pin-up girl)本身,她必须是健康的、美国籍的、拉拉队队长类型的——翘鼻、大眼、长腿,丰满的臀部和胸脯,特别是要有开朗、友善的笑容,能露出整齐甚至洁白的牙齿。然后是她的服装和姿势。这些必须是吸引人的,但不是勾引人的,是柔情的,但不是激情的;它们通过暗示,掩而不露。她两腿的位置要仔细摆好,不可让大腿内侧露出太多;肚脐要遮住,胸脯大部分也如此,除了那人人皆知的几毫米"乳沟"。身段在服装里面凹凸有致,但不是指身上各个细部——包括乳头和阴阜的突出,它们都必须一丝不苟地被遮住。这在选拔时有双重的压力,偷窥的公众只想看见更多更多,而同一批公众出于社会功能又支持禁止私处暴露的法典和法律。在这两股力量交织之下,美女形象倾向于一种近乎拜占庭的严谨,并假设偶像有一些象征性的东西。美女女郎和贞洁女王这两者一下子成为宽慰和平凡的容易辨认的视觉形象,它也是理想的形象,因此可看不可及。(p. 227)

美女形象的大部分性感负载是由多种多样的象征意义赋予的。赫斯认为这是由审查制度和清教主义产生的,它们禁止任何形式直接呈现性行为。从另一方面看,如果按照劳拉·马尔威(Laura Mulvey)在《视觉快感和叙事式电影》(*Visual Pleasure and Narrative Cinema*)中的分析进行这点读解的话,那么侧重点就完全不同——美女作为女性代表着阉割男性观众的可能性(如同所有女人为男性观众阉割一样);为了防止这一点,就提供了一种性象征形式的替代阴茎(包括各种具有明星阴茎形状的东西或恋物）。除非有人认同所有恋物都能以阴茎替代物解释，我真不敢肯定我对这一看法会有多大程度的赞同。性爱形象可以是恋物性的，正在于它强化色欲/肉感的外表（皮裘、皮革、丝绸等，它们"比皮肤更像皮肤"）；它同时也把女人同权力和财富的形象联系在一起（比如皮裘是昂贵的物品；还有，常常同艺术、高级时装、休闲等联系在一起）。由此，女人可以被视为财富的范例（这点是男性观众在他们的幻想中形成的）或者通过财富获得的某样东西。

就电影而言，梦露和方达的美女类型化，可以从她们的视觉呈现上予以分析。关于她们如何保留（或不保留）在传统范围内（上面已述）和她们如何同鲜明的形象联系在一起的，最后一节将有进一步的阐明。马尔威还指出了分析的深层方面。她表示，女人作为影片中奇观的美学后果之一是在集中关注有魅力女星的影片中叙事（我们想知道接着发生什么事）和奇观（我们停下来打量女人——马尔威假定观众的态度只设为异性恋的男人）之间产生张力。诸如《绅士喜欢金发女郎》（*Genttemen prefer Blondes*）或《芭芭雷拉》（*Barbarella*）之类的影片值得审视，可以看看上述一点有多大程度正确性，看看美学后果如何"控制"这种张力。

非传统性或颠覆性典型

克莱普探讨的大多数典型和大多数确实作为社会典型的明星，都可被视为体现社会的主流价值，他们肯定了"英雄"类型身上的那些价值（包括那些男女英雄都相对合适的价值），否定了坏蛋和傻瓜类型身上的其他价值。不过克莱普认为，还有另一些类型是表达对主流价值不满或反对的。这些类型也根植于规范的世界观，但对主流价值来说是非传统性的。

克莱普称这些其他类型是"反常类型"(anomie types),他列举的基本范例是"垮掉"的英雄和"正直"的坏蛋和傻瓜。"反常"的概念在杜克海姆(Durkheim)创建的社会学理论中有进一步的论述。反常不同于异化——这个术语常常与反常混为一谈,不能被看成是因不平等和社会群体(阶级、性别、种族、少数族裔)之间的斗争而产生的。这两个概念的区别常常被简单化,说人们之所以感到"反常",乃因为不适合主流规范以及/或者因为他们视主流规范毫无意义;又说人们之所以感到"异化",乃因为社会的目的和带有这目的的规范只不过是群体的目的和规范,而非那些有争议者的目的和规范。你感到反常,是因为你总的来说位于社会之外;你感到异化,是因为你位于社会统治群体之外。所以,从马克思主义观点来看,克莱普关于"反常类型"的说法是有争议的,因为它以缺规概念为基础,因而缩减成为一种必然发生、近乎形而上学的焦虑(Angst),它不会挑战社会现有的权力关系。同时,关于非传统性或对抗性类型也体现主流价值的说法颇具暗示性,值得跟踪探究。我们必须审视这些类型中哪些是反常的,哪些是异化的,按照已经确定的含义加以区分,并询问这些类型对于现状和主流意识形态是真正挑战还是一味奉承。

反叛型

在上述语境下,上述类型最迅速跃入脑海的是"反叛型"。谢拉·惠特克(Sheila Whitaker)在其论文《反叛英雄》(*The Rebel Hero*)中对这种类型作了全面的总结,并列出约翰·加菲尔德(John Garfield)、蒙奇马利·克里夫特(Montgomery Cift)、马龙·白兰度、詹姆士·迪安、艾尔伯特·芬尼(Albert Finney)、保罗·纽曼(Paul Newman)、史蒂夫·麦昆(Steve McQueen)和简·方达都是反叛英雄的代表。她强调反叛的各种不同关系——移民(加菲尔德)、向他所属的阶级造反(克里夫特)、代沟反叛(白兰度、迪安)、反英雄(纽曼、麦昆、芬尼)、政治思想上的叛逆(方达)。这些明星引发的问题是他们体现的反对性观点究竟到什么程度(在哪些方面)？我们可以把这个问题分解成两部分。第一部分的问题是他们具有缺规还是异化的观念？(我不想说，他们或者那些对他们的形象负责的人都是研究社会学的；不过像缺规或异化这样的社会学概念可以视为公认的信念和理解之理论抽象化——而社会的一般意义和政治实践都会彰显这些社会学的理论概念——这些概念能使我们以较大的宽容看待上述的意义和实践)他们根植于物质范畴还是一般化的焦虑？这个问题的答案似乎不大明确。移民和青春属于物质范畴，而且人们可能认为芬尼和方达分别体现着劳工阶级和妇女的处境。然而，不是惠特克所列举的所有反叛型明星都能够从同样的方面加以看待。同样不明确的是那些能干出来的反叛行为实际上是不是设定在那种物质环境呢？加菲尔德的影片是不是都是讲移民被压迫呢？芬尼在《星期六晚上和星期日早上》(*Saturday Evening and Sunday Morning*)里是不是向中产阶级造反呢？白兰度、迪安和方达对青年和妇女处境都明确表示了态度，可以说是那种程度上的"异化了"的反叛。

　　第二部分问题是这些明星呈现反叛会不会促成反叛或使反叛复原？要回答这个问题，我们不妨回忆：就"效应"而言，我们实际上并不知道加菲尔德或其他人是让人们更加反叛还是没有。我们所能审视的仅是这种反叛形象所指的反叛合法还是不合法的程度。总而言之，我愿意表示的是审视不合法的程度，因为这是明星们所属的这种类型的特点，且由他们所处的电影故事决定。这种类型本身就有争议性，原因之一，大多数这类英雄实际上都是变异的，或者其大部分都是。至于那些不是者，异化/物质主义的因素也都可归入变异的。(加菲尔德、芬尼、方达之所以反叛，不是因为他们是移民、工人或妇女，而是因为他们在移民们、工人们或妇女们中"格格不入"。)原因之二，过分强调这种类型的青春因素，会伴随而来一个"过渡阶段"概念，即"不可避免的"、"自然的"反叛（这点常常利用被人们曲解的俄狄浦斯情结支撑着）。青春是一个理想的物质条件，可以取代对社会的不满，因为青年人总会变老的（和"长大的"）。所以加菲尔德、芬尼和方达的反叛可以看做是青春的征候而非其他什么。这种取代过程反映出《通过仪式的反抗》(*Resistance through Rituals*)[1]一书中所分析的那种情况：该书叙述了新闻界对五六十年代青年运动的反应，但坚决不承认这些运动是有阶级属性的。原因之三，这种类型同社会的基本构成几乎没有关联。在芬尼的例子中，确实有阶级的关联性。大多数此类英雄都是十分传统的男性（这点常常因与西部片、惊悚片的一般关联而得以强调）。不过我仍然同意杰克·巴布斯奇欧的说法，即克里夫特和迪安两人都是同性恋者，他们所做的就是首创男人的非阳刚形象[2]。原因之四，不善辞令（缺规的征候之一）也是这种类型的界定性特征，它妨碍他对环境（处境）作分析。（当然方达是上述第三、四点的例外。我按照惠特克的做法将她也包括进来与加菲尔德并列，可能错了。这可能是电影的反叛类型早已被界定为男性和不善辞令。方达则迥然不同。同时，许多人都指出，可以提出反叛型的"反叛精神"概念，这似乎适合于她代表激进态度的企图。）明星出现的影片叙事也倾向于复原他们体现的反叛精神，而不是弘扬这种反叛精神。这一点部分源自于明星们倾向于把英雄的问题发展成个人的、半心理的问题。他可能犯错，但那不是他生存的社会犯错（例如《独眼杰克》[*Wild One*]、《克卢特》[*Klute*]）。当有迹象暗示这种问题发生在英雄的身外，那么它常常被解释为某人在他的世界里无法接受传统观念和主流价值。詹姆士·迪安的两部青春

---

[1] 收入托尼·杰弗逊编辑：《通过仪式反抗》，它原先作为《文化研究论文集》出版。
[2] 见杰克·巴布斯奇欧：《银幕同性恋者》，刊于《同性恋者新闻》，第79期关于詹姆士·迪安，第104期关于蒙哥马利·克里夫特。

片《无因的反叛》(Rebel without a Cause)和《东方伊甸园》(East of Eden),我觉得都表明迪安所饰的人物确实存在问题,而这些问题不仅是他心理上的问题,而且是他生活的家庭环境的问题。但这不是说这两部影片批评了家庭作为一种体制的缺陷,而是迪安所饰人物的父母未能适当地实施他们的家长作用。在《无因的反叛》中他有一个相当软弱的父亲,而在《东方伊甸园》中他又有一个相当撩人的母亲。换言之,所复原的是对家庭的反叛,因为这种反叛是针对不够格的家庭,而不针对作为社会制度的家庭。

独立女性

反叛型几乎拒绝和解地复原的原因之一,也许是她/他对社会价值的反抗太明显了。一种比较隐蔽的范本则是独立女性类型(或者它的系列类型)。该类型的具象是台维丝、凯瑟琳·赫本、芭芭拉·史坦妃(Barbara Stanwyck)、罗莎琳·拉塞尔(Rosalind Russell)、琼·克劳馥(Joan Crawford)*和三四十年代的其他女星。那么这些女星是否代表着对主流价值较为复杂的非传统性和对抗性态度呢?

莫莉·哈斯克尔在《从尊敬到强奸》一书中表示,在这些女星中间应该区分出超级女性和超级女人(同一位女星可能在她的演艺生涯的不同时期兼有这两种类型)。超级女性是:

> 在极端"女子气"和爱调情的同时,野心勃勃又十分聪明,她扮演着社会规定的柔顺角色……她始终在传统的社会内行事,但没有可发挥其创造能量的有价值计划,她把这种能量转化为可利用

---

* 史坦妃(1907—1990),好莱坞著名女星,擅饰阴险的女人,如《双重赔偿》;拉塞尔(1912—1976),好莱坞著名女星,主要饰演与男人抗争的女人;克劳馥(1904—1977),奥斯卡奖影后,擅饰雄心勃勃的冷峻女性,如《欲海情魔》。——译者注

的物质——让人们围绕她转——并产生神通的效果。(p.214)

这种类型的主要典范是蓓蒂·台维丝*。她在《人性的约束》(*of Human Bondage*)、《红衫泪痕》(*Jezebel*)、《小狐狸》(*Little Fox*)、《危险的女人》(*Dangerous*)、《黑色的胜利》(*Dark Victory*)和《斯克芬顿先生》(*Mr. Skeffington*)中尤为明显。超级女人则是：

> 她同超级女性一样,有很高的智商或想象力,但不发挥出自己的女子气,反而吸纳男性的特质,以期享用男人的特权,或者仅仅是为了生存。(同上)

这种类型的主要典范是琼·克劳馥(如在《强尼的吉他》[*Johnny Guitar*]中饰演的维恩娜)和凯瑟琳·赫本。

这是一种暗示性的区分,尽管它便于某种检视,好让这种区分被更直接地运用。那么这个问题是否指上述两种角色在家庭内部和外部有所不同呢？有没有呈现这两种类型人物的特有叙事结构类型呢？明星作为总体形象同他在规定影片里塑造的特定人物之间的关系如何？这两种类型是否都具有物质性特征、服饰和仪态的图像显示和表演模式呢？这些才是真正的问题,但绝不是对哈斯克尔的区分法之变相诋毁。回答这些问题会成为弄清楚这种区分及其运作的途径。

这里有区分法的第二种问题,亦即超级女性或超级女人实际上如何体现出对流行的女性类型的激进的非传统性/对抗性。超级女性似乎不可避免地被表现成行为神通广大。这样就难以将她同其他"强女人"、"魅力女人"如"恶女"类型(台维丝)、荡妇类型和睿智尊贵类型(赫本)十分明显地区分开来。这种种女性都强烈地不相信女性的力量和智慧之价值。看来,超级女性更多只能明确地表达一个能力超凡的

---

* 台维丝(1908—1989),著名的演技派女星,两次荣膺奥斯卡影后称号,因不满囿于某些类型角色,常与片商发生冲突。——译者注

女人被囿于一个屈辱的或过分限制的世界而蒙受的伤害。

超级女人则从另一个方面提出了一系列更加复杂的问题。当一个女性人物"吸纳了男性的特征",情况会怎么样呢？这里也许有两种途径来理解之。

一方面,有人会认为个性的"特征"并无性别特征(说男性天生好斗或女性天生温柔是毫无意义的)。不过,由于某些历史—文化的原因,有些特征同一种性别而非另一种性别有关联,其结果是个别女人和男人都耗费巨大精力(以他们的女人和男人的身份而言)来维持这样那样的特征同一种性别或另一种性别之间的关联。这就是说,企图改变这种情况,跨越性别障碍,吸纳同相反性别有关的特征,触及如何调和的事,亦即要制定出一种行为方法,既使人们摆脱性别角色的构造,又不严重伤害他们的自我身份。这点似乎正是哈斯克尔特别欣赏凯瑟琳·赫本的一种过程。在赫本同史本塞·屈赛(Spencer Tracy)*的关系中,"屈赛可能会受到羞辱,但依然会复原,自我并未(太多)损伤。赫本偶尔也会服从他,但依然没有失去自己的身份"(p.230)。更一般的说,赫本的超级女人是：

> 能够在男人世界里达到自己的目的,坚持自己的智慧,坚持利用它,但不会"堕落",就像《世界之路》(*The Way of the World*)里的米拉曼"入赘嫁人",不过只是在双方谈妥条件、达成平等的协议之后。(p.230)

正如克莱尔·约翰斯顿(Claire Johnston)指出的,哈斯克尔强调的是"男人和女人的修好……所饰角色的灵活性、'爱情'和同志情谊都忽视了核心家庭的问题。而这个问题是女权主义者批评家长制文化的关键"(见《女权主义政治和电影历史》[*Feminist Politics and Film*

---

* 屈赛(1900—1967),著名的演技派男星,两次荣膺奥斯卡奖影帝,同凯·赫本一共合演了九部影片。——译者注

History〕,p.121),而且把问题简化为人们由此来制定彼此如何更好相处,而不去分析是什么能够防止家长制以及上述功能是从何处来的。不过这也许是一种如何建构男女性别关系的模式(它是一个实际理想而非浪漫的理想),一种乌托邦式的表述(告诉我们哪里是我们想要达到的,而不告诉如何达到那里);哈斯克尔所欣赏的通过调和吸纳"男性的特征"可以作为非传统性/对抗性的表达被人们接受。不过随着她进一步阐述这点,我认为还有两个深层问题。一个是女人必须掌管一切,必须采取一切行动(包括大部分让步);为此,屈赛/赫本的任何一部影片都值得审视,看看屈赛如何准备吸纳"女性的特征"。第二个问题是哈斯克尔在其论述中充满了反对同性恋的口吻,这暗示女人和男人的理想关系也是理想的人际关系——换言之,哈斯克尔是符合异性恋标准(或异性恋者标准)的。

另一方面,有些女权主义理论表示,在家长制文化中没有"女性"这类表述,只有"非男性"(non-male)[1]表述。这就是说,电影不能设想或处理任何女性的东西,其意思是女人作为一个人能够被接受的唯一办法,对她而言就是成为一个"非男性"的人(除了她在被侮辱、依然受到威胁和做性爱对象时),换言之是没有性别的人。哈斯克尔本人未在这些术语里做文章,但她有些关于超级女人的陈述却附和了这点。由此,琼·布隆黛尔和詹姆斯·贾克奈在《狂恋金发女》(*Blonde Crazy*)里的关系是基于"不可言传的认知,即女人有一点'绅士派头'——或者无绅士派头——但很像男人的样子,可以在智商和胆量上与男人媲美,甚至可能超过他"(p.130)。她援引了罗莎琳·拉赛尔的影片《拿信》(*Take a Letter*)里一段十分露骨的对白。在该片里,拉塞尔所饰的女主角的上司(罗

---

[1] 此观点最具权威的引文见西蒙妮·鲍瓦尔:《第二性》(*Le Deuxième sexe*)。为了进一步探讨最新的、以精神分析为主导的理论观点,请见伊丽莎白·柯维(Elizabeth Cowie)的《女性作为符号》(*Woman as Sign*)。

伯特·班奈利饰）抱怨她的竞争对手——所有男人——都不了解她：

"他们都不知道女人和……之间的区别。"

"和什么？"拉塞尔问。

"我不知道，"班奈利回答，"对你来说没有姓名的。"

哈斯克尔还欣赏霍克斯影片里的女人们一旦没有了女人味都会被吸入男性群体之中。《只有天使才长翅膀》（Only Angels Have Wings）里的琼·亚瑟（Jean Arthur）就是一个切题的突出个例。我觉得这些影片的叙事中发生的事件都不屑于女性特征，但都必须有女性人物在。这个问题的解决是在成为（几乎成为）男人的女人的人格上。对这样的处理人们怎么看，取决于人们的政治观点，特别取决于人们是蔑视女性的特征，还是视女性的特征虽受到压制且无潜在的性别特征，但仍然代表着妇女运动借以形成基础和权势的真正力量和价值。

这些被考量的明星的"独立性"，既表述在她们所饰的人物上，也表述在杂志对她们的报道上（例如台维丝曾经就自己的合同问题同华纳兄弟公司抗争；赫本拥有高智商的背景；克劳馥出身贫穷努力登上事业巅峰）。那么，她们所处的电影叙事是确认并弘扬这种独立形象呢，还是诋毁这种独立形象呢？

这种影片的结尾通常都是明星一方屈服。正如伊丽莎白·道尔顿（Elizabeth Dalton）在综述华纳兄弟公司出品的关于上班族女人的影片时指出的："女人在前59分钟里可能是富裕的、聪明的，甚至愤世嫉俗的，但在最后两分钟里，她会意识到爱情和婚姻才是她真正需要的。"（见《上班女人：30年代的华纳影片》[A Woman at Work: Warners in the Thirties], p.17）这样的结局还可能涉及女明星受到惩罚和羞辱——不仅由于男性人物的作祟，而且由于影片本身的安排。在《他的女秘书》（His Girl Friday）*里，罗莎琳·拉塞尔让一位想回避她问题的治安官

---

* 这些影片片段均收入英国电影学会对这些影片研究的摘录中。——原注

难堪不已,而这时她却拍成十分滑稽的、一点不机灵的样子。《欲海情魔》*也以米尔德莱德/克劳馥的最小女儿夭折而责怪她;尽管如此,她还是不时地关心她的老爸,可影片却责怪米尔德莱德/克劳馥的特立独行。尽管上述都是规则的例外,但影片叙事似乎并未让这种独立性格合法。

不过哈斯克尔认为,上述这些结尾在某种意义上说是无关紧要的。我们记得她说独立性不是退让或耻辱:

> 我们看到蓓蒂·台维丝所演的月亮新娘将自己的独立性奉祭于圣坛;玛格丽特·沙利文(Margret Sullavan)**在《月亮是我们的家》(The Moon's Our Home)里所演的女演员任由亨利·方达(Henry Fonda)所演的丈夫给她穿束身衣,他拿它裹住她,象征性地制伏她;凯瑟琳·赫本在弗雷德·麦克墨莱(Fred MacMurray)***的怀抱下实现了自己最大的抱负;罗莎琳·拉塞尔在《亲爱的,拿信吧》(Take a Letter, Darling)里演一名广告经理,在同样的男人的怀抱里找到了幸福;琼·克劳馥在《他们都吻新娘》(They All Kissed the Bride)里演卡车公司老板,但一看到梅尔文·陶格拉斯(Melvyn Douglas)****所演的劳工领袖就会双脚发软。不过我们记得蓓蒂·台维丝所饰演的可不是害羞新娘,而是咄咄逼人的记者,有时还是荡妇。玛格丽特·沙利文在狩猎野鹅时,带领亨利·方达穿越佛蒙特州的蛮荒林区;凯瑟琳·赫本始终站在"秘书的阶梯"上捍卫自己的独立性;罗莎琳·拉塞尔向麦克墨莱递送秋波,要他做她称心满意的秘书;琼·克劳馥宛如可转动的自由女神像环视四下。

---

* 这些影片片段均收入英国电影学会对这些影片研究的摘录中。——原注
** 沙利文(1911—1960),好莱坞 30 年代红星。——译者注
*** 麦克墨莱(1908—1991),美国多才多艺的男星,代表作有《双重赔偿》等。——译者注
**** 陶格拉斯(1901—1981),好莱坞著名男星,曾与多位女星合作,亦获奥斯卡奖最佳男配角。——译者注

（见《从尊敬到强奸》，pp. 3—4）

理所当然，我们不知道"我们"——指一般观众——究竟记得些什么，不过我认为有人会认为，在强调方面，独立特质经由影片、表演和场面调度等的强化，会比屈服决定更为强烈，且更有活力。有两个观察资料支持这种主张。一个是不同于反叛型的，叙事未始终如一地指明独立女星或她们周围的人在心理上有缺陷，以致无法解释清楚她们的独立言行。另一个是由于我们应对的是明星而不仅仅是虚构的人物，因此影片剧情中所发生事件的具体细节可能不如影片总体揭示的"明星个性"更重要——明星现象所强调的是明星是何许人而非他所饰特定角色的具体情况。

马乔里·罗森(Marjorie Rosen)在《爆米花维纳斯》(*Popcorn Venus*)一书中则认为，以独立女性为主角的影片的叙事始终会呈现出女明星在与男人打交道时的独立性和高智商。正是男人确定社会的目标和规范；只有得到男人或者爱上男人，女明星才能如愿地行动："不幸的是，好莱坞无法将心智上十分聪明的女人视觉化，除非她收拾好了她的男人/主子搞成的烂摊子，除非她被抢先报道证明自己有男子气概或者她巧妙地编造不诚实的生活。"(p.147)难的是如何说清楚这里究竟有多少真实性。许多这类影片都讲明星的特立独行威胁了她同她所爱男人的关系，不过罗森提出的上述模型可能也会起作用，借以有效地拒绝给女性的独立以任何自治权。《现在航行吧》(*Now, Voyoger*)可能是一个切题的例子——叙事详细讲述了台维丝如何从强加予她的邋遢老处女角色中解脱出来，不过正是一个男人、精神病医生（克劳德·雷恩斯 Claude Rains 饰）给了她"工具"而获得自由，又是一个男人（保罗·亨莱德 Paul Henreid 饰）向她提供了她最后的人生计划，即她的女儿。当这个因素确实存在时，我觉得它并未完全地损害影片的一些进步因素。这正是该片的一个矛盾之处。我怀疑这个叙事节点出现时常常且主要是起激化矛盾的作用而非完全否定女性的独立性。

正如莫莉·哈斯克尔本人指出的,独立的女明星常常代表着出众或罕见的女性。黛德丽、赫本、罗莎琳·拉塞尔、台维丝都拥有上层阶级和高心智水平的背景。以黛德丽为例,她又富于异域情调。这些使得她们成了"社会习俗的例外,她们女性性别的贵族"(《从尊敬到强奸》,p. 160)。哈斯克尔认为"这点会弱化她们的政治价值"。对此我本人尚不能肯定。所有明星都呈现出一种或另一种超凡的特质,同样她们都是普通人。"邻家女孩"这个非同寻常的类型有琼·艾丽森(June Allyson)、桃丽丝·黛(Doris Day)和蓓蒂·葛兰宝,她们原先也都是明星现象的典型代表,而不是像赫本等的超群类型。值得好好回忆其他一些独立型女明星——芭芭拉·史坦妃、安·秀丽丹、克莱尔·屈雷伏(Claire Trevor)——她们均无上层阶级或高智商的关联性。

许多属于独立女性的明星均有在外表和表现上性别模糊的特点。这可能是她们体形姿态的一个方面——琼·克劳馥和葛丽泰·嘉宝都是宽肩膀,凯瑟琳·赫本是高个子,芭芭拉·史坦妃的脸色严肃,蓓蒂·台维丝走路高视阔步——这种种体形姿态的特点,以克劳馥为例,还会被她们的打扮所夸大。这可能是穿异性服装的结果,亦即在玩服装游戏:

> 黛德丽穿白色燕尾服,戴白色蝴蝶领结,嘉宝饰演同性恋的瑞典女王(尽管她有"打掩护"的罗曼史),艾莲诺·鲍威尔(Eleanor Powell)*戴高礼帽,穿燕尾服表演踢踏舞,凯瑟琳·赫本饰演彼得·潘式的西尔维娅·史嘉兰;这一切都引入性别模糊的挑逗性情调,已经成为这些女星银幕身份固定的添加物。(p.132)

当然,这也可以看做是电影无法妥善处理女性以及如此把杰出女

---

* 鲍威尔(1912—1982),美国舞蹈家兼演员,擅跳踢踏舞,曾与"歌舞片皇帝"弗·亚斯泰合作。——译者注

性呈现为男性的另一种例子。不过,最近与电影中同性恋有关的讨论都提出了不同的侧重点。珍妮特・梅耶斯(Janet Meyers)和卡洛琳・谢尔登(Caroline Sheldon)认为上述女星都是女同性恋的间接表现:

> 她们反射出来的质素对影片中的男性而言是不可理解的,她们超然、激情、率直,都不可忽视。她们全都坚强、粗鲁,没有真正的温柔。简言之,她们全都是同性恋者,纵然这点很少被准许暗示出来。(见珍妮特・梅耶斯的《女同性恋者走向电影》[Dyke Goes to the Movies], p.37)

谢尔登则在《同性恋者和电影:几点思考》(Lesbians and Film: Some Thoughts)中表示,如果我们从"女性——自居作用"(women-identification)的角度(不必从纯性爱角度)理解同性恋的话,那么这些女明星都是女同性恋者。她们都是"用自己的用语来给自己定义的女人……扮演着相对独立于家庭期望和男人的角色"。梅耶斯和谢尔登都是在同性恋女权主义者的政治视野范围进行研究的,但这种研究不为许多人(包括许多女权主义者)所接受。不过她们的着重点是对哈斯克尔的异性恋假设作有效的修正。这两位女学者都意识到,同性恋(按其奇异的意义)在电影中被运用可能是为了激发男人们的异性恋,不过同性恋常常以超然性、"另类性"和不爱家同女性十分露骨的奇异性联系在一起,其意义可以被视为是对异性恋男人在被挑逗时的快感之颠覆。

杰克・巴布斯西欧和我都对这个问题提出过不同侧重点,穿异性服装和玩演性别角色都可视为强化下述事实的方法:性别角色是唯一的角色,它们不含有固有的或无性别的个人特征。这点可以被视为电影中同性恋(pheno-menon of camp)的一部分:

> 同性恋通过聚集于角色的外向仪态,会暗示出这类角色、特别是性别角色是表面性的——涉及作风的事情……发现明星是同性恋者,并不为了嘲笑她们……这更多是拿限制性的性别角色和性

性标识整个地取笑。后两者是我们的社会通常用来压制女性和约束男性——包括银幕上的女性和男性的。(见杰克·巴布斯西欧的《同性恋和基佬的情感》[Camp and The Gay Sensibility], p. 44、46)

就这点而言,独立女性类型的明星帮助(观众)弄清楚人生如戏这个比喻,它实际上证实了明星现象。这点在蓓蒂·台维丝的作品中尤其明显。台维丝是所有独立女性明星或任何女星中最"特立独行"的一位;不过这点也有效地彰显行为乃社会编码(social code)。对于大多数女星来说,特别的行为可以视为其个性的自然流溢(spontaneous emanation)。在有些影片,如《红衫泪痕》、《小狐狸》、《黑色的胜利》、《现在航行吧》、《众口一声》(All about Eve)中,这种社会编码巧妙演绎的意义同妇女们和/或女性阶层的社会性期望和要求之概念融为一体。(请参见第三篇关于台维丝在《小狐狸》中的表演讨论。另一个同样例子是芭芭拉·斯特赖桑。我在我的文章《回首当年》[The Way We Were]中已经探讨过她的表演可能产生颠覆效应,请见《电影》[Movie]杂志第22期。)

第六章 ｜ 明星作为特定形象

　　明星代表着社会典型,但明星的形象永远比这种种社会典型复杂和特殊。社会典型,可以说是一个特定的明星形象构筑的基础。这种特定形象在各种媒体文本中都可发现。在本章里,我将讨论这种种文本可归入的各个不同范畴的本质,然后通过简·方达这一外延的范例从总体上考察这些文本如何建构特定的明星形象的。

　　明星形象由媒体文本制造,它们能够将促销、宣传、影片、批评和评论集合在一起。

促销

　　促销(promotion)指这样一些文本,它们作为精心创造/制造某位明星的特定形象或形象语境(image-context)的一部分而产出。它包括:1. 直接与上述明星有关的材料——制片厂的声明、报上的新闻(包括明星的简要生平)、影迷俱乐部的宣传物(它们大部分由制片厂掌握)、美女照、时装照、明星代言的特定商品的广告、在公共场合的亮相(如出席首映式,被拍成新闻片或在报上登载消息);2. 推销某部影片中该明星的材料——布告、杂志广告、预告片等。托马斯·B.哈里斯(Thomas B. Harris)在其《大众形象的营造》(*The Building of Popular Images*)一书中有较详细的介绍。

促销也许是所有建构明星形象文本中最直接的文本,而且在这种形象中,促销也最精心设计、最有倾向性和最有自我意义,而且效果最为直接(这不是说任何方法都能完全达到这些目的中的任何一个)。

促销也可能将事情搞砸。早期的促销可能不推出演员的那些后来使他成为明星的方面(例如蓓蒂·台维丝和梦露一开始就只被作为一般的美女新秀促销的)。不过这种促销是不合常规的例外,任何方式的促销都可被当做制片厂(或该制片厂的营销部)、经纪人或明星对给定的明星形象想法的风向标。

有时候,影片的促销可能是精心打造,且与影片本身不符,但有利于明星形象的促销(例如马龙·白兰度企图通过出演《黛西蕾》[*Désirée*]中的拿破仑和《尤利乌斯·恺撒》[*Julius Caesar*]中的马克·安东尼来避免他在《欲望号街车》[*A Streetcar Named Desire*]中的斯坦利·柯瓦尔斯基的固定形象,却未能阻止那几部影片的促销员仍然将那些角色标有柯瓦尔斯基式特征——详见霍里斯·艾尔珀特[Hollis Alpert]的《梦想和梦想者》[*The Dreams and the Dreamers*]一书中讨论"马龙·白兰度和斯坦利·柯瓦尔斯基的幽灵"一章)。

宣传

宣传(publicity)在理论上有别于促销,它不是或者在表面上不是打造形象。它是宣传"报纸所发现的东西","明星在采访中准许披露的东西",它们见诸报纸和杂志(不止是电影杂志)、广播和电视的采访以及小报八卦新闻专栏。事实上,这种宣传在很大程度上是由制片厂或明星的经纪人掌控的,但又不显得由这两者掌控,在有些情况下(如英格丽·褒曼*同罗贝尔托·罗西里尼［Roberto Rossellini］"非法"生下孩子）显然就不是。只有有些情况是人们能够相当肯定是真正宣传的，那就是丑闻：例如"胖子"亚布克尔（Fatty Arbuckle）犯强奸案，英格丽·褒曼私生孩子，裘迪·迦伦酗酒沉沦，伊丽莎白·泰勒"破坏"黛比·雷诺兹与埃迪·费舍的婚姻。丑闻能够毁坏事业（亚布克尔是永久的，褒曼则是暂时的），或者非此即彼带来愉快的新生活（拉娜·透纳、罗伯特·米契姆［Robert Mitchum］**、泰勒）。霍里斯·艾尔珀特在提出丑闻、成功和招徕力三者之间关系时援引一位匿名的宣传人员话说：

> 明星正在失去他们的招徕力。接下来要把伯特·兰卡斯特（Burt Lancaster）***在当今情况下拖入八卦专栏已是不可能了。他太正经了。公众喜欢他们的明星在行为上有一点疯狂。瞧，为罗伯特·米契姆举行的是什么样的嗑药派对！瞧，德博拉·寇尔（Deborah Kerr）****的离婚反而使她身价大涨！谁愿意为商人成立影迷俱乐部！（《梦想和梦想者》，p.39）

宣传的重要意义正在于它在表面或实际上规避好莱坞千方百计促销的形象而显得更加"真实"。由此，它常常被当作优先接近明星的真实个性。它同样也是人们能够解读作为人的明星和她/他形象之间紧张关系的地方，而这种紧张关系在另一方面却也成了解读明星形象的关键（例如玛丽莲·梦露一直努力让自己不被看成傻乎乎的、金发的性爱对象；罗伯特·米契姆尽量避免抛头露面，不让自己的明星身份太招眼）。

---

* 褒曼（1915—1982），好莱坞著名女星，三次荣获奥斯卡奖。——译者注
** 米契姆（1917—   ），好莱坞知名男星，以饰硬汉、恶棍等著称。——译者注
*** 兰卡斯特（1913—   ），好莱坞知名男星，以《孽海痴魂》获奥斯卡奖最佳男主角。——译者注
**** 寇尔（1921—2007），英国女演员，后向好莱坞发展，擅饰具有道德争议性角色，如《永垂不朽》。——译者注

第六章 明星作为特定形象

影片

在明星的形象中,影片必然地占据明显而优先的位置。明星的形象首先是我们考量的影片之明星——他们的知名度是由他们在影片中亮相演出这个事实决定的。然而,明星也是电影现象(这种现象作为商业,从明星身上大可赚钱,除了让他们拍戏外还可用其他方式,例如做广告、影迷产业、个人亮相),也是一般社会意义的现象。这不乏其例,有些明星的影片其实不如他们演艺生涯的其他方面重要。碧姬·芭尔陀(Brigitte Bardot)*就是一个点到要旨的案例。莎莎·嘉宝也算一位电影明星,但她的影片仅靠她献身裸体才成名。蒙奇马利·克里夫特、詹姆斯·迪安、玛丽莲·梦露和裘迪·迦伦四人之死(以及葛丽泰·嘉宝提前息影)都如同他们的影片一样重要,而拉娜·透纳的后期影片大都只是她的私生活之图解。可能也有些美女如蓓蒂·葛兰宝**和丽泰·海华丝(Rita Hayworth)***确实拍了些有意义的影片。灌唱片明星如弗兰克·西纳屈拉(Frank Sinatra)****和平·克劳斯贝也的确管用。总的说来,影片是所有文本中最重要的,基于这点,人们应该考虑上述诸点,特别是当焦点放在明星的总体形象上而非这种形象在影片所饰的角色上的时候(详见第三篇)。

这里,"工具"(vehicle)这个概念尤为重要。影片通常是围绕明星的形象建构的。故事的编写可能就是专门描写一位特定明星,或者著作买下改编就是因为脑中已有一位明星。有时候,故事的挑选也是为

---

* 芭尔陀(1934—),法国知名的性感女星,拍有《上帝创造女人》等片。——译者注
** 葛兰宝(1916—1973),歌舞片女星,拍有《百万美元大腿》、《嫁给百万富翁》等,二战时又是美国大兵的偶像。——译者注
*** 海华丝(1918—1987),以饰妖冶女人著称,如《姬尔达》、《上海女人》等。——译者注
**** 西纳屈拉(1915—1998),影星兼歌星,凭《永垂不朽》获奥斯卡奖最佳男配角。——译者注

了保持该明星的形象所致。这正是"明星工具"(star vehicle)这个术语所包含的意思(该术语现已被好莱坞实际应用了)。

工具可以为一种与一位明星相关的类型提供人物(例如梦露的"白痴金发美女"角色,嘉宝的忧郁浪漫角色);提供同该明星相关的情境、布景或非特有的语境(例如嘉宝与已婚男子有染,韦恩拍西部片;这正如科林·麦克阿瑟[Colin McArthur]所提到的强盗片明星,他们"似乎在自己的身上集合了这一类型片的种种特质……结果,这些影片中的暴力、痛苦和焦虑都通过他们的脸部、肢体、动作和言语诉说出来"(见《美国的地下世界》[*Underworld USA*], p. 24);或者为明星发挥她/他的特长提供种种机会(最明显的例子是音乐片明星们,例如为裘迪·迦伦提供她渴求的独唱独舞节目,为金·凯利(Gene Kelly)提供加长的芭蕾舞片段——还有,比如为展示梦露的凹凸胴体和扭臀步态提供机会,为韦恩在影片中设计许多动作场面)。工具,不论对明星建立什么样的表演准则,还是对他们发展这准则都非常重要。另外,为他们如何演绎提供原料。一整套的明星工具,从某些方面来看颇似影片的类型,如西部片、音乐片或强盗片。一旦有了合适的类型,人们便能通过明星的工具看到其意象的连贯性(比如他们如何穿戴和化妆的,梳什么发型以及表演风格如何,同他们有关联的布景是什么样的)、视觉风格的连贯性(比如他们怎么被打光和拍摄的,怎么配置在画框内)以及结构的连贯性(比如他们在剧情中的角色,他们在影片象征模型中的功能。(详见第八章,以便进一步探讨表演和结构的问题)当然,并非明星所拍的所有影片都是工具,但多从工具的角度看看他们的影片,会使你关注起哪些影片是不"适合"的,它们会形成拐点和例外,从而颠覆这种工具模式和明星形象(为了进一步考量影片中的类型问题,请参见爱德华·布斯孔伯[Edward Buscombe]的《美国电影中的类型观念》[*The Idea of Genre in the American Cinema*],比尔·尼科尔斯[Bill Nichols]的《电影和方法》[*Movies and Methods*]的"类型的批评方法"一节以及史蒂夫·尼尔

[Steve Nill]的《类型学》[Genre]。)

人们还需要考量明星的"电影呈现"(filmic presentation),这是明星亮相和表演的具体方法,现被运用在一些个别影片中,第三篇将探讨之。

批评和评论

批评和评论指影评人和撰稿人从欣赏和阐释角度就明星说了或写了什么。它覆盖同时代和以后的书面评述(还包括讣告和明星死亡、息影后所写的其他材料)。它见诸于影片的评论文章和电影书籍,确实涉及几乎所有的纸质媒体,有虚构的或其他的,都有着同时代的背景。另外,影片、广播、电视有关明星的介绍也属于这一类。这些一向是在最初促销和影片捧红明星之后进行的,尽管它们可能对以后的促销和影片的相关活动起反作用(例如影评人回应蓓蒂·台维丝在《人间的束缚》中的演出,结果使得她要求演女强人角色合法化;梦露的高智商"被发现",在她晚期影片益发明显的反省特点中昭然若揭)。我们需要区分批评和评论的不同,这两者都是在明星积极参与影片摄制后精心搞出来的。评论可能会暗示明星偶尔在诠释明星的同时代形象(例如亨佛莱·鲍嘉[Humaphrey Bogart]和梦露如今受到膜拜——我们是不是在他身上看到更多的世界性智慧,在她身上看到悲剧性意义?)

批评和评论,说来奇怪,在明星形象的营造中也占有一席。它们是媒体产品、电影机器的组成部分,但被公认为是站在观众一边的——即媒体文本的消费者一边的——而不是站在电影业界一边的——即媒体文本的生产者一边的。影评人和评论家通常被请来对明星作出回应,确实只有在偶尔的情况下才可能表达广泛持有、早已存在的对明星的感情或看法。但更为常见的,他们撰稿是为了形成对明星的"公众意见"(还有媒体所称的"大众意见"同大众的意见之间的关系必须永远具有争议性)。尽管如此,影评人和评论家都不会在与那些人通过促销和影片建构明星形象相同的空间进行运作。促销和影片建构明星形象这一方面(宣传对促销和影片所采用的模棱两可措辞会使之复杂化)同批评和评论在建构真实明星形象中所起作用这另一方面之间,确实存在着差距。这点可用以解释批评和评论的复杂性以及明星形象的矛盾性和"多元性",也可用以解释批评意见的容量取决于台维丝和梦露等上述明星演艺生涯的多变化。

特定形象:简·方达

我很想立即审视上述各种媒体文本是怎样一起建构特定的明星形象的,但在此之前我们必须询问一下这种集合式做法的实质是什么。

如果认为各种文本累积集合到一个总数就可建构明星形象或者简单地建构明星形象生涯的几个片刻,那是误导(明星形象生涯这一词组现已被用于强调这样一个事实,即我们现在谈论的是作为媒体文本而非现实人的电影明星),因为这些片刻是一个接一个出现的——尽管强调它们也很重要。明星形象乃是复合的总体(complex totality),它具有按年代排列的向度(chronological dimension)。我们需要理解的是这种复合的总体即使是暂时性的,却仍然是一个被建构多元性的概念(the concept of a structured polysemy)。

所谓"多元性",意指明星所表示的含义和效应是多种的,但又是有限的。我在审视简·方达*的形象时,不会设法说她在其演艺生涯不同

---

* 简·方达(1937—),政治色彩浓厚的明星,两次荣获奥斯卡奖最佳女主角。——译者注

时刻作为"一般人"的意思是什么,而宁愿从她形象含义的多元性去审视她的形象。这不是说这些含义是无限的。含义的多种可能性部分地由文本所具有的含义限定。

3　玛琳·黛德丽在30年代　　　　　4　玛琳·黛德丽在50年代

这种多元性是可建构的。在某些情况下,各种不同的表意因素会互相强化。约翰·韦恩的形象集合了他的大气大度,同西部的关联,他对右翼政治观点的支持和他的男性独立特征,不过他对女人的态度彬彬有礼——这些因素互相强化,肯定了一种成为美国社会里男人的途径。在另一些情况下,表意因素可能在某种程度上处于对立或矛盾之中,这时明星的形象以企图调和、融通或掩饰这些因素之间的矛盾为特点,也或者干脆让矛盾紧张化。在极端情况下——例如玛丽莲·梦露生涯的后半部分——这种种矛盾甚至威胁到将该明星形象撕得粉碎。

明星形象也具有暂时性的向度(temporal dimension)。其建构的多元性未含有停滞之意;这种形象会随时间而发展或变化。在方达的例子中,其形象的方向是大部分都在变化,不过在其他例子中则可看到其

5 《神奇的方达家族》平装版(1975)封面

连续性。玛琳·黛德丽就是后一种情况的范例。她的形象结晶化于约瑟夫·冯·斯登堡（Joseph von Sternberg）执导的一些影片（1930—1935），但始终保持着她演艺生涯的基调——大卫·希普曼在《伟大的明星——黄金年代》（p. 156）中将之简称为"对立之融合"。她企图通过演出西部片《毁灭袭击又来了》（Destroy Rides Again，1939）和《污名的牧场》（Rancho Notorious，1952）以及动用其他更多的"美国式"工具，来打破这种形象，但成功的只是强化了她迷人的"另类"异域女子形象。当她年迈了，仍未让这种形象失去光辉，其原因部分是她的美貌不减当年，部分是她频频出演影片、举办音乐会和灌录唱片、拍照，通过这些"工具"，她成了"永恒的女性"，其漫长的演艺生涯又是她流芳百世的进一步保证。她演艺生涯早期和晚期所拍摄的许多充满魅力的照片都说明了这种连续性，特别是她引领风尚的背景使她在全球到处深受崇拜，而在"另类"人生王国里更加如此，还有她那一双几近东方美女般的媚眼直勾勾地凝望着摄影机。

*　　*　　*

詹姆斯·布拉夫（James Brough）撰写的《神奇的方达家族》（The Fabulous Fondas）平装版（1975）的封面图片，提供了深入简·方达形象中大部分涵延的有效途径。亨利·方达穿牛仔服，彼得·方达（Peter Fonda）*穿《逍遥骑士》（Easy Rider）里的戏服；简·方达位于父亲的传统价值和弟弟的非传统价值之间。这点正如我们以后将看到的，有一些不符合大家强调简·方达形象生涯有她家族那么悠久，在家中，她同她父亲的关系一向被认为至关重要。就她的形象而言，她的弟弟形象提醒我们，他比她更加激进，而这种激进主义在简·方达的后半生中一直伴随着她。关于这幅封面图的下一个要点是，方达家族中的两个男

---

* 亨利（1905—1982），好莱坞著名男星，主要饰演正人君子类角色，曾获奥斯卡奖影帝。彼得（1939—　　），美国性格演员，在"新好莱坞"时期崛起。——译者注

人都框在他们所拍影片的一条胶片内,而简·方达位于这条胶片的上面,没有任何东西框住她。同样,她的人生对于她的形象如同她的影片一样重要,而她的父亲、弟弟在影片之外的形象少为人知。最后一点,简·方达一丝不挂,摆出拍美女照的姿势,而亨利和方达父子都穿衣服,只露出脑袋和肩膀,以影片中的"人物面貌"亮相。简的形象则锁定她的性感魅力,但鲜有人知道,这点可能对于方达家两位男人的成功而言十分重要。这幅封面照暗示了简·方达形象的三个重要方面:她同她的父亲、性爱和激进主义这三者的联系。我将动用这三个方面来建构下面的陈述,一个方面叠加于另一个方面,让它们"互相诠释"。

显而易见,简·方达的形象是围绕着一些彼此关系密切的因素构筑的。有些明星把如此矛盾的因素浓缩在他们的形象中——通过不断运动,这些因素可能统一或对立起来——而简·方达的例子却没有这种浓缩时发生的那么多问题,甚至不需调和这些元素或者在这些元素之间摇摆,这点可视为她有目的地企图找到一条超越这些因素的途径。特别是在她早期的生涯中,评论家们喋喋不休地问她将去何方。斯坦利·考夫曼(Stanley Kauffman)在《新共和报》上撰文评论她的第五部影片《在寒冷的日子里》(*In the Cool of the Day*, 1964),观察到她"才华洋溢",个性强烈,但"仍让人惊奇——一直到现在,不管怎样都让人惊奇——她结果会怎么样"(p. 198;所有的引文摘自约翰·史普林格(John Springer)的《方达家族》[*The Fondas*],除了另外标明的)。直到她同罗杰·瓦迪姆(Roger Vadim)*发生关系(1965—1969年间),才把她的形象诸因素以某种动态的张力集合起来。这好比一场来回变动的戏,最终通过了不同的因素,而非简单地把它们凑在一起。这点正是方达形象生涯的特征。

---

* 瓦迪姆(1928—   ),法国花花公子式导演,为简·方达拍了不少影片。——译者注

父亲

简·方达的整个生涯一直被人们议论着,不时提到她的父亲。大卫·希普曼在其《伟大的明星——国际年代》中论及简·方达时就以"简是亨利的女儿……"(p.159)开始的。关于她的处女作《高个子的故事》(*Tall Story*, 1960)的问世,艾伦·费茨帕特里克(Ellen Fitzpatrick)在《电影评论》上写道:"这部影片,本人不拟加以评论,是基于亨利·方达的女儿简在片中作了银幕处女演出。"(见史普林格一书,p.177)。而《时代周刊》则称她是"第二代的方达,带有像她父亲一样的笑容,长有一双像歌舞女郎一样的美腿"(同上)。这种强调直到《他们射杀马吗?》(*They Shoot Horses, Don't They*? 1969)问世后才开始减弱,当她转向激进政治时,她的父亲虽然仍被提到,但不那么明确了。

大多数讨论都将简·方达同她的父亲联系在一起,旨在强调他俩之间的体质相似性。约翰·史普林格声称她拥有一双她父亲般"充满电力的蓝眸"和他"迅速堆起的腼腆笑靥"(p.47)。而《生活》杂志则写道"通过遗传,(亨利·方达给了)她一只向上微翘的鼻子,一双蓝眼珠和突然发笑……以及表演才华"(史普林格援引,p.36)。让-吕克·戈达尔(Jean-Luc Godard)和让-比埃尔·戈兰(Jean-Pierre Gorin)则更进一步,在《致简的信》(*Letter to Jane*)一片中表示,她常用的一些词语、特别是有关政治议题的,令人想起了她的父亲(见 p.78)。若不诉诸十分精确的面部特征符号分类方法,那是很难证明上述相似性中任何一个特征或所有特征是基于准确识别的。重要的是,重复断言这种相似性,经常声称能够从简的身上看到亨利·方达的影子,从而使得这样的断言和声称都广泛流传,且或多或少不可拒绝了,因为她保留了她父亲的姓氏,作为他的女儿无论如何广为人知了。

上述这些特征具有亨利传给简的一些内涵,其中两个最重要的内涵是美国人性格和左翼自由主义。这第一个内涵，罗纳德·D.卡茨在其采访文章《简·方达——难以仿效的行为》(刊于 1978 年 3 月 9 日的《滚石》杂志)中清楚阐明了:"她是在这样一位父亲的羽翼下长大的,他体现着整个国家的美国人、中产阶级和好人所秉有的那些素质(自尊、诚实、顽强和高尚情操——还可列举一些)……"这种美国人特征呈现在他的许多影片里——尤其是他在西部片这一永不褪色的美国特有的类型片里所饰的角色,以及他扮演的总统(《青年时代的林肯先生》[Young Mr. Lincoln],1939;《最长的一天》[The Longest Day],1962;《万无一失》[Fail Safe],1964)、总统候选人(《最佳男人》[The Best Man],1964)、前水门事件时期前程远大的国务卿(《劝告与赞同》[Advise and Consent],1962)——还有报道的他的背景:"小镇美国人的价值观和人生态度,几乎已经渗入他的骨骼和鲜血里"(《传奇的方达家族》,p. 6—7);"他的居家生活是同诺曼·罗克威尔(Norman Rockwell)*为旧《星期六晚邮报》画的人物一样传统"(p. 8)。这种真正美国人特质因简与她父亲外形上相似而刻意复制在她的身上(卡茨在《滚石》上的文章甚至暗示她拥有"真正美国人的声音"),复制在她的事业/形象的其他方面。她曾在农场里长大,秉有农庄定居者的所有特质,远离好莱坞的奢华。她曾上美国顶级女子大学"瓦萨尔学院"读书,她在处女作《高个子故事》里的角色正是大学生和篮球拉拉队队长。她在图 6 中的服装使她更像合乎美国规范的大偶像之一——女子乐队的指挥。这种永恒的美国人特质一直是她后期生涯的重要因素。那一时期她在法国拍的色情片和她激进的政治理念,从实质上看乃是美国人特质的反题。但事实上,所有批评《芭芭莱拉》的美国影评人都坚持认为简·方达在这部"诡谲"影片中的表演是"规范的"、"健康的",宝琳·凯尔(Pauline Kael)在《纽约客》上誉称她是"美国女郎,凭借自己的天真无邪战胜了

---

* 罗克威尔(1894—1978),美国插图画家,曾获"总统自由勋章"。——译者注

第六章 明星作为特定形象

未来猥亵的连环画式世界"(见史普林格一书,p.262)。关于她的政治理念,评论家们都视她的美国人特质要么是她正直的保障("显而易见,她不是在寻求不寻常的知名度,她宁愿掏出自己的心肺来努力阻止在越南的那场战争。"——详见大卫·卡尔森[David Carlson]的《好莱坞银幕巡礼》[*Hollywood Screen Parade*],1972年8月,p.64),要么如戈达尔和戈林分析的是美国自由主义软弱的另一个实例(见同书 p.78)。

同样地,简·方达的政治观点也未完全脱离她父亲的遗传,如同她的形象所强调的这一点一样,这是因为她的父亲享有激进主义或"左翼自由主义"名声。他与《愤怒的葡萄》(*The Grapes of Wrath*,1940)里的汤姆·乔德角色之同化,在他的许多影片中都非常明显地被结晶化,不过他还一直与民主党的政治(特别是与肯尼迪家族)有瓜葛,曾公开表示反对麦卡锡主义。这一切都未在体制外起作用,而他女儿的政治理念却起了作用(或者说企图起作用),这正是她在多次访谈中界定的父女之间不同所在,不过在这方面的连贯性还维系着。

迄今为止的讨论都是以体形、文化和政治的特征审视简·方达同她父亲的关系。这个也是宣传、促销和影评人、评论家常常提出来的,但正如上面所述,对简·方达必须调和她生活的这一方面之看法,是把握她形象的关键。这里有一个问题——是由记者和采访者提出来的——"你的父亲对这点是怎么想的?"据说,亨利对她早年跟瓦迪姆结婚有这样的说法——"女儿?我没有女儿"(引自布拉夫《神奇的方达家族》,p.182,但消息来源不明)——这点后来在许多年内一直被报纸援引。同样地,简·方达在访谈(它们都有详细记述)中不时提到她父亲的另一方面——他四次结婚。她对此评论的实际内容简单地说就是四次婚姻使她对婚姻有点"愤世嫉俗"了(见《星期日快报》1964年3月22日)。这点以及她几年内一直处于自我分析的事实,还是被拿去说明她同她父亲的关系在心理上有芥蒂。麦克·托姆基斯(Mike Tomkies)一篇关于瓦迪姆的文章描述了这种变化:"她神经兮兮,易于激动,

6 《高个子故事》(1960)

童年完全是非传统的。她的父亲先后结了四次婚……"(1967年3月发表于《娱乐时段》,p.19)。托姆基斯接着又指出她童年(12岁)时的

第六章　明星作为特定形象

一件极其痛苦而难忘的事情,即她的母亲自杀了。不过,尽管此事在她的许多生平报道中都被提到,但着重点放在她的父亲身上。这显然是因为(部分因为)他赫赫有名;部分因为(毋庸置疑)弗洛伊德思想在美国流传,从而支持了父亲/女儿的关系形象而不是母亲/女儿的等同形象,前者的内涵要比后者要更丰富。应该说,这点是对弗洛伊德学说的选择性认知,因为他指出,对于女儿和儿子而言,首爱的客体是母亲。由此,按照弗洛伊德的说法,就导致了女人们之间的同性恋有更大的可容性。而这一切都消失在对弗洛伊德学说的占主导性的、符合双性恋标准的盗用之中。我们将看到,与简·方达形象有关的同性恋和假小子问题既很复杂又很重要。

强调简·方达同她父亲关系的争议性和"精神性"方面,也会导致非要有男人作为她生活中的父亲式人物不可。原先父女关系假想的困难现被拿来诠释她后来同一些男人的关系。安·李思廉(Ann Leslie)在1968年1月26日的《每日快报》上表示,随着瓦迪姆的来到,简·方达完全脱胎变成了他的"斯文加利"*式人物——在这种语境下常常被催眠——任受他的影响。这条线的逻辑进展结果是她生活的其他所有方面都屈从于这种父女关系。基于这点,1974年3月31日的《星期日电讯报》才能援引她的一位传记作者托马斯·基尔南(Thomas Kiernan)的话说"促动她生活发生变化的引擎是男人"。该文在这点上继续写道,她的所有看法都可以压缩为她十分恭敬地屈从于男人观点的这种关系;她的男人先后是瓦迪姆、休·牛顿("黑豹党"党魁)、弗雷德·嘉纳("马克思主义者")和汤姆·海登(她的第二任丈夫)。

于是我们可以看到她的形象有一种倾向,即她将自己的人格和观点都回归于她的父亲,所借助的则是传宗接代观念和/或精神分析。不

---

* 斯文加利(Svengali)系英国小说家乔治·莫里尔笔下一个用催眠术控制女人使她们唯命是从的人物。——译者注

过这只是一种倾向,在她的影片中并未看到。她现在的生涯被解读是她将自己确立为自我的人格。这就是说,她生涯中的其他因素——性爱、表演、政治——不再缩减为复制她的父亲或者对她的父亲作出反应,这在她的早期生涯的确如此。不过亦可认为,她现在的形象强化了她父亲的价值,同时断绝了同他作为父亲或父亲式人物的关系。

性爱

简·方达的性感魅力这一问题,从一开始就被提出来了。基于同她父亲的关系,她颇有吸引力就获得另一个保证了。前面援引的《时代周刊》赞美"她的笑容如同她的父亲,她的长腿如同歌舞女郎",直接证实这一点。现在,不提她外表的评论或宣传文章几乎很少。为了促销她的影片,她几乎全被用这些字眼来兜售。甚至在相对比较同情地报道她的政治信仰改变时,到最后又醒目地加上标题"简:祈祷革命的好战美女"。唐纳德·泽克(Donald Zee)写道:"好莱坞疯狂地寻找自身的支柱,可能对简·方达的哲学观点研究得很透彻,但研究人体结构不需要大力气的。"(见《每日镜报》1970 年 4 月 6 日)《星期日泰晤士报》彩色版周刊在报道《朱莉娅》(*Julia*)摄制情况时,重点仍是"方达芳龄40",并配以许多优美的照片,赞许她永葆美丽。

"美丽"是一个很精练的用语,尽管在写方达时已经常用,但它决不是占主导的强调语。影评人的讨论都围绕她真的很美丽还是相当一般但有吸引力,我们暂且撇开这一点。现在最受瞩目的是她通常构筑的性感魅力究竟有多少是未加工过。她的照片常常被拍得令她的胴体庸俗化而非美丽化,特别是她的臀部常常被聚焦——在《荒地漫步》(*Walk on the Wild Side*, 1962)片始几场戏里,她有一个骑在马背上臀部跳动的特写切入;后来又有《巴卢猫》(*Cat Ballon*, 1965)里色迷迷的李·马文

(Lee Marin)*瞅着她的反应镜头;还有她表示反对的《爱之轮舞》(*La Ronde/Cirde of Love*,1965)的美国海报。毫不奇怪的是,当《他们射杀马吗?》上映后,宝琳·凯尔在她为《纽约客》撰写的评论中竟称方达是迄今为止的"裸体俏妞儿"(见史普林格一书,p. 270)。《综艺》则评论她的"早期银幕生涯是性感的灰心软糖"(p. 268)。下列这些角色都不时强化了这种粗野性——《漫步荒地》里的荡妇兼妓女;《在寒冷的日子》里的"另类女人";《追捕》(*The Chase*,1966)里的"行为不检的白色垃圾"(《时代周刊》语,见史普林格一书,p. 223);《太阳快要下山》(*Hurry Sundown*,1967)里的"堕落的南方上层阶级女郎"(《纽约世界论坛报》朱迪思·克里斯特的评语,见史普林格一书,p. 236)。上述影片除了《在寒冷的日子里》之外,均为南方内陆的情节剧影片。这种类型是专门特定描写"歇斯底里"、"慕男狂"的女性肖像的。从这点来看,《克卢特》(1971)是一部尤其有趣的影片,因为方达饰演妓女角色,它不仅令人想起上述的早期角色,而且试图用女权主义将它们"变调",因而用谢拉·惠塔克的话说,妓女可被视为"最诚实却最被看不起的女性"(见《反叛英雄》,p. 13)。但不清楚的是这种角色是否摆脱了她早期形象的开拓性质,或者是早期形象造成了这个人物的激进潜势减弱。同样的问题在讨论《一切安好》(*Tout va bien*,1973)中的"他妈的"("接吻")和《荣归》(*Coming Home*,1978)中她同强·沃伊特(Jon Voight)裸体做爱时也被提出来了。这取决于有多少观众能够解读这些影片,取决于男女观众对方达怀有什么样的兴趣或什么样的认识。

当然,强调她形象中的性感魅力在她与罗杰·瓦迪姆相好期间有增无减。他是碧姬·芭尔陀的创造者,《上帝创造女人》(*And God Created Woman*,1956)的导演,方达同他的关系很早就已经凸现出她的性兴

---

* 马文(1924—1987),美国著名性格演员,擅饰"沉重型"角色,因《巴卢猫》获奥斯卡奖最佳男配角。——译者注

7 《查普曼报告》(1961) 的海报

8 《克卢特》(1971) 的海报

第六章　明星作为特定形象

9　《漫步荒地》(1962)

10 《轮舞》(1965)美国广告板宣传画

趣,还有下列一些影片也都一起强化了这一点:《轮舞》(1965)、《游戏结束了》(La Curée/The Game Is Over, 1966)、《芭芭莱拉》(1968)和《奇异故事》(Histoires extraordinaires, 1969)中的"梅芩格斯坦"。讨论这些"工具"的所有文本,都强调了性爱。简·方达演裸戏,足以帮助这些影片促销和宣传。另外,叙事和场面调度也强化了性爱。她在《轮舞》中饰演一个"很会调情的妻子"（见希普曼一书，p.160），在《游戏结束了》中饰演一个同继子相爱的女人。而《芭芭莱拉》完全是一系列性爱冒险，到达极致时竟让芭芭莱拉成为做爱机器，它过度的性爱快感几乎毁了它，不过她的性欲被证明十分旺盛，由此又促使这个做爱机器去探索。《芭芭莱拉》往性变态里掺入一些用现在的黑话所说的"怪癖"成分，例如跟一个长相奇丑、毛发蓬乱的猎人做爱，还有被另一个女人引诱。这种"怪癖"也呈现在《奇异故事》里，片中方达所饰的人物竟与她的爱马苟合。如此色情地处理人兽做爱，只能用这样的事实来解释：这匹马其实是她爱慕的表兄的转世化身。对此进一步的转捩是这样的事实，在闪回中出现的那位表兄居然由方达的弟弟彼得扮演。尽管她在接受采访时一再否认并没打算作乱伦行为的令人亢奋模仿，但确实被广泛援引。这些情节和情境的"反常性"，通过服饰和布景又得到强化。《芭芭莱拉》最为明显，在图 11 中，我们可以发现色情象征主义/恋物癖常见的东西，例如用毛发编织的背景物，它跟方达的头发混杂在一起，但更像阴毛；似阴茎般的枪；穿塑料衣，将她的胸脯和蛮腰都凸现出来；还有又高又硬的衣领，暗示束缚。《奇异故事》也充满这类元素，例如方达在图 12 中的穿着——戴两圈大项链，穿长及大腿的皮靴。

　　瓦迪姆利用方达的一切东西都是色情的，他俩合拍的影片大部分也确实是被这样理解的。谢拉·格雷厄姆（Sheilah Graham）的《方达家族：爸爸、妈妈和孩子们》一文（收入她 1969 年出版的论文集《魔鬼演员》[Scratch an Actor]）表明，瓦迪姆从性感上利用方达这一总体标识已被多么广泛认可："'你为什么老是不穿衣服？'我在罗马问简·方达，我还问'瓦迪姆为什么老是让他的女角不穿衣服？'她反驳道：'这不对，我只是在 3 部影片中裸体。'那么为什么只有 3 部看起来却像 300 部呢？"（p.221）

　　然而，与瓦迪姆的关联不但强化了方达形象中的性感之美，而且也使她的形象更加复杂化。方达和瓦迪姆在多次访谈中都声称，他在他

11 《芭芭莱拉》(1968)

12 《奇异故事》(1969)

俩的一起生活中和这些影片中都一直"解放"她。例如麦克·托姆基斯就援引她的话说:"一旦我意识到罗杰是在让我自由自在,我就完全信任了他。"(见《娱乐时段》1967 年 3 月号,p. 21),他还写道,瓦迪姆曾说:"现在……对女人来说,性自由再也不成问题了,而他现在感兴趣的不是自由的选择,而是达到自由的真正途径。"(同上)(瓦迪姆的这一观点流传甚广,西蒙妮·鲍瓦尔[Simone Beauvoir]曾写过一篇专论庆贺碧姬·芭尔陀的彻底解放——《碧姬·芭尔陀和洛丽塔综合症》[Brigitte Bardot and the Lolita Syndrome])方达也被援引说过《芭芭莱拉》是"对资产阶级道德的某种挖苦的讽刺。(见《电影故事》1968年2月号,p.63)所有这一切都表明,方达同瓦迪姆的关系不一定要从性爱客体化来解读——人们可以视之为纵欲乱性。

上述情况发生在欧洲,这赋予解放某种可信的含义,按照这种可信的含义,解放乃属于亲近性文化综合症,它被谢拉·格雷厄姆刻薄地描写为"美国姑娘去做爱"(希普曼一书援引,p.60)。宝琳·凯尔在其评论《芭芭莱拉》的文章开头有详细阐述:

> 亨利·詹姆斯*想为简·方达做些什么呢?这位女演员太像他笔下的女主人公了——一个上了年纪的女继承人侨居国外,嫁给了一个堪称詹姆斯作品中坏蛋的超级典范,一个老于世故的欧洲人(俄裔德国人),他令人想起浅薄的道德观。(见史普林格一书,p.254)

正如上面所述,方达保留了美国人特质,这点甚至在她的"反常"工具中也获得了影评人的广泛肯定,而且也可能让瓦迪姆的"斯文加利"式处理看起来更像是她生活的又一方面,而她只是在调解这一方面没有受它限制或者被它取代。

表演

方达在整个演艺生涯中,作为演员的能力一直得到肯定。在拍第

---

* 亨利·詹姆斯(Henry James, 1843—1916),美国小说家,著有《淑女像》、《鸽翼》等。——译者注

一部影片《高个子故事》之前,她已经拜李·斯特拉斯伯格(Lee Strasberg)*为师,训练过一个时期。李·斯特拉斯伯格在纽约的演员讲习所教授"方法派演技(详见第二篇关于这一学派和其他表演风格的讨论)。但是在方达的表演风格中却难以察觉出这种表演风格的任何标志性特点。(有些观察家述,方达迄今仍运用方法派的技巧于表演和人物诠释,正如下文所述,在她的几部后期影片中可以感觉到即兴表演对她而言更为自在些。)她作为演员的声誉较多来自于下列四个较为传统的因素。

  首先,她通过在剧场一般水平的成功证实了自己的才能,长期被视为一位"逼真的试演者"("truer"test of "acting")。其次,她在演艺生涯中所扮演的角色在一定范围内、特别是在严肃情节剧影片和轻松喜剧影片之间转来转去;属于前一种的有《漫步荒地》(1962)、《查普曼报告》(The Chapman Report, 1962)、《在寒冷的日子里》(1963)、《追捕》(1966)、《游戏结束了》(1966)、《太阳快要下山》(1967)、《他们射杀马吗?》(1969)。而属于后一种的影片则形成了第三个因素,它证明她的确有演技。除了《巴卢猫》外,所有轻松喜剧影片都属于一种类型,且只有一个标记,即"美国式性爱喜剧"("American sex comedy)。这种类型的喜剧片同桃丽丝·黛后期生涯中拍的影片有关联,而在戏剧领域堪与奈与·西蒙(Neit Simon)的作品媲美,简·方达1967年拍的《公园里的赤脚女人》(Barefoot in the Park)也属于此类型。可归入该类型的其他影片还有《高个子故事》(1960)、《调整时期》(Period of Adjustment, 1962)、《纽约的星期日》(Sunday in New York, 1964)和《任何一个星期三》(Any Wednesday, 1966)。所有这些影片都改编自成功的百老汇戏剧(进一步证明她的戏剧功底),在这些影片中,简·方达正如影评家们

---

  * 斯特拉斯伯格(1901—1982),美国著名戏剧家兼导演,曾培养许多影剧演员,被誉为"美国的斯坦尼斯拉夫斯基"。——译者注

所说的,充分展示她"时机把握良好",以及含意明确的表演技巧。第四个因素则是对她表演才能的肯定,这来自她获奥斯卡奖提名——《他们射杀马吗?》和获奥斯卡奖——《克卢特》(1971),还有在不同于"明星"素质的"演技"上更令人折服的——因此两片而获纽约影评奖最佳女主角。[1]

她后来的演艺生涯依然是施展表演才能,例如同戈达尔合作拍了《一切安好》(1973)[2],改编古典戏剧的《玩偶之家》(*A Doll's House*, 1974),诠释历史人物(在《朱莉娅》中饰女作家丽莲·赫尔曼,1977),还有回归喜剧拍了《蓝色提秤》(*Steelyard Blues*, 1972)和《跟迪克和简开玩笑》(*Fun with Dick and Jane*, 1977)。

除了擅演不同类型角色而不做"本色演员"(尽管有人可能质疑这种区分在一般情况下或方达个案上的有效性)之外,她同非好莱坞电影、无性感魅力的"工具"和人物也有密切的联系。她后期的大多数影片(从《他们射杀马吗?》开始)都属于人们称之的"新好莱坞电影"。(为了进一步讨论这一点,可参见史蒂夫·尼尔[Steve Neale]的论文《新好莱坞电影》;戈达尔虽不在好莱坞拍片,但通过他积极参与"新浪潮"运动,对美国电影摄制的新风格产生了重大影响。)从表演角度看,这种新电影的风格侧重于精细刻画人物,而叙事结构相当松散,侧重于自然主义手法如说话不时被打断,说话吞吞吐吐、含含糊糊,尽是口头语,以及其他给表演造成即兴发挥印象的技巧。方达早已谙熟这种风格——她表演的"自然主义"在《克卢特》几场精神分析的戏里和《荣归》(1978)全片里尤为明显——既然这是当代电影"最佳表演"的精髓,自然成了她作为演员的名声之标志。

---

[1] 参见理查德·戴尔的《让我们继续看下去的忸怩作态》(pp.11—13)。
[2] 戈达尔未将演员作为"戏子"来使用——这一点正是方达出现在一位著名欧洲导演执导的影片中的原因,这一事实被广泛引用以证明这是一项"表演"工作。

第六章 明星作为特定形象

政治观点

在批评著作中,关于方达应该算作性感明星还是演员,早已存在着分歧,有些人认为,她显示的(特别在《游戏结束了》中)是充分展现性感的才能。不过总的说来,这两种身份可以视为分开的,也可能是矛盾的。她采纳激进的政治观点,使得这种矛盾性更为加剧。

围绕她政治上卷入激进主义,一直有许多重大的新闻报道。美国大众媒体认为她涉及激进主义的四大领域——美国土著(印第安人)(1969年她访问了阿尔卡特拉斯印第安人聚居区);她同"黑豹党"的休·牛顿的关系;她在美国军人"咖啡屋"的反对战争(越南战争)活动,1961年在其中一处遭拘捕;她的女权主义。另外,1972年她嫁给汤姆·海登,他是一个好战的学生组织"SDS"(争取民主社会学生会)的领导人,也是"芝加哥七君子"之一。她还为两次反战活动大造声势,并促成了一个电视节目(后来拍成影片)《解放军队》(或叫《诅咒军队》)(1972)和一部纪录片《越南之旅》。她自己的几部影片也是露骨的激进主义色彩——在《一切安好》中她饰一名激进的记者,提到易卜生的经典名剧《玩偶之家》是1968年的遗赠物;在《朱莉娅》中她饰知名的左翼自由派丽莲·赫尔曼;《荣归》则描写妇女通过在越南战争期间为受伤士兵服务而关心起政治来。另外,《克卢特》尤其是《荣归》都可以被解读为女权主义的重要作品——因为《克卢特》用妓女喻示妇女总体上受到性歧视;因为《荣归》强调方达的人物发现自己有能力采取独立行动并享受性乐趣(在同强·沃伊特所饰瘫痪男兵睡觉前她从未体验到性高潮的快乐,在影片前面一场戏里她同布鲁斯·德恩(Bruce Dern)所饰丈夫做爱时虽有性欲却受到习惯性的"压制",这种性爱对女人来说远远不及前述的"解放"了的性爱)。

所有这一切——情节事件和影片的意义始终在于:是简·方达主

宰着这一切。报纸不限于此,还一直报道她形象的其他方面——她的父亲会怎么想?她能不能保持她主演18部影片所构筑的"生气蓬勃且充满反叛精神的性爱象征而不变成能主宰许多事情唯独不能'爱'的新简·方达?"(麦克·麦克格雷迪语,见1971年5月5日《卫报》)这一切政治活动跟她的演艺成就有什么关系?(唐纳德·泽克在1970年4月6日《每日镜报》上指出,"她从政十分危险——很可能弄得她隔天晚上得不到奥斯卡奖"——直到两年后她才捧得金像。)这也不仅仅是指报纸在对待一位革命明星时会碰到困难。事实上,对于报纸来说,困难的倒是如何以任何其他方式来对待一位明星的革命关联性。明星的所作所为只能被强调其干了什么,干得如何出众,或者干时碰到什么困难,而不能被强调她/他涉及的貌似政治性问题。所以,她访问阿尔卡特拉斯根本不会为美国印第安人的处境做宣传,但可能会提出像她那样的妇女去那样的地方会干什么的问题,换言之,只提出白人激进主义的问题。

方达既是明星又是革命家,此两元身份使得优势的白人在与劣势的非白人斗争中扮演什么角色这一问题戏剧化了。(我将暂不议女权主义问题;现在颇受瞩目的是,从公共事件和影片而不从她的行为和声明来看,阶级问题是如何在她的《一切安好》这部最最远离她的环境和公众的影片中提出来的,而这个问题本身置于资产阶级革命家的问题之上。)这正是让-吕克·戈达尔和让-比埃尔·戈兰在他们的影片《致简的信》(1974)中牢牢抓住的。他俩表示,方达的政治观点浸透着反动的美国价值观,他俩将这一个例转移到对她拍《越南之旅》时在越南拍的新闻照片进行符号学分析。正如他俩指出,最令人惊奇的是这张照片呈现她同越南人在交谈而不是越南人仅仅站在右边而已。(越南民众因这点指责方达;有人可能会认为这是明星现象固有的。)此外,他俩认为方达在照片(图13)里的表情是方达常常用来谈论政治问题时的表情。这是他俩在《一切安好》("她饰一位女演员,正在倾听片中一

第六章 明星作为特定形象

13 简·方达在越南

个群众角色吟唱由洛塔·康蒂奴亚谱写的歌词")和《克卢特》("她注视她的朋友、由唐纳德·萨瑟兰[Donald Suterland]扮演的警察,在她的脸上流露出怜悯的悲剧性感觉,然后决定同他共度一宵")中发现的。他俩在他父亲的影片包括《愤怒的葡萄》——图14——和《青年时代林肯先生》以及约翰·韦恩的影片中都发现了这种表情。像韦恩在《绿色贝雷帽》(*The Green Berets*),见图15)中"那表情表达出他对战争在越南造成的严重破坏深深的歉意"。戈达尔和戈兰继续写道:

> 依我们看,这种表情是借用来的,很规范又很有趣,是从罗斯福新政时期的自由贸易商标上借用来的。它实为表情的词语,碰巧在有声片在经济上取得成功的时候而必然发生的。这种表情会说话,但只会说出它了解的内容,比如股票市场重挫了多少。(摘

14　亨利·方达在《愤怒的葡萄》(1946)中

自尼基·诺思[Nicky North]所写的手稿)

这一负面性的观点(顺便说,它始终是纯粹的形式主义观点——未审视方达活动的环境)与其说是方达卷入的政治问题,不如说方达是位政治活动家;这一观点在左翼和右翼阵容中都广为流传。作为右翼的例子,报纸常常引用亨利·方达的评论,这是饶有趣味的,他说:"她是一有事就心血来潮的姑娘,她在为右翼事业工作,究竟什么原因,我想是误入歧途。要一直到右翼将她像圣女贞德一样焚烧,她才会满意。"(见1972年9月24日《星期日镜报》)。

同样不自在的情况也能在一些女权主义者对她的女权主义观点的看法中发现,尽管许多女权主义者在很大程度上都支持她。这种模棱

第六章 明星作为特定形象

15 约翰·韦恩在《绿色贝雷帽》(1968)中

两可的态度,也许是因为女权主义认为个人卷入政治实际上是更多关心日常政治而非传统政治。在日常政治中,面对斗争的实际"问题"时,"个性东西"都会被摒弃。这与其说女权主义者都认可她是典范,不如说她把似乎是政治性的东西戏剧化了——她不是把一个问题戏剧化,而是把本身是政治性的问题通过自己的介入而戏剧化。屈赛·扬(Tracy Young)进一步发展了这一看法。她把方达与当代其他一些女明星加以比对,她们可能体现着"新女性"的某些特征,但是"方达不像费伊·唐娜薇(Faye Dunaway)*……自己的个人意愿不那么强烈。她不像莉莉·汤姆林(Lily Tomlin)**……好像直率得无所顾忌,仍然相信自我的正面性方面……她不像黛安·基顿(Diane Keaton)***……不是那么的心神不定"(见《简·方达》[*Fonda Jane*] p.57)。屈赛·扬模棱两可地得出如下结论:

> 从许多方面看,方达现在的票房号召力是妇女运动的间接结果;这种运动一直在寻找角色模型;这种运动一直在上升直到最近(如同左派的残存物)才由善良的中产阶级成为其主力军。从许多方面看,这种运动也是善良的中产阶级的价值所在,方达再一次庆贺并证实了这一切。(同上)

同海伦·瑞迪(Helen Reddy)一样,方达可被视为把妇女运动的目标同"可接受"、"规范"的行为一致起来。在这里,同美国人特质的联系至关重要,因为它证实了她是一位好演员。但最重要的也许是性爱上的联系。纵观方达所拍的"反常"法国片,她的"健康美"和"美国人"素质均受到赞许和欢迎,她依然是未入歧途的"正常人",亦即异性恋者。这一点的重要性由于《朱莉娅》(1977)而变得格外明显。珍妮佛·赛尔维(Jennifer Selway)在《暂停》杂志上关于《朱莉娅》的推荐文章(1978年7月7日—13日一期)中写道:"没有人对片中提到同性恋是《孩子时分》的核心而烦恼,该书是赫尔曼在"她的记忆一次又一次想到……朱莉娅时努力写成的(大意)(p.39)。方达本人在《电视屏幕》(1976年12月18日一期)的访谈中说:

---

* 唐娜薇(1941—),当代美国著名女星之一,擅饰反叛女性角色,曾获奥斯卡奖影后。——译者注
** 汤姆林(1939—),著名谐星,擅饰家庭主妇角色。——译者注
*** 基顿(1946—),著名演技派女星,擅饰知性女性角色,曾获奥斯卡奖影后。(《安妮·霍尔》)——译者注

第六章 明星作为特定形象

他们在伦敦告诉我,它(《朱莉娅》)是讲同性恋的,我不这样认为,这只是一个关于挚交的故事。另外,是我自己建议我演出这个角色。

16 简·方达在《巴卢猫》(1965)中

妇女运动蒙受的最大"污点"之一,用大众媒体的话说,乃是同性恋。当参加这一运动的许多妇女都因经历而发现自己有同性恋倾向时,当这一运动肯定正式地采取捍卫同性恋的行动时,它显然成了许多妇女(以及许多男人)的绊脚石。我不希望提出简·方达的形象是一个反基佬的形象,不过它肯定是看似基佬的形象,这一点再加上她的家系和表演技巧,使得她的政治观点、特别是女权主义观点看起来相当平常又相当正常。(在此语境里,当宣传弗洛伊德时省去上述弗洛伊德式认识母亲/女儿的同性恋性质的关系,是特别有暗示性的。)

17 和 18　(左)黛比·雷诺兹:"真像一个男孩!"(右)南西·西纳屈拉在《野天使》(*Wild Angels*, 1966)中

方达的形象生涯可视为呈现方达作为个体经历多种可能性和问题之旅行,我已经将这些安排在父亲、性爱、表演和政治观点四个标题之下。本篇最后几页的论点表明,她的形象在我们所探讨的这段时间内又调和了这些不同的因素,还表明该人生之旅已经到了尽头。显然我不能在这里就这点作预测,不过由于《朱莉娅》和《荣归》,她作为明星的名声似乎已经达到顶点,本书提出的明星魅力理论则特别强调明星

第六章　明星作为特定形象

19　简·方达在政治集会上演讲

是各种矛盾的调和者。除此之外,我想在本篇结束时提出一个有进一步可能的因素,它会给她的形象提供一定的连续性。这种可能的因素可以叫做"假小子倾向"(tomboyism)。有些女明星就具有这种性质——试将方达(见图16)同黛比·雷诺兹(Debbie Reynolds)(见图17)*、南西·西纳屈拉(Nancy Sinatra)(见图18)作一比较——方达在《克卢特》之前一些最为成功且最受公众欢迎的角色基本上是假小子,例如《漫步荒地》、《巴卢猫》、《芭芭莱拉》。她生活中不同时期的形象都凸现了这一点,从方达家族的宣传照到呈现她剪短发、穿牛仔裤在政治集会上的照片(图19)均是。屈赛·扬也提出过这一点:方达演《朱莉娅》中的丽莲·赫尔曼,实际上是在演一个"传奇的假小子"(见《简·方达》,p.57),她与小贾森·罗巴兹(Jason Robards Jr.)**所饰的达希尔·汉麦特在一起的几场戏里都穿毛衣和宽松裤,并朝他大喊大叫,不停咒骂。这里不是探究一般假小子形象可接受性根源的地方,但由此可以作出以下的观察。一个姑娘变为一个假小子,这显然是可接受的(但一个男孩变成女人腔则是不可接受的),其原因可能是个人都很希望采以高级性别的属性而非低级性别的属性;女人变成假小子,具有男孩某些"不成熟"的东西,因此她不会对成年男人构成威胁。以方达为例,当她的形象承担着高度性负载时,我们可能会通灵地猜想出这是阴茎的替代物(见"独立女性"一节劳拉·马尔维的论述),或者这是拿同性恋引诱异性恋的男影迷——以及女影迷,由此可能造成她形象中非同性恋的吸引程度(the level of appeal)和代表程度(the level of representation)不一致(亦即她体现着非同性恋的女性,这种女性可能仍然会引发观众身上的同性恋感觉;这点与方达不怎么特别有关,为进一步探讨之,请参见卡洛琳·谢尔登的《电影中的同性恋:一些思考》)。作上述这样的猜想是要冒风险的,但会使她的魅力——既引发极端憎恨,

---

* 雷诺兹(1932—),好莱坞歌舞片女星,拍有《雨中曲》等。——译者注
** 罗巴兹(1922—),美国著名的性格演员,两次荣获奥斯卡奖最佳男配角。——译者注

又引发极端热爱[1]——不仅在她调和激进主义、女权主义和美国人特质、日常习俗上得到解释，而且在她能够（身为假小子）重新定义性感同时公开重申异性恋上得到解释。

---

[1] 见理查德·卡茨：《简·方达：难以仿效的行为》，刊于《滚石》1978年3月9日一期。

第三篇 | 明星作为符号

尽管明星作为形象是在所有媒体文本而非仅仅影片之中建构的，但是影片仍然是(带着前一篇所提及的种种特征,p.61)明星形象的主导因素。故此,本书最后一篇将涉及明星在影片中功能的一个更为准确的详细的问题。

这一问题基本上是从这样两个角度来审视的。第一个是"明星与人物",尽管明星在影片中通过作为已经表意的形象和由剧本、场面调度等部分建构的特定人物而发挥表意功能,但这一切仍然只是在银幕上扮演或演绎。第七章就涉及演绎是如何表意的,再涉及演绎的意义和形象、人物的意义之间关系。

最末一章比较短,涉及如何联系电影研究即电影作者论已经建立的语境模式来认识明星在影片文本中的功能。

第七章 | 明星和"人物"

在影片中,明星扮演人物,亦即建构各种人的呈现。为了认识明星如何"出现"在影片中,我们需要认识影片中的人物究竟意味着什么以及人物如何塑造出来的。

要作这样的认识,会因下述的事实而格外困难:迄今为止,理论上对小说(任何媒体)中人物的考量,首先都指向于呈现人物的谬误方面——展示各个人物都不是真人,而都是文本结构产生的结果,批评家和评论家们却都未深入检视如何产生这种结果,因此广为人知并理解的是这纯属结构规则问题。

诺曼·N.霍兰(Norman N. Hollan)在其《文学反应动力学》(*The Dynanlics of Literary Response*)一书中探讨批评界关于人物的种种说法时,指出将人物作为真人的探讨"如今……已经弃而不用"。但他继续表示"这种真人式人物大都存在于高中教科书、《纽约时报》书评和玛丽·麦卡锡小姐*著作中……"(p. 264——这里提到麦卡锡,大概是指她的一篇关于小说中人物的文章《论对立》[*On the Contrary*],在该文中她痛惜现代小说中人物的死亡)。这就是说,尽管霍兰并未看到这样一

---

* 玛丽·麦卡锡(Mary McCarty, 1912—1989),美国小说家,以讽刺知识分子并解剖其微妙心理见长,作品有《她的伴侣》、《绿洲》等。——译者注

点,但在教育实践和中产阶级著述中,文学讨论的主流由于新批评论*的先锋主义语境缘故,一直未触及人物之假设。(为检视对人物概念抨击的大致情况,请参见 W. J. 哈维的《人物和小说》[*Character and the Novel*]。)我在本章内试图审视这些假设及其在电影文本中的实现。

作为明星永远是扮演人物这一规则之例外,可能是一种时俗讽刺片(revue films),在其内,明星们都转型,作客串演出,例如艾娃·嘉娜(Ava Gardner)**在《乐队彩车》(*The Band Wagon*)里亮相,或者平·克劳斯贝、金·凯利和米尔顿·珀尔(Milton Berle)在《让我们做爱吧》(*Let's Make Love*)里亮相。在时俗讽刺片的例子中,部分真实的是——明星们在转型后仍然保持自己的形象,纵然他们在独幕剧或短剧中也可能以"人物"参加演出。至于客串演出,则更加模棱两可,嘉娜作为"她自己"将弗雷德·亚斯泰认作为"托尼·亨特";这场戏还告诉我们,"亨特"的身份一直是明星,以及娱乐界人士们的同志情谊。在该片中,嘉娜尽管只是一个很小的角色,但由于饰演自己,便整个地化为人物,而这有助于制造其他人物存在的假象。我们看到的正是作为形象的嘉娜和作为人物的嘉娜的完美匹配。(平·克劳斯贝等明星在《让我们做爱吧》以及其他例子中也确实如此。)下面的许多探讨都必须以明星的形象和人物之间匹配这个问题为基础。

在本章内,我自始至终使用"人物"这个词***,以指影片中建构的一系列个人,而使用"个性"这个词****,以指影片赋予人物的一系列特征和性格。为了探讨人物,我们必须探讨"人物"的概念和人物的建构以及明星同这两者的关系。

---

  * 系 20 世纪起源于美国的一种文学评论学派,侧重于从文本角度分析文学作品。——译者注
  ** 艾娃·嘉娜(1922—1990),好莱坞中期性感女星,代表作有《赤脚的伯爵夫人》等。——译者注
  *** character 一词亦可译为"角色",后一种译法通常见于戏剧、影视作品中。——译者注
  **** personality 亦可译为"人格"。——译者注

第七章 明星和"人物"

人物的概念

从最一般意义上说,所有小说都有人物,亦即虚构的生命,不管其是人、动物或幻象;凡是人物,均有故事,亦即其做事以及/或者有事要其去做。然而这些生命如何被概念化,却在小说历史上不断变化着。扬·沃特(Ian Watt)在其《小说的崛起》(*The Rise of the Novel*)中对此有十分详细的阐述,这是一本十分有用的参考书,其内,既揭示了人物概念的历史和文化界限,又开创了在特定社会文化时期占主导地位的人物的特定概念。本章围绕这样两个命题(A 节和 B 节)作适当的编排,随后扼要地探讨如何超越当代的"有效人物"(operative character,亦译关键人物)的主流观念(A 节)。随着探讨继续下去,我们也将审视其与明星的关联性。

A—人物概念的文化——历史特点

扬·沃特在《小说的崛起》中认为,小说形式问世于西方人思维发生变化的时期。他列数出叙事性小说的每一种重要的形式特点——情节、人物刻画、时空间展示、散文风格——并且展示出小说在这每一个方面都有着对以前叙事模式明显不同地突破的标志性特点。在人物刻画方面,最具意义的特点是人物的"特定化"(particularisation),亦即小说不再描写那些体现普遍的道德或心智观念的"一般人类型",而专门描写"处于特定环境中的特定人"。这一点同其他特点比较,最明显的标志是"小说家通常是完全按照特定的个人在日常生活中的称呼法来称呼他,借以表明他要把人物作为特定的个人加以呈现"(p. 19)。在早期的文学中,人物不是给以历史的称呼便是给以典型的称呼:"无论哪一种情况,称呼都是按照首先由过去文学形成的大部分期望语境而非当代生活语境来设定人物的。"(同上)

小说形式的其他方面——时空间展示——也与小说的人物概念有关。在小说中,时空间都是特定化的,用于强化人物的特定性之感觉。时间及其变化的意识一定伴随有小说本身"对时间流逝中人物发展比其他文学形式更大的兴趣"(p. 23)。对空间特定性的关注也要顾及小说对一个个体及其(她/他)的环境相互作用之检视(纵然这种关联在小说历史上要比我们前面探讨的其他元素晚一些才发展起来)。

小说不但在一般意义上,而且在促成人物的特定概念上,都是资产阶级社会的产品,这点在文学历史上一直是自明之理。难怪,W. J. 哈维在《人物和小说》中观察后写道:

> 马克思主义关于文学归纳出来的一个命题是,小说的发展与资产阶级在现代资本主义制度下的成长密切相关,它被历史详尽审视后已被证明是十分合理。(p. 24)

小说可以被当做资产阶级的最佳叙事模式,但是它的一般特点也为其他叙事形式所企求。J. L. 史泰恩(J. L. Styan)在其《戏剧、舞台和观众》(*Drama, Stage and Audience*)中就探讨了戏剧中表演和人物的不同概念,他同莱奥·洛温瑟尔研究后文艺复兴时代文学的著作《文学和人的形象》(*Litterature and the Image of Man*)一样,都阐明了上述这一点。(为了进一步探讨其社会含义,请阅伊丽莎白·伯恩斯的《戏剧风格》)

在转向审视小说的人物概念诸特点之前,我们必须考量明星形象和属于这一概念的电影中人物的延伸度。

值得提一下,明星本身乃是资产阶级戏剧独有的典型特征。明星

第七章 明星和"人物"

在戏剧领域中出现的时间,通常指18世纪,当时有加瑞克(Garrick)、佩格·沃芬顿(Peg Woffington)、莎拉·西登斯(Sarah Siddons)*、爱德蒙·基恩(Edmund Kean)、施罗德(Schröder)和拉歇尔(Rachel)**等大名鼎鼎的演员。他们的问世同戏剧作为能够生存的经济事业和受人尊敬的职业问世有关(他们既不是仗依观众的恩赐,也不被看成和流氓、流浪汉差不多的巡回演出艺人)。与之相随的是戏剧为何物和演员为何人的观念发生变化。在早期戏剧中,演员被认为是扮演预先指定的角色,或者在早期一些专业剧团如"即兴喜剧团"里演员完全与他们的角色同化。正如伯恩斯在《戏剧风格》中指出的,加瑞克及其后的一些演员都接演他们熟悉的角色特别是莎士比亚戏剧里的角色,而且在演绎过程中除了人物还弘扬自己。他们引入的粗糙的自然主义手法"被用于塑造人物和他(演员)自己的人格,这样一来,观众就会记得基恩所饰的哈姆雷特,坎布尔所饰的麦克白斯,欧文***所饰的歇洛克"(p.171)。从这点看,早期的演员不仅体现着当时占了上风的个人主义,而且还早已提出了演员(基恩)和角色(哈姆雷特)之间区别的概念。

现在有一种看法认为,电影的明星历史重演了沃特和他人界定的人物和个体概念变化的历史。正如第一篇已经探讨的,涉及电影的明星历史的传统看法是发生了这样一种转变,即明星从完人、男神和女神转变为日常生活的代表和像你我一样的凡人。这一演变类同于人物从作为道德或心智原则的体现演变为"特定地域的特定人"(尽管只有早期的明星才被公认为秉有这种绝对的素质)。这里面正包含着早期电影

---

* 加瑞克(1805—1879),英国演员兼剧作家,革新演出方式和舞台技术,着重诠释人物性格;沃芬顿(1714—1760),爱尔兰女演员,以美貌闻名;西登斯(1755—1831),英国悲剧女演员,以饰《麦克白斯》中的麦克白斯而遐迩闻名。——译者注

** 基恩(1789—1833),英国悲剧男演员,擅长自然主义表演风格;拉歇尔(1820—1858),法国女演员,擅演高乃依和拉辛的戏剧。——译者注

*** 欧文(1883—1971),英国演员兼戏剧家。——译者注

的形式体系中有相当大的文化迟滞,但符合埃德加·莫林关于明星作为电影资产阶级化的一方面即从神变为人过程的主张。

还有人认为,关于电影(包括起用明星的电影传统和不起用明星的电影传统)中人物的主流观念变化中也有类似的历史。由此,从主要侧重于分别代表理想和思想的英雄式或标志式人物的电影,演变为处理众多有个性人物的电影。可以作为这一观点旁证的是西部片里牛仔本性的改变——在早期西部片里,牛仔既有骑士品质,又是(当代)神话的人物,且在人物身上的价值观两极化也是相当全面的(根据帕诺夫斯基在《电影中的风格和媒介》[*Style and Medium in the Motion Picture*]里所阐述的,这种两极化下至人物所穿的衣服:坏蛋穿黑色衣服,英雄穿白色衣服)。随着这一类型片的发展,也出现了不同的创新——有故事方面的(如《铁马》[*The Iron Horse*]),也有心理方面的(如《左撇子枪手》[*The Left-Handed Gun*]),还有自然主义风格方面的(如《威尔·佩尼》[*Willy Penny*])——人物都变得更加个性化,不大容易贴上好人与坏人的标签。莱奥·布劳迪在《画面内的世界》一书中就这一点作了进一步的探讨,他认为,由于人物越来越"个性化",电影也越来越关注于人物,相应地较少关注于情节。30、40年代,不论好莱坞还是欧洲电影都让人物服膺于情节的制造,而从60年代初开始,电影越来越关注"人物"。(布劳迪所举的例子有詹姆士·迪安和马龙·白兰度等明星以及特吕弗、奥特曼等导演所创造的电影形象和角色。)这一变化可以视为小说关注于特定情境中特定人物的必然进化,这是小说首先采取的。这就是说,早期的小说/电影都一直用人物来阐释情节全盘设计的各个方面,而后来小说/电影,正如许多人公认的,是用情节来阐释人物的各个方面。如果这一点在广义上是正确的,那么——从"高级艺术"和批评论来看,如此强调人物实为乔伊斯、沃尔夫和普鲁斯特在20世纪前半叶率先引领到顶点的,而且大部分也是他们开发的——从那以后,我们经历着艺术相当突出(但实际上也相当普遍)的极端现代性的现象,故比前辈大师滞后了好几十年。上述模式一个尤为重要的方面在于它实际上究竟是不是只适用于影片中人物/明星的一半,亦即只适用于男性人物/明星。克莱尔·约翰斯顿在她探讨电影中角色模式化时,将帕诺夫斯基*关于早期电影中象征手法延伸开去:

> 象征作为一种具体的符号或符号群,乃是以好莱坞类型片的一定规则为基础的。它对一般商业电影中妇女角色模式化负有部分责任,不过实际情况是,在电影史上,因与性别歧视意识有关,男性角色的差异化要比女性角色大得多。这一基本对立(basic opposition)将男人置于故事之中,而将女人置于故事之外,永久不变。随着电影的发展,男性角色的模式化越来越被理解为违反"人物"概念的实现;而在女性角色情况下反而不违反;主流意识形态将女性角色呈现为永久不变的,除了在其时尚方面有稍许改变。(《女性电影评论》[Notes on Woman's Cinema], pp.24—25)

这里存在一些有悖于约翰斯顿规则的可商榷的例外——女性电影;霍华德·霍克斯执导的影片;珍妮纳·贝辛格认同的一些影片,如《十逃犯》(Ten That Got Away),她认为是"好莱坞电影相当罕见地正面描绘(女人)"(p.61);以及近期对《克卢特》、《艾丽丝不再住在这里》、《朱莉娅》等片的"人物研究"——所有这一切无疑都是例外,但也暗示了这一规则的广泛真实性。而使它们成为例外的正是这些影片都将女人作为中心人物来描写。这就直接地给这些影片引入了女性角色的一般模式化和女主人公的个性化要求之间如何调和的问题。(一般地说,次要人物或配角,不管哪一种性别,出于经济的理由,如同其他人物一样——为了塑造和开发出一个个性化的人物,需要给予较长时间的戏份儿,并且要求有更多的细节描写。)女明星形象是否也符合约翰斯顿

---

* 欧文·帕诺夫斯基(1892—1968),美国著名的艺术史学家。——译者注

的规则,却不大明显——难以看到台维丝、嘉宝、梦露或方达较之于韦恩、白兰度和雷德福少一些个性化,或者多一些类型化。

小说的人物概念

下列的几种特质可以用于建构小说的人物概念的大致轮廓:
——特殊性
——兴趣爱好
——自主性
——丰满度
——性格发展
——内心活动
——行为动机
——分离本体
——一致性

特殊性

这一特质早已被探讨过,它界定小说的人物概念的特点。用于此的最常见且最极致的术语是人物的"独特性"(uniqueness)。

兴趣爱好

W.J.哈维认为,强调人物的特殊性,取决于小说的"自由"的人本主义,亦即"对社会中人的丰富多样性和独特个性之认知,并且要确信这样一些特点最终是良好的结果。这会让人因存在的多元性而感到欢悦,并去考虑多种的信念和价值……"(《人物与小说》,p. 24)。这意味着小说家,"必须认可他的人物在面对所有意识形态(包括自己局限的观点)时所维持的自己作为人的个性和独特性……"(p. 25)。其结果正如哈维所表示的,"无法把小说的人物同基督教和马克思主义的'一元'信奉调和起来"。

自主性

假定小说中的各个人物都应该具有或者表面上具有"自己的生活"。正因为他们不再是理想和思想的代表,所以他们不必看上去好像是文本——不管是题材结构或简单地是情节——设计的一部分。我们不必了解人物的建构,也不必了解她/他在文本结构中的功能。我们只需要在我们面前有"生活"的幻象。对许多影评人而言,这种"生活"的幻象实际上并非幻象。对人物而言,则要"规避"作者的建构活动。这里举一段文摘来说明之,伯纳德·J. 帕里斯(Bernard J. Paris)在他的《小说的心理学方法》(*A Psychological Approach to Fiction*)中写道:

> 有一种创造人物的冲动,它具有自己的内在逻辑,并且倾向于自行其道,且不管内中可否含有作者在形式或主题上的企图,我们作为影评人确实要求真实故事的主人公应该像现实中的人一样,他们能够摆脱他们作者的控制而拥有自己的生活。(p.9)

丰满度

丰满度(roundness)这一概念是针对人物的"平板度"而言,众所周知它取自于 E. M. 福斯特的《小说面面观》(*Aspects of the Novel*, 1927)。福斯特并未要求硬性区分这两个概念,也未否认"平板式"人物的有效性,然而对他来说丰满度显然正是小说所"企求"的。丰满度意味着人物不能被认知只有某一种特定的特征,而有多种特征,且这多种特征熔为一个复合的整体。描写得十分丰满的人物能够通过披示人物一些出人意料的层面而令读者惊奇。这种人物既不是好人,也不是坏人,而是这两者复杂的混合体。

性格发展

小说中的人物,即使最小限度,也应该有所发展。小说能够展现"随时光流逝的生活"(福斯特语),这一事实意味小说能够——而且应该展现人物在整个时间流程中的运动,展现她/他是如何变化的。肖尔斯和凯洛格在《叙事的本质》(*The Nature of Narrative*)中表示,其有两种形式,他们称之为"动态的性格刻画"(dynamic characterisation):

  一种是进化的形式,据之,人物的个性特征逐渐弱化,为的是彰显他随着情节线而进化,这是以道德为基础的(参阅《帕西法尔,仙境女王》[*Parsival, The Faerie Queene*]第1卷、《朝圣者的进化》[*Pilgrim's Progress*]、《远大前程》[*Great Expectations*]和《权力与光荣》[*The Power and the Glory*]);另一种是编年史的形式,据之,人物的个性特征变得错综复杂,为的是让人物在情节展开时所发生的渐进变化更有意义,这是以时间为基础的。(p.169)

肖尔斯和凯洛格显然把前一种形式看成比较原始些,而毫不含糊地把后一种形式与小说等同。尚可进一步做的是区分"真正的"和"外在的"发展,亦即区分这样两种揭示,一种是揭示人物一些构成其个性变化的特征,另一种则相反,揭示人物一些一直被认为在展现却向读者/观者隐瞒的特征。J. I. 史泰因认为,后一种揭示其实一直是问题所在:"人物的发展实为面具特征更加精细的界定。实际上,正是这种形象的发展妨碍我们看到人物的发展。"(《戏剧的元素》[*The Elements of Drama*],p.513)

内心活动

这一特质在于小说能够直接地揭示出人物心里和脑里的东西——亦即不需要诉诸推断,根据她/他大声说出来的、所做的或表情如何来判断——这正是小说特别伟大之处。难怪帕里斯声称小说"让我们直接知道个体的意识是如何体验世界的,让我们直接了解个体真正的内心生活"(《小说的心理学方法》,p.23)。而作者评论、内心独白等手法都可以让读者以近似戏剧、电影和其他叙事性小说的方式进入人物的"内心世界"。正如莱奥·布劳迪指出的,小说能够进入内心世界的特长,现已被提升为它的优势,凭借它足以给电影致命一击:

> 当影评人称电影不允许复杂的心理描写时,他们是在引用19世纪法国和英国小说的标准,而那一时期的小说无所不及地窥视人物的内在思想,坚决地把读者置于对人物思想活动超脱的地步,说教地谈论人物的端正品行和人们对之应有的认识。(见《画面内心的世界》,p.183)

行为动机

人物的种种行为应该都有动机。这一要求涉及其独特性格和内心活动,因为动机被认为是做事情的"心理方面"原因。杰瑞米·霍桑(Jeremy Hawthorn)在批评性格刻画的这一方面时指出:"人物所做的任何事情……都是……可以把该人物单独从他所处的环境中抽取出来加以解释,而不可以用特定的具体语境——它会呈现出某种让人物进入动作领域的潜在可能性(而非其他)——加以解释"(《本体与关系》[*Identity and Relationship*],p.60)。

分离本体

这一特质意思指对人物的存在和本体独立于他们所说的和所做的——包括自我和角色之外的意识。这一点对任何叙事形式来说不啻为问题,据之,人物从逻辑上看只存在于媒体的细部,只存在于"页面上所写的词语"。对于这一点,绝大多数文学理论家都同意。不过,独立

存在的意识仍然被认为是必要的:

> 如果人物只是在行动中呈现自己,那么我们能说人物除了行动外还存在吗?这看起来好像是我们用自己的心灵诉说和相信的——人物绝对地、完全地脱离于他在任何时候所做的事情。(见查尔斯·C.沃尔库特[Charles C. Walcutt]的《人的变脸面具》[*Man's Changing Mask*],p.5)

一致性

人物的一致性(consistency)概念有点玄妙。人物被分离这一事实涉及这样一个假设:当人物可能丰满、可能有变化、有惊奇或可能披示出令人意想不到的素质时,这一切都发生在人格的广泛范围内,而该人格的存在是由人物的分离本体确保的。哈维从"稳定的自我"想法探讨了这一问题:"在我们的意识里存在着我们关于本体概念的这样一个方面,即自我被分离、孤立,因而独一无二;对此我们可以增加一个普通的假设,即自我是持久、稳定的东西。"(《小说与人物》,p.119)哈维遵循荷马以来的资产阶级哲学轨迹,承认本体概念从哲学上看是有缺陷的,但仍然把稳定自我的想法——进而是人物一致性想法——"同自我的人人明白、不玄妙、不复杂的概念联系在一起"(p.120)。(常识的作用作为意识形态的基石,应该牢记脑中。)

这种一致性如何在丰满度和人物发展之中做到呢,这点不予以过多探讨。肯尼思·伯克(Kenneth Burke)在《动机的文法》(*A Grammar of Motives*)中提出,"重复形式"可以作为在丰满的人物性格刻画中保持前后一致性的方法——这就是说,该形式模型是易于识辨的,且可以在人物行为的明显变化下无休止地重复。下面探讨的"设置"概念也同这点有关——人物的不同构成元素借助多种技巧(戏剧性讽刺、语境等级化、明星起用),可以在一个或少数几个被当做基本和限定的构成元素上"解释清楚"。

在下面援引克林思·布鲁克斯（Cleanth Brooks）和罗伯特·潘恩·沃伦（Robert Penn Warren）的一段阐述中，可以清楚看到他们坚持将连贯性/一致性概念用于人物的身上；该引文取自《理解小说》（Understanding Fiction）一书，该书多次再版，广泛引用，系文学批评论的基本教科书。引文的第一句用了"明显"，就极好地表明，关于人物的这一看法让人觉得是多么地不容置疑：

> 对小说的一个明显的测试……就是小说中人物的动机和行为是否前后一致地呈现出来。正是小说的功劳，才让伟大的艺术家们一直能够把人类本性中许多奇特、出轨、经常显得自我矛盾的例子前后一致地呈现出来。（p.173）

应该强调的是，在称呼这些方面都是"资产阶级的"时，之所以合适，不因为个人的任何范畴都必定是资产阶级的，而是一些反个人主义的争议可能会被提了出来。资产阶级关于个人/人物观念的特定，首先是过分强调特殊性和独特性，从而导致禁止呈现集体和群众或者典型的个人/人物，也或者导致将他们呈现得低人一等（典型的个人/人物被降低为仅仅在促成中心人物时起功能性作用）；其次，与内在动机的关联会强化这样一种历史和社会进程模式，据之，对动机的解释乃根植于个人的意识和能力，而非社会生活的集体和/或结构方面。（为了进一步探讨马克思主义关于个人主义的观点，请见让-保罗·萨特的《寻找方法》一书和《意识形态与意识》杂志。）

同化

资产阶级关于人物的观念，旨在制造出独特和个性化的人物。然而，十分清楚的是，不可独特和个性化到超越理解或代表性。就资产阶级所有人物个性化来说，哈姆雷特、《缅怀往事》（*Remembrance of Things*

Past)的叙述者伊丽莎白·贝内特(Elizabeth Bennett)和玛莎·奎司特(马太的姐姐)均属个性化的人物,均为读者能够读的人物,而且几乎均要求移情或者至少让人感觉到有些熟悉。正当现今对同化的心理学探究甚少(至于弗洛伊德的阐述,可参见霍兰的《文学反应动力学》第10章)之时,琼·罗克韦尔(Joan Rockwell)的观点就十分突出了,她在《小说中的事实》(*Fact in Fiction*)中认为,同化取决于人物的特征和读者熟悉、理解、由更广泛文化界定和现有的特征之吻合程度。

在资产阶级关于人物观念的语境中,我们可以发现有两种是同化被用来为意识形态服务的功能。其第一种功能就是罗克韦尔认同的,是同化在所有意识形态系统内部总的方面的,亦即强化社会准则:

> 小说不仅使得各种情感和灵感合理化,而且……尤其因为小说表面上是专门描写人际关系种种细节的,所以也给出了可接受和不可接受行为的模式和类型……如果读者和观剧者能从小说虚构的人物中足够认知自己以致可能同化,那么与文学作品中的人物同化可能对传播社会准则和影响人的行为来说十分关键。
> (pp. 80—81)

第二种功能是资产阶级人物的刻画特别强调个人,实则是为了掩饰人物的意识形态作用。一旦我们感觉到自己与某一个独特的人物同化了,我们就会无视这样的事实,即我们也与合乎规范的人物同化了。这里需要补充一点,意识形态在我们无法看到它发挥功能时反而发挥得更好。

(对于同化,资产阶级并无固有的联系或者错误的联系。为探讨其他文化中的同化问题,请参阅罗克韦尔的有关论述。为探讨同化在激进风格的电影制作中的运用,请参阅克莉丝汀·格莱德希尔[Christine Gledhill]的《谁的选择:关于堕胎的教育电影》[*Whose Choice: Teaching Films about Abortion*]。来自拉康心理分析的最新研究——尽管其观点并未像过去假设的那样精心设计——把所有的同化都视为：通过把人们建构成为"位于矛盾之外的想象界主体"而把他们全都锁定在意识形态内。我们在银幕上看到"完整而统一的人"并与他们同化，就能够想象出我们自己也是完整而统一的人。由于将主体作为完整的人来写的小说是意识形态的基本策略之一，因此，同化也成了我们要摆脱意识形态的又一个障碍。上述大部分都可当做对同化的理论探讨，但最后一点背离了奥休瑟/拉康的一贯观点，即人们不能生活在意识形态之外。人们可以改变意识形态，但不能无它而做事。为探讨这一观点，请参阅科林·麦坎比［Colin MacCabe］的《电影的理论：现实主义和欢悦的原理》［Theory of Film：Principles of Realism and Pleasure］。)

B—明星形象和人物

明星形象是在媒体文本中建构的人物。第二篇已有探讨，其侧重点在于他们是典型，但又承载着小说人物的许多标志性特征。这一点并不如乍看那样令人惊奇。正如同化过程所显示的，这点实际上是完全可能的，而且在形式上确实基本承袭了小说模式的虚构人物的两个方面，一个是就社会类型而言符合规范，另一个就给定人物具体体现这些类型而言则个性化。社会类型个性化甚至被人们公认为文学中伟大的标志。S. W. 道森（S. W. Dawson）就是这样描述莫里哀喜剧《吝啬鬼》高潮戏里的哈伯根的："这一类型……注入了充满个性的生气，它是典型和个性的融合，从而使这场戏伟大无比，令人难忘。"(《戏剧和戏剧性》［Drama and the Dramatie］)

从这个观点出发，明星形象在许多方面是符合小说的人物概念的。他们既是独特的又是有趣的。（关于如何独特化，沃特作了充分的探讨，其中一个方面是运用合适的姓名来取代象征性的称呼。不过，象征性称呼的残余还保留在一些最最"现实主义"小说里人物的姓名上；姓名这一要素在明星身上似乎效果更为强烈——因此,约翰·韦恩比马利昂·莫里森叫得响,玛丽莲·梦露比诺玛·琼·巴克上口。方达和雷德福保留了他们的真实姓氏,这一事实可能与电影变得益发"由人物主导"有关。)明星形象是独立自主的,但"操纵"观念现在相当流行,企图削弱明星不被操纵而存在的幻觉。明星在现实世界里的存在,乃是确保他们独立身份的保险单。

独特化的其他方面则较有争议。这是指丰满度、性格发展、内心活动、行为动机和一致性诸方面,明星形象渴望在媒体内具备小说式人物刻画的条件,而不愿完全发展到这样的结果。丰满度、性格发展和一致性可以一起处理,因为它们全都涉及明星形象改变的实质。这里不一定非要明星形象改变不可。明星外表在漫长时间内呈现多变性,可能成为其魅力的源泉。像卡莱·葛伦(Cary Grant)*或蓓蒂·台维丝的形象自他们成为明星那时起,并未"加深"什么。同样地,明星企图改变形象的努力可能会遇到票房失利——英格丽·褒曼就是常常被人们援引的例子。(她在美国观众中间享有的知名度全因她决定同罗贝尔托·罗西里尼合作拍电影并且未婚为他生孩子而彻底毁尽。)有一些明星的生涯也发生改变(如琼·克劳馥、简·方达),而另一些明星的生涯无论如何说是"深化"了(如约翰·韦恩、玛丽莲·梦露)。这一切都是在一致性概念中运作的——像琼·克劳馥就专门演上班妇女,方达在激进的肖像照中极尽挑逗;这些至少都有踪迹可循——还有,韦恩和梦露的生涯则可分别视为西部疆域和女人性感来作专题研究。对于大多数明星,都可强调其一致性(或者表面上的一致性),因为经由调查,大多数明星形象都可被视为把互相矛盾的价值浓缩),这实际上比上面抽象地表达小说的人物概念更进一步,结果,类同性(sameness)成为他们压倒一

---

* 葛伦(1904—1986),原籍英国,后被好莱坞挖去,有"风流小生"之称,擅饰喜剧性角色,如《费城故事》等,希区柯克起用他拍了三部悬念片。——译者注

切的首要特征。

若将明星的外表作为系列来考量,这一点或许会得到最佳的阐释。正如查尔斯·狄更斯以分期连载的形式发表他的小说,也正如当代的肥皂剧以系列剧形式播放,在这两者都可发现,人物身上的变化是很难以这种形式处理的,因为主宰形式的是这些变化及其周围环境而非情节。明星总是出现在不同的故事和布景之中,所以他们必须完全地保持同一的形象,以期被观众认知和同化。(在这方面,明星形象可能比较接近于肖尔斯和凯洛格所描述的荷马是如何刻画人物的,像奥德赛始终保持着同一个、固定的人物面貌,但通过一些重复、刻板的绰号来指明,尽管他事实上扮演了许多迥然不同的角色。请见《叙事的本质》,p. 164。)

内心活动涉及要进入明星脑中的想法,故也有争议,特别是当他们总是亮相于不同的角色时。不过,明星访谈或者关于他们的文章或由他们自己(或他人代笔)撰写的文章,都可以读解为准许这种进入。还有,目前流行的说法是明星的脸孔如同玻璃窗般透明,可以窥见他们的心灵。但这些都匮乏准确性和小说特有的详细性,作者的"声音"最具权威性,会告诉我们关于人物的"真实情况"(详见下面的一节"设置")。

至于动机,回忆一下前面关于《乔尔森故事》这一范例的本质之探讨也许是值得的。该片揭示了明星的概念模型是如何建立的。片中人物既决心又渴望出演主角,可以看成是促使他行动的动机,不过其他一些因素——如"幸运入门"、体制关系——也在片中被展现出来。总的说来,明星形象也类似之:明星的雄心和成功被表现为植根于她/他的心理素质,然而她/他的生活方式都是一种消极的消费行为(洛温瑟尔的观点),而且她/他意识到自己的形象被操纵,这后一点现在更加流行。因此在动机上,明星经常处在个体对决社会、自我对决关系的"毛边"上。

十分明显的是明星系可被同化的出众人物(关于其各种模型,请参阅安德鲁·都铎的《形象与影响》一书),而这种同化正如第二篇所阐述的主要是通过明星与社会类型人物(以及社会规范)的关系而实现的。那么,明星的独特性同她/他的社会规范性之间的关系究竟如何呢?按照一般规则,明星的独特性虽然被视为只是安适生活的真实性之核心,但也是她/他所属社会类型人物的意识形态真实性之保证。明星体现的某一种社会类型,同时也是本身"个别"的类型;明星体现的某一种特定的类型,却也是具有我们文化特征的个人。明星同她/他的社会类型人物之间的特殊关系,可以在超然性、最大化、曲折性和抗拒性四个方面加以概念化。关于超然性(transcendence),它假定"伟大"的明星超越了他们所属的那种类型,而成为极其个体化的。这点是许多明星都经历过的,也是明星制这整个机器维持的条件,而这两者正是明星制具有特殊的意识形态味道的关键所在。但是,纯个性概念因未经共同的社会特征检验,不论在个性理论(见伯恩斯的《戏剧风格》)上,抑或在人物刻画理论上都站不住脚,这是因为极其独特的个性/人物/明星在电影中是无法辨认的(因为辨认/理解任何内涵和效果都取决于共有,从而取决于某种程度共通的符号)。

劳伦斯·阿洛威(Lawrence Alloway)在其《暴力的美国》(*Violent America*)一书中探讨明星时,表示明星乃是"最大值化的类型"(maximised types):"在电影中,我们面临的人物以现代关联性而言,都最大化地体现着年龄、美貌、力量、复仇或什么"(p. 12)。他举伯特·兰卡斯特和柯克·道格拉斯(Kirk Douglas)* 为例,称前者是"虽犯有前科,但对他人十分忠实,并拥有荣誉的代号;称后者在《我独自散步》(*I Walk Alone*)中"是社会可接受的人,但背信弃义,腐化堕落":

---

* 道格拉斯(1916—),著名的明星级性格演员,擅饰阳刚男性角色,如《斯巴达克思》,曾获奥斯卡荣誉奖。——译者注

这两个人都是"最大化的象征",其中一个如史吉*指出的,具有旧时企业家的干劲(兰卡斯特饰一个善良的皮靴制造商),另一个则具有现代经理的手腕(道格拉斯饰一个以公司为挡箭牌的腐败堕落男子)。他俩对待商业(即生活)的态度在"资本主义"的美国都如鱼得水。

阿洛威在这里审慎地谈论了明星及其所饰的人物,但尚不清楚他是将明星视为最大值化的类型呢,还是仅仅为好莱坞电影中的人物呢。最大值化类型概念似乎在告诉我们一些关于像约翰·韦恩那样明星的情况,他可以被解读为一位杰出的西部人,一位喜欢作出合乎逻辑的结论的西部地区的人。不过这个概念也许只告诉了我们关于明星形象的趋势——甚至韦恩也有弱点和复杂的心态。而这点会阻碍最大值化趋势,同样还有梦露之类内心矛盾重重的明星,她同时是"极致"的白痴金发美女。

在曲折性的情况下,明星被视为处在一种个别的类型模式之内,但又能够同其他的类型模式区分开来,足以体验该模式的个别变化。这方面最明星的例子是牛仔从威廉·S.哈特(William S. Hart)到约翰·韦恩的这条变化线,或者吸血鬼德拉库拉从施莱克(Schreck)到克里斯托弗·李(Christopher Lee)**的这条变化线。它们的变化可能不外乎是给这两种类型人物增添少许表面上的癖好,但这种变化也可能夸大或凸现这类类型人物的某些方面到某种程度,以致使得类型本身改变(例如逐渐凸现吸血鬼的魅力方面,他的魅力在文学原著里十分清晰,但在其电影版本里,一开始受到压制,直到克里斯托弗·李,从那时起,魅力成了吸血鬼类型常见的特征)。如此引入一些新的元素,若加审视的

---

* 詹姆斯·史吉(James Agee,1909—1955),美国小说家、剧作家和影评家,著有《非洲皇后号》等剧本和《史吉论电影》等。——译者注
** 李(1922—),英国著名性格演员,擅饰恐怖片中的怪诞角色。——译者注

话，可能会让类型人物遇上风险。比如引入互相矛盾的元素（例如嘉宝在《瑞典女王》中饰演的克莉琼汀娜色诱她的未婚侍女；再像台维丝饰演的伊丽莎白一世从传统上提出了女王的行为准则，即在同性恋和异性恋之间作出抉择；或者像黛德丽饰演的卡特琳娜大帝将女王的权力同操纵异性恋结合在一起）；或者揭示类型人物的内在矛盾（例如克林特·伊斯特伍德把男性法西斯主义和离群索居放到他饰演的硬汉形象身上）；也或者像克里斯托弗·李那样展现类型人物的受压抑元素。

在有些情况下，明星形象生涯集中于试图颠覆她/他所属的类型人物。这通常是以个性化为名义进行的，明星面对类型化而竭力主张个人主义，这点正成为他们形象的核心（参见霍里斯·艾尔伯特在《梦想和造梦者》一书中对马龙·白兰度的探讨）。不过，像这种抗拒也会对揭示该类型人物的压抑方面起作用。在玛丽莲·梦露充满矛盾的发展中，可以看到她所属的白痴金发美女——性格偶像类型也有"个人主义"，但这种发展也可以解读为该类型人物的人格正在被贬低。

影片中的人物

现在暂时将明星形象同影片建构人物之间的关系问题搁在一边，我们首先必须问清楚：影片建构的人物是否非常符合小说的人物概念。这里，基于对之尚无任何进一步的研究（布劳迪除外，下面将讨论），我不得不冒昧地、更多地从明星中归纳出一些规则来。

在某种电影里，明星通常呈现的必定是在特定情境中的特定人，他们有着令人感兴趣的特征和问题。我们不必审视他们的结构（除非我们认为该影片已经"失败"），他们看上去都有自己的生活可过。（人们关于这些影片几乎所有的即席谈论都可确认这点。）无论明星较之于人物所允许的丰满度更加可预测，却仍然无法加以概括，不过，情节通常必定会沿着情节线在某处涉及"心灵的变化"，这样就能揭示出人物到即刻为止无法期许的品质，或者揭示出允许有大团圆结尾的"人性"品质的成长。（可以看出，电影中的人物发展更接近于肖尔斯和凯洛格所称的"演变型"而非"编年史型"的动态性格刻画——详见上述。）内心活动和分离本体则相当难说。这里我们将看到有手段能够建构它们，不过它们常常让人觉得不寻常（即使像画外音。它在电影某些时间曾被广泛运用）和"模拟"的，一致性可以成为目标所在，但在情节至上（按照习惯看法，到50年代后期为止）的影片中，一致性可能要被牺牲掉，为的是简单明了又富于动态地进行叙事。就这点而言，尽管极大多数行动都被视为由个体的冲动而产生动机，但不论是事先规划或怎么的，动机的一致性常常显得十分紊乱。

由于明星形象是作为人物的，因此影片中的人物本身可以被视为一种力图小说化却又未完全做到的人物结构体（character construction）。电影人物的性格刻画从小说看是不令人满意的，这个问题证实了莱奥·布劳迪在《画面内的世界》中对主体的探讨。他探讨的出发点是影片中的人物应该个性化，然后再设法运用其他手段来展现影片如何建构小说式的人物概念，从而挽救影片中的人物结构体。

布劳迪强调，影片中人物的性格刻画涉及人们如何进入角色的方式而非角色本身。这一点可以视为自我/角色对立的曲折变化，伊丽莎白·伯恩斯在《戏剧特性》一书中已有探讨。她的探讨是通过质疑性的主张而进行的："舞台上的人物总是存在于社会的，伟大的戏剧几乎全都是诠释如何在社会环境中生活的问题。"（p.195）然而：

> 在影片中，戏剧对角色重要意义的强调被情感的真实和我们接触过而被保存的人的真实性所取代。电影表演把艺术的能力扩大，以探究最私密的自我的不同方面，除了社会意识外，还有自我处于仪式或半仪式场合外，仅同少数他人在一起，甚至独处。
> （p.196）

布劳迪将这些观察筑于电影"本质"的概念化上。他主张,"在电影中,我们倾向于观看人物独守,在我们眼前躯体分开"(p.195);"电影迷恋于人的面孔,却常常与人脸最终的神秘莫测变化不合"(p.187)。

正是这点导致了电影"撇开社会意识,而同私密的自我发生关联"。这种关联可以准确描述出电影中的主流传统如何呈现人物的,不过也很明显的是,该媒体中绝对不会要求运用与环境"隔离"的特写镜头,即使当人脸的神秘莫测表情停留在形象的某种"自然主义"概念上,而这种概念有悖于形象(包括人脸的形象)的代码概念。布劳迪利用上述关于电影"本质"的断言,进而描述如何特别地且在意识形态上明确地运用电影这一媒体。

上述言毕后,仍有必要摆出布劳迪以下关于电影人物刻画多样性的论题,因为这是一次颇令人振奋的讨论,他探讨了电影处理人物个性化的各种不同方法。布劳迪区分出三种人物刻画类型(明星形象和剧本对人物的建构均适用之):双重型(the double)、戏剧式人物和这两者综合型。这三种类型均围绕上述探讨的角色和自我问题而构筑。换言之,它们是在强加的行为规范和实施该规范的个别人之间有争议的关系范围内作出有趣的划分。

如何区分双重型和戏剧式人物型,这是以布劳迪在其著作前面部分对封闭式(Closed films)和开放式影片(open films)所作的区分为基础的:

> 在开放式影片中,我们感受到人物只是暂时地囿于影片的范围内,而他们的生活绵延到超出此范围。我们相信这类影片中的人物早就存在于故事的具体事件之前,还将存在于故事完成其特有的节奏之后。(p.218)

而另一方面,在封闭式影片中,则把人物考量为影片视觉模型中的另一个元素而已……人物没有潜势能超越影片所描述的范围。这是对人物的操纵，因为封闭式影片乃是一个十分紧凑的系统，其内视觉效果的重复和再重复制造出一种美学程序（aesthetic order），而它与人物被捕捉的程序是并行的。（pp. 219—220）

雷诺阿（Renoir）*的电影作品是布劳迪主张的开放式影片的首要范例，而郎格（Lang）、希区柯克**的电影作品则是封闭式影片的首要范例。双重型和戏剧式人物型，按照上述区分法，则是人物的两种主要的版本。封闭式影片中有了双重型人物，会使清晰呈现的社会角色的强烈压抑本性显得极其悲痛。要么是该人物被分裂成她/他内在的自我和外向的表象（例如《M》、《狼人》[The Wolf Man]、《我是少年弗兰肯斯坦》[I Was a Teenage Frankenstein]等片中内在的自我以扭曲的形状显露出来）；要么是两个人物都呈现出来，代表着同一人格类型的对立组成部分（例如《疑影》[Shadow of a Doubt]）。另一方面，一旦开放式影片中有了戏剧式人物，被编码的社会角色就会被视为人物可以自由选择或者随心尝试。雷诺阿的《大幻灭》（La Grande Illusion）和《游戏的规则》（La Règle du jeu）都是例证，还有《活着还是死去》（To Be or Not to Be）、《加比莉娅的黑夜》（Notti di Cabiria）、《女伯爵夫人洛拉》（Lola Montès）、《罗维尔将军》（Ic Generale Della Rovere）等亦是这方面的例证。

布劳迪对这两种人物刻画的综合型却阐述得不大清楚。他表示，以"新方法"（基本上是"后新浪潮"）使用演员与人物，对双重型是"认知人物的潜能，以规避对其的总体诠释"；对戏剧式人物则是自我意识到人物和明星形象的虚构性，以将所有关于他们的假设全都破除（以及

---

* 让·雷诺阿（1894—1979），法国新现实主义电影创始者，对世界电影的影响巨大。——译者注
** 弗立茨·郎格（1890—1976），德国表现主义电影大师，50年内在大西洋两岸均有杰出的建树；艾尔弗雷德·希区柯克（1899—1980），著名的悬念片大师，在英国和美国拍有50多部佳片。——译者注

予以质疑)。其结果,演员/人物不再具有被迅速认知并可界定的人格,而看上去"只具有丰富的内在可能性,只具有超越表面的复杂性":

> 关于电影中真人脸孔的概念已被重新界定,像让娜·莫萝(Jeanne Moreau)或让-保罗·贝尔蒙多(Jean-Paul Belmondo)的脸孔看上去都非常传统,这是为了防止观众停留在外表上,为了让观众对这一张张脸上及其后面有什么发生兴趣,这是值得探究的。(p.251)

在这里布劳迪再次误入自然主义歧途,他拿自然主义来暗示贝尔蒙多、莫萝、《假面》(*Persona*)以及《巴黎最后探戈》中的马龙·白兰度,而我们之所以能够更近地接触到演员/人物,正是由于他们像谜一样难以辨认的东西被强调出来。不过这些例子同其他演员/人物一样都是人物结构体,同关于人们实际模样的另一种看法是吻合的。

布劳迪的论题显然存在着理论和方法学上的相当多争议。布劳迪是在自由主义和决定论理论上对立(它们是资产阶级哲学的两个对立的经典学说)的范围内进行研究的。要么个人能够自由自在地做他想做的事(开放式影片),要么她/他掉入"社会各种力量"的陷阱(封闭式影片)。对布劳迪来说幸运的是,他所指的"综合型"也正是开放式影片的"人物定义"击败封闭式影片的"社会定义"(p.258,"社会"和"人物"是我特别强调的;布劳迪自己并未认识到而无意中泄露出这种对抗性:它明显标志着个人战胜社会)。而我们肯定不会忽视或绕开这种对抗性。为此布劳迪详细阐述了这种对抗性普遍存在于许多影片中,这也饶有趣味,不过缺乏自我和角色的两元观念,或者说缺乏集体的概念,这乃是问题的关键。

就方法学而言,对一种艺术形式的总体美学特征之使用加以概括,显然会引出论据的问题。这里无法绕开这一问题,但同样也不可倒退陷入经验主义("论据本身会说明一切"——这不会)或单一主义("每种文本各不相同"——这并非如此,至少不全是)。布劳迪的论题应该加以试探性的检视,拟作一种可以尝试和研究的命题,要充分认识到它哪些地方可能是错误的和不合适的,同时要说清楚哪些地方是正确的和合适的。

C—人物的非传统概念

电影中的人物刻画接近于或力图做到与小说的人物观念一样。对之作出定性十分重要。在特别强调媒体的商业性质时,必须要强调人物的同化(以及典型化中的个性化),强调内心活动的问题(在一个已开发出叙事经济和奇观场面的媒体中),强调情节的至高无上(在特定时期内),强调相当流行的形象操纵和知识及犬儒主义看法,所有这一切都表明问题影片(problem film)*作为大众艺术乃是遵循资产阶级规范的。

在转而探讨人物的电影建构的特殊性时,阐明另一些已被电影使用的人物概念及其与明星的可能相关性,也许是有裨益的。

"世界—历史性个人"

乔尔格·卢卡斯关于世界—历史性个人的概念,旨在使人物的角色/自我两个方面都如此曲折,以便在建构人物时表明其特定的社会—历史的连接,并让个人完全感受到这种连接。这样一来,历史和社会——此两者的细节("外延")和运动("内涵")——都可通过由作者选择的人物展示出来,这是因为她/他已经深深地介入他们的"社会工作",亦即他们的社会环境给他们设定的特定任务。这些任务和环境本身就能够表现出特定历史、社会时刻的外延和内涵。为此必须:"在位

---

* 指论及社会道德问题的影片。——译者注

于全剧核心的人物和社会—历史力量的具体冲突之间建立深刻的内在联系……这些人物（必须）将自己的整个人格投入这些冲突之中。"（《历史小说》[The Historical Novel], p.114）

卢卡斯企图重建个人/社会、自我/角色的对立关系,被大家认为颇有争议,其部分原因是他承袭了资产阶级文学的"伟大传统",而对现代主义持敌视态度,另外,他的著述的人文主义措辞比较含糊,不过他真正的缺点,我觉得是他未能较为详细而清晰地阐述(这就是说,明确的断言较少,透彻的分析较多)历史/社会的连接如何通过个别人物发挥作用的,人们看到这种连接时又如何认知的。尽管任何外向型的事情都能引起卢卡斯的兴趣且无须作评价性的强调,但是像梦露、韦恩或方达这样一些明星所饰的人物很难不让人感觉到不起作用,他们通过典型化和个性化,通过人们与他的同化这种明显的事实,还是将一般的社会环境戏剧化了,诸如妇女的性欲具形化,西部景色象征化,性爱与政治对立化。卢卡斯关于人物的理论同明星的联系,在大卫·莫斯（David Morse）的《美国电影:批评宣言》(The American Cinema: A Critical Statement)中有所探究。另外,卢卡斯关于影片中人物刻画、包括演员的挑选之探讨也十分有趣。乔弗里·诺威尔-史密斯（Geoffrey Nowell-Smith）在其《维斯康蒂》(Visconti)一书中对《罗果和他的兄弟》(Rocco and his Brothers)就有相关的阐述。

类型人物

正如前面所述,类型人物被公认为在小说的故事中占有重要一席,但他们只是为了能够合适地塑造出个性化的核心人物。在这方面,没有一位明星能够担任类型人物,因为所有明星都是扮演主人公的(这甚至可能成为一种规则:影片中的核心人物通过其他手段建构成类型人物,然后,明星的"个性"又掩饰了这个类型,仿佛它是她/他的形象的典

第七章 明星和"人物"

型特征。)

　　类型人物一直以两种方法被谨慎地用于电影中。第一种方法是类型化(typage),其各种观念源自于爱森斯坦(Eisenstein)、库里肖夫和维尔托夫(Vertov)*的理论。运用类型化,挑选演员饰角色是以他们的体形特征符合社会界定的特定类别人为基础的。(这种"合适性"正是待选的演员要符合代表特定社会类型的传统,不过爱森斯坦并不看重演员的这一要求,他视这种相符性实为演员和社会类型之间的相适性。)按照这一传统塑造的类型人物通常都被曲折,只能表达该类型相对的政治合意性(political desirability)——例如农民的脸膛粗糙但有尊严,官僚的仪表过于修饰边幅——不过这并不普遍意味着类型人物被赋予心理特点[1]。第二种方法则是类型人物可以被夸张、反转或者强调,用克莱尔·约翰斯顿(Claire Johnston)的话说,旨在"对类型人物所属的'意识形态传统'提出批评"(见《多萝西·亚兹纳的作品》[*The Work of Dorothy Arzner*])。我敢肯定,凭我的教学经验,上述论点会招来对其有效性的许多怀疑。极少数学生甚至在基本上理解了这一论题时,也都觉得他们只能看到它在一些假设的例子中才起作用,例如亚兹纳和罗思曼的作品。即使这些例子并未损害这一论题,但也会使它难以得到支持。如果涉指明星,会使这一论题更加复杂化。例如,不论我什么时候举影片《舞娘之舞》(*Dance Girl Dance*)时,学生们都发现芭布尔丝/露西尔·鲍尔(Lucille Ball)**是最有趣的人物,她的"有效作用"或"魅力"使得她不像是类型化人物。这就否定了那种认为芭布尔丝不过是一个"被强调"的类型化人物的看法。这不是说《舞娘之舞》一点不出

---

　　* 谢尔盖·爱森斯坦(1898—1940),前苏联杰出导演,创建蒙太奇等重要理论,代表作有《战舰波将金号》等;吉加·维尔托夫(1896—1954),苏联纪录片大师,对这一片种进行了多种革新。——译者注
〔1〕我应该感谢菲尔·德林对爱森斯坦的类型化理论这一陈述。
　　** 鲍尔(1910—1989),美国影视两栖女星,拍有《我爱露西》系列片,后成为"电视剧女王"。——译者注

众,而是说我们谈及鲍尔时不得不同谈及亚兹纳那样提到类型化,提到她的表演通过抗拒而强化了这种类型化人物。同样有争议的是朱迪/莫琳·奥哈拉(Maureen/O'Hara)*一角,我觉得她同诸如讨人喜欢的芭蕾舞娘和性格急躁的爱尔兰女郎等类型化人物有着毋庸置疑的关系。

解构

文学批评中许多反对"人物"的论点都源自于形式主义立场。它们都摒弃这样一个显然正确的立场——即人物不是现实中的人,而只存在于他们的文本结构之中——而转向文学的唯一兴趣在于文本及其结构的形式特点之立场。后一种立场的激进嬗变在涉及人物时表示,文本应该利用人物来停止建构现实主义的幻象,并且显示人物如何只是一种手段,用于更广大的设计。难怪本·布吕斯特(Ben Brewster)对《贾斯廷》(Justin,由电影工作集团摄制)大加赞许,他写道"该片的目标是营造一个虚构的空间,不让叙事和演员主宰,而且没有显眼的人物"(见爱丁堡国际电影节新闻,1976);斯蒂芬·詹金斯(Stephen Jenkins)在他的 NFT 节目策划笔记(1978 年 2 月)中也持这种观点,他以拯救弗立茨·郎格为名,庆幸在郎格的后期影片里我们发现"人物都被剥夺了人性而减弱成为一系列概念"(p.19)。当然,明星们与这点是完全相斥的,因为他们始终会随身带来现实生活的幻象,而且他们确实经常被用于与影片一起产生生活感:如果换用其他方法,不管赞许与否,在处理人物上必定是图解式的。(例如郎格的个案里,爱德华·G. 鲁宾逊[Edward G. Robinson]**在《绿窗艳影》[Woman in the Window]中,格洛莉娅·格雷厄姆[Gloria Grahame]在《大热》[The Big Heat]中,

---

* 奥哈拉(1920—),原籍爱尔兰,因奇丽的外表被约翰·福特看中在其西部片、社会片中担任女主角。——译者注

** 鲁宾逊(1893—1972),明星级性格演员,擅饰歹徒、硬汉等,如《小凯撒》。——译者注

或者琼·芳登［Joan Fontaine］* 在《过分怀疑》［Beyond a Reasonable Doubt］中，都由于太凸视自己，他们所饰的角色都有被打上他们形象标记之虞；同样，玛琳·黛德丽也遭到斯登堡不断复制式地使用。）

布莱希特

布莱希特关于人物的观点常常被错误地分解为类型化和解构化。布莱希特的目的不是反对现实主义，而更是按照历史唯物主义原则革新现实主义。这一点在人物方面首先是反对选派演员，因为他们"看上去都是合适的"（这点正是类型化之根本）：

> 按照形体特征分派角色是十分愚蠢的。"他有国王的长相。"是否所有的国王都必须像爱德华七世吗？"可惜他缺乏司令官的仪表。"这样的话，发号施令的人太少了吧？"她看上去比胆大妈妈还令人尊敬。"你最好去看看骂街的泼妇们吧。（《布莱希特论戏剧》［Brecht on Theatre］, p.243）

其次是反对人物在心理上圆满的建构，为的是让人物看上去像约翰·维莱特（John Willett）所说的：

> 一大堆动机和兴趣互不一致，时生冲突，就像布莱希特本人或者我们大家生活的世界那般多变。这样的人物绝不是"圆满的"：他们必须被呈现为参差不齐的群体，其性格面破碎，头脑十分清醒但难以相处，常常是率直坦诚的，但看上去又漠然、扭曲。（《贝托尔特·布莱希特的戏剧》［The Theatre of Bertolt Brecht］, p.55）

> 演员……必须能够展现出他的人物的连贯性，且不管是借助还是喜欢运用中止或跳跃的方法。（《布莱希特论戏剧》, p.55）

---

* 芳登（1917—　），擅饰羞涩、多疑的女性角色，以《深闺疑云》封为奥斯卡奖影后。——译者注

如果我们所做的动作符合人物,而人物又适合动作,如此简单,那太棒了:在现实人的动作和性格中必定发现有的前后不一致性却无法这样地展示出来。(同上,p.45)

第三,强调"展示"或"呈现"人物而非体验人物,其结果是演员时而从人物中走了出来,对人物进行评论,以另一种方式诠释人物,等等。这最后一种方式被解释为"解构"的模式,但它是一定程度的解构。不过布莱希特并不主张通过解构来解构人物,而更愿意遵照前述的原则来重构人物。从人物走出来并非旨在泯灭人物的真实性,而是给演员/观众机会去以新的角度审视人物,借而发现其新的矛盾,并分析出人物的社会、历史或政治的含意等。这打破了小说式的真实感,但并未将人物这个婴儿随着唯心论和个人主义的洗澡水一起扔掉。

按照布莱希特的方式起用明星的可能性,存在于明星体现给定的社会价值上,但如果她/他能够从不断的"中断"和"跨越"来演绎的话,如果她/他的形象同影片中的人物之匹配可以适当地操纵的话,那么就可以把明星形象所诠释的人物中的种种唯心论和个性化的假设统统去掉。这样一来,明星形象的各个潜在方面也会被凸现出来:包括明星形象掩盖和浓缩的矛盾、典型化过程中的反个人主义方面、内心活动的问题以及对操纵的认识。但这并非说明星作为实体不再存在了,而只是她/他作为实体的本质发生急剧变化,变成了"一大堆易变的东西"。这方面的例子有各种不同风格的喜剧演员,他们值得跟踪——马克斯四兄弟(the Marx Brothers)、格雷西·艾伦(Gracie Allen)、杰瑞·刘易斯(Jerry Lewis)——还有戈达尔在《我知道她的二三事》(*Two or Three Things I Know about Her*)中起用的玛丽·弗拉迪(Marina Vlady),在《一切安好》中起用的简·方达和伊夫·蒙当*。(我认为,人们还会拿《从

---

* 蒙当(1921—1991),法国歌星兼演员,拍有《恐惧的代价》。——译者注

上海来的女人》[*The Lady from Shanghai*]里的丽泰·海华丝、《红衫泪痕》里的蓓蒂·台维丝、《回首当年》里的芭芭拉·斯特赖桑作为布莱希特式效果的个例——但真要拿这些个例作进一步研究,尚须等待多日。)

人物的建构

电影中的人物的个性很少在一个镜头中给定。它更像是由影片制作者和观众通过全片构筑起来的。人物乃是一部影片(在电影文本的界限内)编排的许多不同符号之构成体。(参见罗兰·巴特[Rolan Barther]*在其《S/Z》一书中对人物和"符号码"的探讨)。其建构的总原则就是上述的人物概念,不过限定于我们首先要问的是什么样的符号用于建构人物以及如何运用之范围,其次限定于影片提出的关于人物建构有什么具体问题之范围。

人物的符号

在本节中,我将基本上从观片的观者/读者/解码者的角度来阐述。换言之,所提出的问题即什么样的符号是我们作为观影者在建构人物时必须看懂的?(我在这里不假定影片制作者/观者、编码者/解码者在理解媒体上完全的相互依存,也不假定他们完全的分离作用。)在详细阐述时,我也会指明什么是我觉得大都无异议并可直接推断我们从这

---

* 巴特(1915—1980),法国作家兼批评家,提倡文学批评的结构主义和符号学。——译者注

些符号中获知什么。推断是一个相当困难的命题,我暂且搁在一边,以便于探讨电影中人物建构的问题。

电影中人物的符号包括:
——观众的预先知识
——姓名
——外表
——客体的关联物
——人物的话语
——他人的话语
——手势
——动作
——结构
——场面调度

(这里我们若将上述符号的顺序作不同的排列,会更清楚些,观众的预先知识和动作较之于其他符号,是特指更大的符号群。即使是其他符号,我们也只关注符号在已经相当高的复杂程度上如何清晰地表意;比如说,我同意对话语的探讨不涉及语音的探讨。)

观众的预先知识

我们去看电影时,可能预先已经对人物有了一定的看法,这些看法可能来自于:

——对影片故事的熟悉。许多影片改编自早先已有的书籍,最常见的是畅销小说或古典小说、戏剧、电视系列剧,或者还改编自传统故事。因此有相当多的观众对取自于他们认知的影片来源中的人物已有一些期许。(最著名的例子可能是《飘》[*Gone with the Wind*]中的瑞特·白脱勒了,而从本书列举的明星来看,观众们早就考虑是白兰度饰斯坦利·科瓦尔斯基、萨巴塔、马克·安东尼、弗莱彻·克里斯蒂安和史凯·莫斯特森*。)

——家喻户晓的人物。有些人物的存在早已跨越影片的时间段，或者超越电影和其他媒体，他们可以由不同的明星来扮演，例如歇洛克·福尔摩斯、人猿泰山、吸血鬼德拉库拉。(有无女性的例子呢?)这些人物可能是以传记片形式呈现的，例如《华盛顿广场的玫瑰》(*Rose of Washington Square*)中的芳妮·布赖斯，还有《歌舞大王齐格菲》、《滑稽女郎》、《滑稽夫人》。

——营销。广告、海报、宣传物等都会引起对人物的一定期待。例如我们根据《尼亚加拉》(*Niagara*)和《金眼睛里的映像》(*Reflections in a Golden Eye*)的海报会期待梦露和白兰度饰演什么样的人物呢?

20　《尼亚加拉》(1952)的海报

* 即《欲望号街车》、《萨巴达万岁》、《埃及艳后》、《叛舰喋血记》等片的男主角。——译者注

21 《金眼睛里的映像》(1967)的海报

——对明星/类型人物的期待。我们期待约翰·韦恩出演某种人物；还有我们期待任何明星在西部片里担任主角，以符合牛仔人物刻画的广泛因素。这一点对明星/类型人物而言，可能不大明确（但很少会更明确）。

——批评意见。影评人对影片——以及影片人物刻画——的陈述和评论可能会引导我们试图以一定的方式解读人物。

附注：所有这些事先预知形式都是期望，可能实现，也不可能实现。它们并无硬性的规定，非要坚持传统的人物/故事在所谓"传统"的社会里出现（请阅托尼斯·F. 范拉恩[Thomas F. Van Laan]《戏剧习语》[*The Idiom of Drama*], pp. 72—76）

姓名

人物的姓名不论对男性或女性都会带给其特征，而且都会暗示出

第七章 明星和"人物"

其个性特点来。尽管影片中的人名很少会产生人物"对号入座"的效果,如同道德剧或喜剧中经典的"个性化诨名"(charactonym)那样(见范拉恩的《戏剧的风格》,p.36)。然而人名通常总含有许多关于人物的意思。人名可以是物质性的——指明人物的阶级和种族背景,例如斯坦利·科瓦尔斯基(该姓是波兰人常用的姓)和布兰什·杜波瓦(该姓是美国南方人常用的姓)——或者"心理作用"的——科瓦尔斯基听上去是闭辅音,很刺耳,而杜波瓦是开元音,听上去很悦耳,而布朗什又另有含义(在法语中,指"老于世故";又指称白种女人,在她的南方背景语境中特别富于含义,另外,在传统的对立中,苍白色皮肤＝女人,棕黑色皮肤＝男人)。姓名一旦涉及身份,就能够被强调出来。难怪梦露在《公共汽车站》(*Bus Stop*)中所饰的人物起名切丽,是为了表示她富于魅力的含义,而同片中唐·墨莱(Don Murray)所饰的人物因老是色迷迷地打量她,就常常念错成切里。同样,墨莱饰演的人物叫博勒加德,反倒叫切丽迷倒,尽管他因之困惑而将自己的名字念成博。另一个例子是台维丝在《现在,航行吧》中所饰的人物,她同蒂娜(她情人盖瑞的女儿)讨论后者应该叫她什么,结果有"夏洛特姑妈",这令她回忆早年老派的自我;也有"卡米尔",这个名字是盖瑞为她起的,悦耳动人;还有几个显然是不合适的叫法,什么"卡洛塔"或"查丽"。而蒂娜选中了卡米尔。*

正如上面所述,明星本人的姓名也可作同样的分析,还有常见的是人们谈到影片中的人物时,总是用明星的姓名。这可能是因为影片中给人物起名难于小说,甚至因演出关系也难于戏剧,因为姓名要人物不断重复说着。

外表

人物看上去什么模样,能够表明他们的个性,但准确性程度不

---

* 美国内战时南方联军一将军,后任铁路局长。——译者注

一。(当外表蒙蔽人时——例如玛丽·阿斯特*[Mary Astar]在《马耳他之鹰》[The Maltese Falcon]中外表看上去极其可信任——它便成为叙事中的一个争论点。)外表可以分为面容、服饰和明星形象三个范畴。

我们可以根据广义的文化对立来判别人的面容,例如男人/女人(适用于两性)、年老/年轻、漂亮/丑陋、多情/粗鲁、宽厚/卑鄙、好看/邋遢,以及种族类别。另外,不同群体的人如母亲、商人、基佬、懦夫、智者和贵族在脸形和体形上都具有不同类别的特征。

服装和服饰的其他方面诸如发型和饰物等都明显地编以文化码,并且广泛地被假定为人个性的标示物。(为进一步考察服饰的含义,请阅洛区和费舍的《服装、饰物和社会秩序》[Dress, Adornment and the Social Order]一书。)服饰通常被用于指明一般的社会秩序和所涉指人物的习性。罗伯特·雷德福**在《回首当年》中所穿的服装就呈现了时代、年轻族、社会阶层和从事职业等,同时也指明一定的个性特征,既有类型人物的特征(纯美国男孩),也有相对个性化的特征(洁癖、温馨感、讲究穿着,舒服却不俗气)。服饰的这种"双重"能指性可以用于电影中,提出"身份"的话题,例如秀服装,像《布拉沃河》(Rio Bravo)中钱斯和费瑟的戏服;再如《现在,航行吧》中女主人公的"性格演变"就是通过不同的服装款式/自我界定来呈现,其中有她的母亲强求她穿的(样子不好看的老处女服),她的妹妹建议她穿的(十分优雅的礼服),她的情人建议她穿的(茶花女式服),还有或许是她自己想穿的(上述三种款式的综合体)。见图23、24、25。

饰演人物的明星之形象,必定会在明星的面相(physiognomy)上呈

---

* 阿斯特(1906—1987),著名性格演员,因《情慌记》获奥斯卡奖最佳女配角。——译者注

** 雷德福(1937—),美国著名男星兼导演,曾以《普通人》获奥斯卡奖最佳导演,创办"圣丹斯"电影节。——译者注

现出来。关于这点,劳伦斯·艾洛威在《电影的肖像研究》中谈及弗兰克·西纳屈拉(Frank Sinatra)*时已有探讨。

22　罗伯特·雷德福在《回首当年》(1973)中

---

* 西纳屈拉(1915—　),歌星兼影星,凭《永垂不朽》获奥斯卡奖最佳男配角。——译者注

23—25 通过服饰建构人物的发展。蓓蒂·台维丝在《现在,航行吧》(1942)中饰夏洛特,先是"过时的老处女服"(图23,左上角),经过"时尚女性"打扮(图24,右上角),到最后是"完好的人"(图25,下方)。注意第一种服装的款式如何在最后的综合款式中同第二种服装的时髦合为一体。

第七章　明星和"人物"

客体的关联物

在《叙事的本质》中，肖尔斯和凯洛格探讨了福楼拜*如何运用"具体的关联物来象征人物的精神状态"，例如包法利夫人的一条宠狗，她婚礼上手捧的花束，还有比内的车床等。这个在电影中可以借助布景和置物、蒙太奇和象征手法再得到进一步的延伸和扩充。人物的环境——不论是家屋或一般风景——都能让人觉得在暗示他。（例如《克卢特》中布莉的房间，约翰·韦恩影片中的西部风景。有一部叫《艾迪父亲求婚记》[*The Courtship of Eddie's Farther*]就运用关联物来图解相当多的东西。）作为典型例子的是《十月》(*October*)中的克伦斯基和孔雀，蒙太奇通过画面的组接也能指明人物的一些方面。还有人物可以同某一特定客体或动物联系在一起（请考察希区柯克用食肉猛禽来指《精神变态者》中的安东尼·帕金斯**所饰的诺曼，用笼中鸟来指《群鸟》[*Birds*]中的蒂比·赫德伦）。W. J. 哈维在《人物与小说》中表示，物体不仅能反映或表现人物——如肖尔斯和凯洛格所说的，而且能通过人物对物体的态度和对物体的"控制"来揭示人物的个性。电影在这方面最明显的例子是詹姆士·史都华(James Stewar)***和约翰·韦恩在影片《射杀利伯提·瓦伦斯的人》(*The Man Who Shot Liberty Valance*)中的对照。他俩的区别在不同的使枪本领上（表现为史都华面对利伯提·瓦伦斯时笨拙得让枪悬荡在手中，而与之不同的是韦恩在同一场戏里通过闪回呈现的拿枪手势十分洒脱）以及两人在餐馆厨房里不同的走位上（韦恩站在熙熙攘攘的人群中间显得高大魁梧，而史都华双手

---

*　福楼拜(Gustave Flaubert, 1821—1880)，法国文豪，强调观察生活，代表作有《包法利夫人》等。——译者注
**　帕金斯(1932—　)，擅饰神经质角色，还拍有《审判》等。——译者注
***　史都华(1908—1997)，"好莱坞明星楷模"，一直扮演正直的美国人，凭《费城故事》封为奥斯卡影帝。——译者注

极不灵活,一边洗碗盘一边试图阅报),这些都有助于确立他俩在这个世上不同的地位。

人物的话语

人物说什么和她/他怎么说,既能直接地(人物谈论他自己)指明个性,又能间接地(人物无意中泄露他的情况)指明个性。重要的是我们更倾向于相信我们对后一种说的而非前一种说的之认知。(详见欧文·戈夫曼[Erving Goffman]的《自我在日常生活中的呈现》[*The Presentation of Self in Everyday Life*]。)前一种说的特殊个例是画外音,一种不管是由叙述者一角道出的还是由人物自己表达内心想法的手法。这些都是我们比较倾向于相信的,因为前一种直接说根植于(或多或少)无所不知的叙事者这一传统手法,后一种间接说则根植于对"私密"真实性的信任。

他人的话语

其他人关于这个人物说什么以及怎么说,也能指明这个人物的个性特征以及/或者其他人物所说的特征。再者,谁是我们可相信的以及为什么可相信的,这个问题颇有争议性。重要的是应该指出这后两种范畴还包括对白,亦即人物之间的交谈而不仅仅是孤立的声明。

手势

手势的语法可以根据形式码(亦即其识别受社会规则控制)和非形式(或不自主)码来解。这两种码都可用于指明个性和习性,不过只有形式码才能识别出个性的社会维度。因此缘故,非形式码常常用于给以特别优惠而进入人物的"真实"自我。(例如人们可以检视布莉在第一次遇见克卢特时所采取的明目张胆的"粗暴"态度正是通过她神经兮兮地做

第七章 明星和"人物"

26 安东尼·帕金斯饰演的诺曼·贝茨和一只猛禽,《精神变态者》(1960)

鬼脸和手指动作而"泄露"的。)关于手势,将在表演一节里作详细探讨。

动作

　　动作实际上总是不容易同手势区分开来的。动作指人物在情节范

27 蒂比·赫德伦饰演的米兰妮,手提笼中鸟,《群鸟》(1963)

围内所作所为,根据经验法则,动作可能会以某种方式推动叙事,或者暗示情节,而手势是不推动叙事的,也不暗示人物。(比如在亲近的叙事情境中,眉毛一扬就可能构筑一个动作,因为它会推动人物关系的发展。)在上一段探讨布莉的戏里,她的动作是不让克卢特进屋。

第七章　明星和"人物"

结　构

　　动作概念其实已经暗示了情节问题,后者是电影可能具有的结构一个最常见的方面。然而,结构在建构人物中的作用可能会超越情节,这就使得我们有必要简短探讨一下与人物相关的结构的一些不同的看法,故而这一节将比前面各节的篇幅长出许多。

　　叙事性小说的结构概念要引入一个关于我们如何解读这种小说的方法之极重要假设,亦即我们在解读结束时就能够建构文本结构的内容。叙事是线性的,一件事接着一件事发生,因此我们是按顺序解读的,但我们也可以在解读之后就把握住它的大体形态。W. J. 哈维将这种解读称之为时间式解读(temporal reading)或连续式解读(sequential reading)和空间式解读(spatial reading)两种。罗兰·巴特在其《S/Z》中将这两种解读码改为解释性解读(the hermeneutic reading)和亲诉性解读(the proairetic reading)。前者是连续的;它涉及叙事所提出的问题和读者就叙事提出的问题,亦即叙事/他继续进行下去的问题。而亲诉性解读则是指叙事的大体形态,当人停止解读时仍能理解叙事(这可能在故事结束之前,也可能不是)。这些编码之间的关系或张力,同这些编码本身一样重要;但这不一定要使连续式/空间式相互对立。

　　上述区分提出了一个重要问题,亦即人们对结构作为一种符合解读实际做法(不单单是影评的妙言点拨)的东西究竟认可多少。回答这个问题,取决于对结构的估定,即什么样的结构能够揭示有关人物的信息;取决于建构人物其他对等符号的重要性。

　　涉及人物和结构的功能概念,围绕着亚里士多德以来一直争论不休的一个命题,但随着 19 世纪小说强调人物而更加突出了。说白了,这个命题就是人物可否被视为具有为结构服务的功能,人物的个性是否由情节的要求决定,或者相反,结构可否被视为从人物中摆脱出来,情节是否未为表现人物个性服务。正如马丁·普莱斯(Martin Price)指出的:"人物是过自由和自发生活的人,还是属于情节的一部分……?人物可以融化为情节的代理人,还是情节从某方面看是人物固有本性的产物?"(另一个自我[The Other Self],p.271)

　　这一命题引发了较为广泛的争论。在马克思主义的参照框架内,该争论的双方立场可以大致地描述出来。一方赞成结构优于人物,认为这种反向是为了表现资产阶级的个人主义(分离的自我被视为既有个人行动的动机,又有人类历史进程的动机),而且这一争议方的现代主义拐点更是认为过分强调人物会掩盖结构作为任何虚构小说必不可少元素的确凿性。另一方则赞成人物优于结构,这实际上是把对结构的强调与神话、宿命论或粗暴决定论等同起来,并反对这样一个观点,即虚构故事的确凿性是必须强化的,以让观众知道他们是在看虚构的东西。然而我觉得,强调人物既可强调个体,也可强调人类的活动;同时,强调结构,也可强调影响人类生活的个人决定。这表明,以某种方式将结构和人物、个人决定和人类活动之间的关联性清晰地呈现出来,可以避免过分排斥这两元的另一方面产生的负面含义。

　　考量了这一点后,可以进一步提出命题。第一,人们如何识别在结构或人物(以及它们的功能关系)方面所强调的重点？目前,我们不得不依赖于直觉和乍看可信的论断,因为据我所知,这方面尚未开发出理论来。第二,人物个性和情节/题材结构之间的匹配,或者情节形态和要求表现的个性特征之间的匹配,可能或多或少地是良性的。若再将明星形象与之匹配,结果会使情况更加复杂。我在《拉娜·透纳的四部影片》一文中探讨拉娜·透纳在《邮差总按两遍铃》里所饰的科拉一角时,曾经表示,人们可以看到有三个不易组合的因素:1. 科拉在情节(它是被强调得十分突出的情节)中的作用,亦即作为弗兰克悲剧性命运的工具;2. 通过对白认定是该人物的行为动机在某种程度上引发了情节;3. 拉娜·透纳的形象。我在该文中认为,1和2之间的矛盾被透纳的存在而掩盖,她的形象本身就包含并调和其他相关的、矛盾的因素。我认为,我分隔开来的上述三个因素都是正确的,都是用于建构科拉/透纳的形象,尽管我有点吃不准观众是否也会这样地将三个因素结合起来,以期理解该人物,但这是必需的,我极力主张这一点。这里有一点很重要,就是必须意识到匹配问题,必须实现前后一致的神圣要求,电影必须明确解决这个问题。

第三,匹配问题以及强调人物和结构问题,能够使得个性和影响他行动的决心问题得到某种有趣的阐明。这可能是认真对待明星"超越"素材这一观念的办法,莫莉·哈斯克尔率先提出了这一点。现举《现在,航行吧》为例,它同大多数"女性影片"一样,都在情节中使用了巧合、重复和盘错的叙事手法,由此女主人公变得被动起来:她成了"情节"的"工具"。然而,由于女主人公由蓓蒂·台维丝(她过于好斗和独立的形象)扮演,以及她十分抢眼的表演这样的事实,我们观看影片仿佛觉得是人物占主宰地位,从而情节成了表现她的人物发展(从受到压制的老处女到魅力十足的独立女人)的工具。那么,在作最终分析时,如何决定是结构还是人物主宰呢,这取决于你如何解读影片,而影片的关键正在于结构和人物之间的张力,即人的决心和人的活动之间的张力。

大多数关注结构的影评人都倾向于视人物为结构的工具,他们各自观点的不一致仅在于结构的概念是什么这点上。

有些影评人将给定小说的结构视为专属于该小说的。但大多数钟情于结构的影评人都认为给定作品的结构仅是更加通用结构的个例,它可能超越特定的类型片或者创作主体(例如导演—作者或者潜在的主体—明星"工具"),也可能总体上超越叙事性。这里可以看到有两种差异较大的概念:线性结构(Linear structure)和关联结构(relational structure)。线性结构就我们的目的而言即情节结构(不过,这种结构基本上是逻辑模型,诸如演绎推理等,或者音乐模型,诸如奏鸣曲等),这就是说,事件的进展是一件接着另一件,它们都按照一定的顺序连贯地进行着。这种结构可以是很简单的(例如在恐怖片中;其结构已有安德鲁·都铎在《影像和影响》[*Image and Influence*, pp. 203—211]中作了扼要的描述),也可以是很复杂的(例如在俄罗斯童话中由弗拉基米尔·普罗普[Vladimir Propp]*总括的多功能段落;请参阅彼得·沃伦[Peter Wollen]在《西北偏北》[*North by Northwest*]中关于影片《西北偏北》的"形态学分析")。但不论是哪一种情况,影评人努力做的就是建立一种基本模型,借之让许多看似不同的故事建构起来。(这种模型可能是"变形"的,它能"衍生出"其他模型——参见克劳德·布雷蒙[Claude Brémond]对普罗普的探讨[1]——但按顺序铺展这一点依然保留。)关联结构则不是通过线性的连贯,而是通过一定的根由关系或根由对立(certain root relationships or oppositions)而被识别的。这种结构最常见的范本就是二元对立(见沃伦、基特西斯[2]),但还有另一种范本,那就是一系列"基底预测"(base predicates),兹维丹·托道罗夫(Tzvetan Todorov)在分析《危险的关系》(*Les Liaisons dangereuses*)时就识别出"文学叙事的范畴"。(这种系列预测是人物之间关联的形式——欲望、交流、参与——它们能够借助多种叙事"规则"——嬗变、逆转、组合等——"制造出小说书本的情节"。)大多数影评不管使用线性结构观念还是关联结构观念,都乐于将人物定位为这两种结构的"工具"。正如西摩尔·查特曼(Seymonr Chatman)在探讨普罗普的人物观时所发现的"仿佛在外表、年龄、性别和对生活关心等方面的差别仅仅是不一样而已,但功能却十分类同,这才是唯一重要的事情"(见《关于

---

* 普罗普:俄国学者,结构主义叙事学先驱,从功能角度总括了叙事性文学,著有《俄国民间故事修辞建构形态学》。——译者注

[1] 见克劳德·布雷蒙的《叙事的信息》(*Le Message narratif*)和《可能叙事的逻辑》(*La Logique des possibles narratifs*)。

[2] 见彼特·沃伦的《电影中的符号和含义》和吉姆·基特西斯的《西方地平线》。

人物的形式主义—结构主义理论》[*On the Formalist-Structuralist Theory of Character*], p. 57）

人物的功能和属于他的特征之间关联这一问题,又将我们带回到早先探讨功能时所提出的问题。

场面调度

电影的种种修辞格——灯光、色彩、景的远近、构图和演员的走位,通常都指为场面调度(mise en scène)*,都能够用于表现人物的个性或心境。例如 V. F. 帕金斯(V. F. Perkins)就探讨了《艾迪父亲求婚记》里的一场戏:艾迪在母亲去世后第一天回到学校,他"暂栖在厨房的厕所里,从墙上壁橱里拿下碗盘和佐料"。帕金斯表示,把艾迪置于这样的地方同他的父亲交谈,能够表达出各种不同的含义,包括与艾迪这个人物相关的许多含义,"让我们从图像上进入艾迪的思想和情感中,凸现他情绪的不稳定。艾迪住在厕所里岌岌可危的处境和他小心翼翼摆弄两件易损坏的东西,同他极力保持情绪稳定形成对位"(见《电影作为电影》[*Film as Film*], p. 76）。

J. A. 普莱斯(J. A. Place)和 L. S. 彼得森(L. S. Peterson)在他俩的一篇论黑色电影视觉效果的论文中,企图在某种程度上将一种特定的电影传统的场面调度加以系统化,再次论及场面调度如何为建构人物服务。例如他俩将女主角按照好莱坞标准照明法打以散光而制造"柔软"和"孱弱"效果,同她们的黑色电影中相似角色"被打以暗调的黑色风格的刺眼光线"加以比对:"黑色电影的女主角都是用影调粗犷、无浪漫色彩的特写拍摄,并打以不漫射的直接光,借以营造一种冷峻的外表美,而这种美似乎更有诱惑力,但是迷不倒男人,它会立刻放电,却难以

---

* 本书中的"场面调度"(mise en scène),在含义上还包括"镜头调度"(即运镜)等。——译者注

捉摸"(《黑色电影中的一些视觉主题》[*Some Visual Mortif in Film Noir*] , p. 328)。

对场面调度的分析,较之于本章所考量的人物其他符号,更为尖锐地提出了诠释和推断的问题。有些时候,场面调度亦指这样一个基本事实,即所有其他符号都须通过它并且在它之内才被认知,而我们不管怎样总得认真对待这方面的分析。

电影中人物建构诸问题

推论

推断问题不是一个专对电影的问题,它普遍适用于任何运用人物的小说。尽管它对于各种形式主义批评来说是令其讨厌的,但毕竟是任何媒体中进行解读过程的铁定事实,我们可以推断出什么样的人物"看似"超出上述名单中诸符号关于他提供的有限信息。我们可以猜测人物为什么要这样那样做,她/他在别种情况下会做什么,她的/他的童年是怎么样的。这些猜测的基础可以以不同的方式加以概念化。

极大多数情况下都会援引人的本性之普适性。我们推断一个人物之所以有这样那样的感受,是因为人们在这样那样的情况下都会——或者人们都愿意——有这样那样的感受。关于这一点的精辟阐述,是诺曼·N.霍兰(Norman N. Holland)对人物和同化与心理分析假定的普适化过程有关之探讨(请阅《文学反应动力学》)。

人的本性概念,常常被我们用于推断人物的其他方面,这无疑是这样的——我们必须小心翼翼地对待这一概念的文化和历史特征及其意识形态源头。就影片中的人物分析而言,这意味着要将被建构的人物置于与人的本性(以及他们所体现各种不同的人物类型)的种种假设关联之中加以分析,而这种种假设在影片摄制期间正是流行的。

第七章　明星和"人物"

我们所作的推断,对普适性或文化特征来说可能是外在的,而对人物在影片总体设计中的位置来说可能是内在的。正如普莱斯在探讨小说中的人物时所观察到的:

> 小说中的人物可以被说成是存在于社会之中的人,但小说中的"社会"是一种具有密集型和针对性的结构的特定社会。的确,我们阅读小说时,身心沉浸在其错综跌宕的故事之中,但是我们确信它有结局,有最终意义。这种对总体结构的认识不可避免地促使我们对人物的关注。它需要的不是减弱兴趣,但它会使兴趣复杂化。(《另一个自我》,p.269)

普莱斯在这里并未指出结构优于人物,而是为了作品的总"目的"让这两者相互依赖。正是在这个意义上,我们可以根据我们对小说/影片的总目的之认识来推断出人物的个性。作为研究者的我们也需要考虑多种或矛盾的目的之问题,或者考虑在什么样的基础上能建立一个主流目的,等等。由此,我们如果把《巴黎最后的探戈》设定是讲保罗/白兰度的男性更年期问题,那么从他对待让娜/施乃黛的态度上可以推断出比我们设定该片是讲这对男女关系的更为丰富的不同含义来。这些含义哪些是补充性质,哪些是矛盾性质的,则分属不同的问题。

内心活动

电影试图或多或少地按照小说的线索建构人物时所碰到的最大问题,乃是如何呈现出人物的"内心生活"。莱奥·布劳迪认为这要求电影放弃小说的种种规则:

> 电影中人物的基本特性就是省却式的——省却各种外表之间的连接,省却演员在其他影片中亮过相的关联,省却深思冥想,简言之,省却除了我们眼前的一位之外的其他世界和其他自我……

> 这个可见的实体正是我们见证那些看不见的思想的唯一实体。(《画面内的世界》,p. 184)

然而,电影无法获得直接揭示内心活动的方法。除了含蓄地揭示上述符号所承载的"隐形"人物特征之外,另有一些方法也被专门开发出来。

第一章探讨了特写能够"披露"真实面貌的观点。在涉及人物方面,肖尔斯和凯洛格明确表示,"在电影中,特写提供了一个能够揭示心理活动的方法,它所能揭示的要比舞台上通过表情和手势揭示的更多、更深……",但又补充说,"唯有在记叙体(即书写和言语的记述)中,人物的内心生活才确实进入了"(《叙事的本质》,p. 171)。他俩在这点上挨批评的是没有对特写镜头中人物的内心想法和感受作任何推断式的考量(不管是运用叙事干预或者内心独白做到的)。事实上,既然窥视人物"心理"之想法可能是由特写引起的,那么这一定是在对人心理基本上难下定义、神秘莫测和不可言喻的本质之想法范围内。这方面的范例是葛丽泰·嘉宝(参阅罗兰·巴特的短文《神话研究中的"嘉宝脸"》)。

一个镜头也能够向我们显示一个人物对一件事或另一个人物的反应。如果这个镜头清晰显示的是准许我们观众看的,那么它可以被解读为是让我们洞察该人物的内心想法/感受。例如《回首当年》片头字幕前的一场戏里,有一个镜头是在夜总会,凯蒂/斯特赖桑发现了哈倍尔/雷德福,她顿时屏息(见图28)。这是一个中景,切至她从刚才邂逅的男子旁转过身去,然后交叉地切至几个显示哈倍尔/雷德福在酒吧睡着的镜头。她的反应赫然可见,因为它明显不是针对另一个人物,这时可解读为是在直接诉说她心中的感受。反应镜头另一个特别出众的范例是《忠诚的苏茜》(*True Heart Susie*)中丽莲·吉许所饰的苏茜的长镜头;它被拍得很长,这只有在无声电影中才可能。她在她挚爱的负心汉房门外偷听到他同镇上一荡妇调情时而作出的反应。吉许通过精心设计的细微面部表情表达出她/苏茜的内心冲突,她一方面对他的背叛十分悲伤,另一方面又决心不再低声下气,不再隐瞒痛苦。还应该加一句,如此私密的反应即使在一个镜头里也能够呈现出来。这点可举《公共汽车站》为例,切丽/梦露看到鲍/唐·墨莱一清早就来探访感到十分害怕,她躺在床上,位于镜头的左下侧,显露出惊恐万状的反应,而鲍位于镜头的右上方,毫不介意地走来走去。

28 一个反应镜头——《回首当年》中,芭芭拉·斯特赖桑所饰的凯蒂看到旧情人哈倍尔

　　进入人物内心世界最常见的形式是画外音。例如《现在,航行吧》中,杰瑞/保罗·亨莱德第一次邂逅夏洛特/台维丝那场戏,后者隐姓化名博彻姆小姐作旅行。戏进行到一半,杰瑞让她去打电话,自己却自言自语地说想了解她究竟是谁,而她望着他的背影时响起画外音:"他想了解我"——这一共两次,第一次语调抑扬,意思是她太了解自己了,第

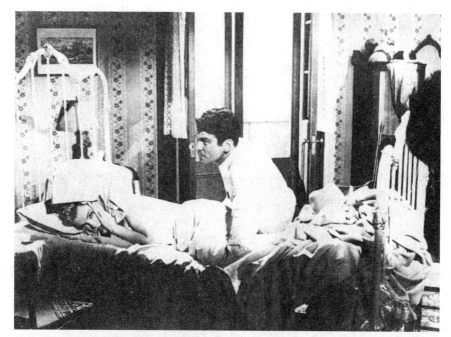

29 《公共汽车站》(1956):玛丽莲·梦露饰切丽,唐·墨莱饰鲍。他只想未来同她在一起,而她却另有想法,不同意在一起。镜头内人物的配置让我们清楚看到两人的想法

二次她对他的专横流露出一点恼怒。

  从一场戏里一位主人公的视角拍摄的镜头,乃是电影基本叙事语法的一部分。尽管这种拍摄法意味着我们是透过人物的眼睛去观看的,但它也可以说是让我们在一定程度上进入该人物(建构)的内心世界。(关于这种视角镜头[POV,又称主观镜头]如何设定和如何产生效果的,爱德华·布雷尼甘[Edward Branigan]有精辟的探讨,他表示,视角镜头由于是"属于"人物的,故能指明"人物在场——存在",因而是建构人物作为现成的表面上独立的存在的手段之一。详见《视角镜头的形式置换》[Formal Permutations of the Point-of-View Shot]。)

  这种镜头总的来说无非是让我们见人物的所见的,而这点本身无

第七章 明星和"人物"

多大意义。在大多数情况下,我们已经知道该人物所见之,而视角镜头所能产生的效果就是确认她/他所见之(例如对话时穿插视角镜头,可以确认交谈的人物互相注视,互相瞥见)。然而这也有两种例外的情况。第一种情况是视角镜头显示人物正在看另一样东西,而它不是我们知道她/他在看的东西。这会为人物建构其注意力分散或是其有新的发现,也或者向我们显示该人物的脑子在想别的,而非我们认为的(例如有个视角镜头显示某人不注视交谈的对方,而在注视墙上挂着的另一个人的照片)。第二种情况是镜头适当地加以主观化,从中我们不仅见人物之所见,而且还通过大家熟悉的"修辞"见她/他怎样见:例如《美人计》(*Notorious*)在片始不久,从卡莱·葛伦所饰的中情局特工视点拍出一个倾斜角度镜头,以揭示英格丽·褒曼所饰的卖国贼女儿的惆怅心情。

　　上述的吉许和台维丝的两个例子,除了反应镜头和画外音外,还需要涉及演绎技巧,以便于描述这每一种手段究竟能够表达出人物的什么来。一般地看,我觉得布劳迪、肖尔斯和凯洛格低估了表演揭示内心活动、特别是在同另一个人物互动时的内心活动之能力。下面将对表演作更多篇幅的考察,不过在这里值得提一提以下几个例子。蓓蒂·台维丝擅长并主要通过眼神的运用,向我们表达出她所饰人物躺着却想着别的事情,甚至当她说谎时也如此(像《黑色胜利》里有一场戏是她告诉乔治·布伦特所饰的医生,她没什么不舒服;另外,她在与威廉·惠勒合作拍的《红衫泪痕》、《信》、《小狐狸》里也有许多佳例,她自始至终运用眼神演绎);再如裘迪·迦伦的表演十分自然,挥洒自如地表达情感(《明星的诞生》[*A Star is Born*]中有一个长镜头,是在她的化妆室里,她同诺曼/詹姆斯·梅森和奥立佛/查尔斯·皮克福一起商谈事情);再如方法派演员们,包括白兰度以及最独具一格的罗德·斯泰格*(Rod Steiger)都擅长运用大量毫不相干却"揭示性很强"的手势或口头语。

设置

几乎所有叙事体形式都力求将读者/观者置于同人物的关联之中。这种"设置"(placing)体现为两个方面:一个是我们对人物的认知方面,另一个是我们对他的评判或同情方面。这就要涉及连贯性概念(notion of coherence)。我们可能被给予关于人物个性的大量细节,而我们须从中建构连贯的人物,建构对他连贯的态度。我们须判断出其中哪些方面是"真实"的,哪些方面相应可喜欢的,哪些方面又可赞同或其他的,然后利用这些方面去理解和评判其他方面。这点似乎已成为文本和读者的趋势,但要指出的是:1.文本企图让读者建构的,可能实际上并非她/他所建构的;2.我们身为电影研究者应该干的事就是按照人物特征的复杂性和矛盾性建构出其所有特征的总体,并且设法弄清楚这些特征中哪些能够显现人物"真实"和"正面"的方面,但不要将特征的多元性缩减为那种(那些)锚定的特征。

设置在很大程度上取决于影片将人物同文化的/意识形态的价值和态度挂钩的方式。而这些文化假设有一部分要面对人物所属社会群体的老一套观念。这就是说,我们评判人物,在一定程度上要参照她/他同我们原先对该群体成员喜好的假设相符合的程度。这种评判反过来会因下述几种情况而不同:第一种情况是我们将我们的假设当做一成不变的,因而将人物的那些符合我们假设的特征当做基本特征并确定以这些特征为准来设置其他特征;或者第二种情况是我们可以考虑

---

* 斯泰格(1925—),演技精湛的国际级明星,凭《炎热的夜晚》封为奥斯卡影帝。——译者注

将人物看似突破类型化的一些情况当做人物一些更加个性化因而更加"栩栩如生"的特征。(参见克莉丝汀·克拉提对《艾丽丝不再住在这里》[*Alice Doesn't Live Here Any More*]一片的分析,该文刊于《电影》第22期。)

文化假设也可能是不同种类的,它们与各种不同的环境有关联,而在这各种不同的环境下均可发现"透明性"、"真诚性"和"真实性",因而发现"活生生的人"。这些在前文中已经提到,而在我们的文化中似乎是紧紧围绕着私密性和放纵性诸概念。这就是说,当人们不处于公共场合时,特别是在限定为亲密的环境(如家里、床上)中,人们会显得比其他情况下更加"活生生";当人们"放纵自如,任由自己的思想情感以不受约束的涌流尽兴流露"时,他们才是"真正的自我"。(真正的自我涉及当下流行的心理分析法,涉及"本我"[Id]*概念,或者说它是受压抑的,始终要迸发出来,以非常大的力量和强度,故被认为是比控制它的超我[super-ego]更加"真实"。)

上述种种文化假设是通过社会个体类型化和场面调度、蒙太奇、表演等规则的图像呈现而"进入"影片之中。让我举《众口一声》为例扼要阐述之。玛戈/台维丝有一个野心勃勃的崇拜者,即艾娃/安妮·巴克斯特,她一边忠心耿耿地伺候前者,一边偷偷学艺,希冀篡夺前者的明星地位。同样地,玛戈也被自己对剧场的痴爱和对永恒异性关系的渴望弄得苦恼万分。影片试图将我们置入这种紧张的关系之中,让我们认知并感受到这是非常真实又合理的紧张关系,但最终我们觉得玛戈的情况超过了艾娃的情况。有两场戏呈现了这种紧张效果如何产生的。第一场戏是玛戈出席卡丝韦尔小姐(玛丽莲·梦露饰)应聘由她领衔一场戏中一个小角色的试演会迟到,在剧场休息室里遇到了卡丝韦

---

* "本我"又译"伊德",是潜意识的最深层和无意识的精神能源,它与自我、超我构成人类人格的三个基本力量。——译者注

尔,后者向她解释说艾娃已经取代了自己,因为艾娃念白完美无瑕,非常棒。玛戈步入试演厅,装作不知详情。她走上舞台,似乎准备让试演开始,然后又假装惊讶不已,紧接着她被告知艾娃已经取而代之,便勃然大怒。影片刻意让玛戈延缓生气,并让这种生气在舞台上以装腔作势的演绎"表达"出来(用一连串机智俏皮的话语时机得当又抑扬顿挫地道出),从而极高效果地将她生气的合理性和真实性凸现出来。这一效果的达到并未借助私密空间(而是在舞台上)的场面调度,而依靠收放自如的表演(台维丝演得淋漓尽致)。

在后一场戏里,玛戈同一对夫妇一起待在乡下,这对夫妇同艾娃是一伙人,他俩把自己的汽车拆开修理,又把车内的汽油全部放掉,迫使玛戈自己奔向车站去赶演出(因之,她的替角艾娃就不得不代她演出)。那男的离开去找汽油,玛戈告诉那女的说自己是演员,还对她说,不管你是多么有名的演员,如果你找不到男人,你就成不了真正的女人。如果前一场戏是通过场面调度和表演凸现了玛戈所言之,那么这场戏则利用这两个配角证实了玛戈所言之。那男的离开之事实,就这样地将情境变成了两个女性朋友之间的私密谈话(这本身是一种追求真实性的范例,它使得人物吐露心事消除包袱,而且在本片中也非常符合女主人公及其替补者的惯例,前者总是向后者诉说自己的心里话),一个时间特长的特写镜头也预示出前文探讨的真实性修辞。在后一场戏里,紧张关系的"真谛"——即对女人来说,婚姻归根到底比事业重要——被明确地表述出来并予以肯定,毋庸再赘述;这一真谛在父权主义文化中足以引起广泛共鸣。如果再把玛戈和艾娃在图像呈现上加以对照,那么两人之间的关系就更加复杂了。玛戈在前一场戏里,脸上敷满润肤膏,两眼珠滴溜溜转动,显得像"女妖魔",凶狠又恶毒;而另一方艾娃是个"甜心女郎",面容姣好,声音嗲糯,仪表谦逊(在第一场戏里只穿防水胶布制外套,后来也是十分简朴的服饰)。这种影像对比在影片中间的一场派对戏上也十分醒目(见图30)。不过随着剧情的发展,影片本身揭穿了这些影像的含义。艾娃原来背地里十分狠毒,结果使她的事业布满荆棘,而玛戈原来性格脆弱,易受伤害,渴望同男人搞好关系。如此影像的倒转,乃是摆脱公式化的一种努力,因此可以解读为"现实主义"的。同样它融入了关于妇女地位的强烈意识形态色彩。这一事实也确保它具有"现实主义"标记(亦即符合流行规范)。蓓蒂·台维丝诠释玛戈这一事实本身也使得上述的人物紧张关系看上去十分"逼真"(亦即不先入为主),因之,她变成一个把事业置于私生活之上又骨子里坚持需要男性的女人。(不过在台维丝的自传《孤独的生活》[*The Lonely Life*]中也回响着玛戈在汽车一场戏里的一些情感;该书于《众口一声》上映 11 年后出版。)

30　《众口一声》中,平凡、简朴的艾娃(安妮·巴克斯特饰)和浮俗、凶狠的玛戈(蓓蒂·台维丝饰)——但这两种不同的仪表是蒙骗人们的

语境的等级体系

科林·麦坎比(Colin MacCabe)在一篇题为"现实主义与电影:关于布莱希特一些论点的评注"(*Realism and Cinema*: *Notes on some Brechtian Theses*)的论文中表示,被他称为"经典现实主义文本"的影片(包括《愤怒的葡萄》、《音乐之声》、《酒店》[*L'assomoir*]和《蟾中王》[*Toad of Toad Hall*]),在形式上运作是将文本(例如人物建构)的各种不同语境设在从属于"事件叙述"的位置上:

> 通过认识,我们从叙事中获知我们能够将不同人物的语境从他们的情境里剥离出来,能够将这些语境所述的同叙事已向我们显现的加以比对。而摄影机向我们显示的正是发生的——它以我们能够估量的语境为背景揭示出真谛。(p.10)

对此,麦坎比用《克卢特》来阐述。他表示,布莉(简·方达饰)在同精神病医生交谈时的"主观语境"(subjective discourse),"可以拿故事铺陈所提供的现实情境来作出准确的比对",还有片尾一个镜头同"她本人对情境的评估"(通过她最后一次同精神病医生会晤时的画外音)也形成对照……但这种对照极有可能对形象的真实性不起作用,不过使我们确信这正是实际情况(即习以为常的情况)。难以理解的是麦坎比如何从布莉在只有一部电话的空旷房间里的形象获知这一含义的。由于他的分析始终是形式主义的,且无文化定位,因此也就没有考虑到精神病医生和他的病人之间封闭式交谈的"真实性"是必须"优先考虑"的情况。不过,之前的叙事已经让观众期待几对异性伴侣到影片结束时会言归于好的(参阅琼·罗克韦尔[Joan Rockwell]的《故事中的人脸》[*Face in Fiction*]),最终也可能强烈地感动我们,从而促使我们一直看到影片结束,看看这究竟是怎么回事,并且知道布莉所谈她渴望独立原来是说说而已。

事实上，麦坎比所举的例子比他想说的更为模棱两可。在该例子未减弱对他的总论题兴趣的同时，又引出人们如何知道该论题正确的问题。让我们再回到"反叛英雄"和"独立女性"的论题上吧。如果麦坎比的论题是正确的话，那么这两个范畴只能被认为是部分进步的力量，其条件是叙事的结果同人物自己声称的情况和希望的情况吻合。正如我们所见，这几乎是不可能的——所叙述的事件几乎总是削弱反叛/独立女性。与麦坎比不同的是，我们认为，无论语境的哪个其他方面（场面调度、表演、明星形象）都能够同叙述的事件一样重要的；或者（a）文本充满矛盾，即建构的多元性，企图成为一个表述的总体（缩减为一个语境），但很少能做到；（b）观众不同地解读文本，既不是"自由"地，也不是"划一"地。麦坎比的论题又回到了如何解读的问题和诠释有效性的问题。不过该论题的试探性价值也不可高估——应该将语境的等级体系同一部特定影片联系起来再提出论题，这样反倒能使人们对该体系的意识形态作用做到特别有益的介入。

明星的同化

观众/明星的同化现象之关键方面，可能将观众设置在与人物的关联之中。关于人物人格及其引发的情感之"真实面貌"，可能是由读者将之当做明星所饰角色——个体的"真实面貌"而决定的。

E.安·卡普兰(E. Ann Kaplan)在探讨《巴黎最后探戈》（见《巴黎最后探戈的重要意义和最终失败》[*The Importance and Ultimate Failure of Last Tango in Paris*]一文）时表示，该片的意图经由场面调度和汤姆（让·比埃尔·莱奥饰）这个人物的证实，是要对两种主流电影风格（50年代美国电影和法国新浪潮）作批判，包括对其相应的表演风格以及伴随着两种电影风格的意识形态价值（若广义分类，可分为海明威——硬汉式的统治地位和极度痛苦、文过饰非，以及"现代人"式不负责任和恣情纵欲)作批判。该片的表现手段包括:与人物保持距离,为的是能够洞察到他们的电影/意识形态的代表性——这其中有白兰度所饰的保罗这个人物。然而正如卡普兰认为的,正因为由白兰度担纲,正因为他使用独特的表演风格,"产生了把我们吸引得更加贴近人物的效应",而该片欲将我们置于对保罗批判性距离之目的几乎未能奏效,相反,白兰度/保罗的观察(卡普兰表示,他俩在视点上几乎同化了)却主宰着全片,因而看上去是合理的。针对于贝托鲁奇所展现的和卡普兰所关注的所有含糊的凸现和讽喻手法,白兰度——作为形象(《欲望号街车》和《在江边》的反射物依然存在)和作为演员(运用方法派演技揭示内心活动真令人难忘)——显得如此的强有力,"人们合乎逻辑地把白兰度的意识当做影片的意识"。既然白兰度的观点——仇视"虚伪

31 米娅·法罗(Mia Farrow)和罗伯特·雷德福在《伟大的盖茨比》(*The Great Gatsby*, 1974)中——两人都打上了悦目的暖光

的中产阶级的生存方式",将之发泄到女人身上——被认同为人物和影片的真谛,因此影片看似反性别歧视的意图被人物(十分复杂)的性别歧视态度破坏了。如果从这个例子推断明星形象永远是人物真谛的最终核心,那也是不对的。其部分原因是探求人物的真谛可能会损害人物的矛盾性和多义性;另外部分原因是每个个案都需要像卡普兰那般悉心的论证。至于麦坎比的论题,无非是试探性手法而已。

明星作为影片中的人物

那么,在研究电影文本中明星和她/他所饰人物时又要涉及什么呢?

我们可以指出,在要涉及的各个方面中明星乃是建构形象最有成效的。这点可以从两个角度来考量:一个是明星存在于影片之中的事实;另一个是他们在影片中演绎人物。至于演绎人物,第八章将予以探讨。至于一位特定的明星在影片中的事实,观众的预先认知、该明星的大名和她/他的仪表(包括她/他的嗓音以及他喜爱的服饰款式),这一切都已经示意该明星形象中浓缩了他的态度和价值观。玛琳·黛德丽在《环球旅行80天》(*Around the World in Eighty Days*,1956)和《历劫佳人》(*Touch of Evil*,1958)中的亮相也许是无比璀璨的。前一部影片有一连串明星以跑龙套角色亮相,这足以证明,只要有明星在影片中亮相就能充分地示意人物。在《历劫佳人》故事快结束前,黛德丽告诉昆兰/奥逊·威尔斯说她前途黯淡,此刻她惊鸿一瞥的亮相足以赋予整场戏一种虽淡泊却神秘的色欲情调。黛德丽这一例子是饶有趣味的,她的形象喻示一种神秘—性感—异国情调的复合体,她一亮相,观众就势必解读成这样,而支撑这点的主要是观众对她主演、斯登堡导演的影片,她的魅力照片和她在酒厅演出等的模糊记忆,而不是她的影片或访谈实体本身。她的脸蛋、甚至她的芳名都充满着"神秘性",且不管她拍了什么影片或者说了什么话[1]。

明星形象以下列三种方式被用于建构影片中人物:

32 《虎豹小霸王》(1969)——打充满魅力的背光,产生"成见效应"*,但有利于对雷德福所饰角色的亲近和喜爱。

---

[1] 弗雷德·坎普在他的《被侮辱者》(*Dishonored*)一文中认为,"围绕黛德丽产生了许多神秘的说法……但经过审视冯·斯登堡的许多影片后,并未得到确凿的证实"(p.16)。

* 成见效应(halo effect)指对一明星或人物的个别特征产生了好或坏的印象后就对他(她)的其他特征作不恰当的评价。——译者注

第七章 明星和"人物"

选择性使用

　　电影通过运用人物的其他符号和电影的修辞手法，能够让明星形象的某些特征呈现出来，同时又把其另一些特征略去。换言之，应该从被建构的明星形象的多元性中挑选出一定的内涵，以符合影片中人物的首要观念。

　　这种选择性使用明星形象，对于影片而言是有争议的，因为这无法保证影片所选中的明星形象的一些特定方面恰是观众感兴趣的方面。为了确保这一点，影片必须动用电影的各种表意元素来适当地强化或弱化明星形象的特征。就我们来说，侈谈某部影片选用明星形象的某一方面，并非那么简单：我们不得不展示如何选用。让我举个适用范围较窄的例子，只用一个表意元素——打光，明星则是罗伯特·雷德福。我们先考量他在《回首当年》和《虎豹小霸王》(*Butch Cassidy and the Sundance Kid*) 中是如何被打光的，然后同《总统班底》(*All the President's Men*) 加以比对。在前两部影片中，雷德福首先是全片性感/浪漫的焦点，他被相应地打上灿烂的光，从他的背后打光，结果既营造出经典好莱坞魅力摄影的、温暖的溢光流彩，又使得他本来已够漂亮的美国人特有发型更加金光熠熠。更令人惊讶的也许是这样的打光用在他身上还喻示了"太阳舞"*，这不单单在他与凯瑟琳·罗丝 (Katherine Ross) 的几场戏里。这表明，对作为"太阳舞"的雷德福的兴趣依然是在他的性感/浪漫方面。（有趣的是可以对"这是为谁"进行推测。）上述两片也十分有效地削弱了雷德福的"政治"一面：他对《回首当年》里凯蒂/斯特赖桑的承诺令人感到很不舒服，而"太阳舞"基本上是一味寻欢作乐

---

* "太阳舞"(Sundance) 系《虎豹小霸王》男主角的译名，雷德福十分喜欢它，后来以它为他创设的一个电影节命名，即"日舞"电影节（亦译圣丹斯电影节）。——译者注

的非法之徒。《总统班底》则完全与政治一面有关联,而且相应地完全与性感/浪漫无关联。他被打的是标准的"高调光",这种打光正如 J. A. 普赖斯和 L. S. 彼得森指出的,早在 40 年代就已经开发出来,为的是"营造一种现实感,在这种照明下,人的脸被塑造得极富吸引力"(《黑色电影的一些视觉主题》,p. 327)。他饰演记者伍德沃德,但未被作任何模仿"真实电影"风格的光线处理;他却依然是"极富吸引力"的经典电影英雄,不过缺少了《回首当年》和《虎豹小霸王》中被强化的富于魅力的性感/浪漫一面。同样有趣的,可以将这种分析延伸到《总统候选人》(*The Candidate*)的照明,在该片中雷德福所饰的人物既具有对他而言是政治的一面,又具有对接纳他的政治机器而言是性感/浪漫的一面。

完全匹配

在有些个案中,明星形象的所有方面同人物的所有特征完全吻合。这就是说人物的所有不同符号、包括通过起用明星而获得的那些符号都匹配。(可能是该明星形象的某些方面不特别重要,但它们也不是非匹配的。)这里就有明星与人物匹配且奏效的个案——克拉克·盖博在《乱世佳人》中饰演瑞特·白脱勒,钱拉·菲利浦(Gérard Philipe)*在《红与黑》(*Le Rouge et Le Noir*)中饰演于连·索雷尔——人们还期待这种匹配的个案不限于改编已有素材的影片,另外还有专为某给定明星编写和开发的影片,例如约翰·韦恩。韦恩的大多数影片都只是发挥和弘扬他作为西部人/领袖的从容、阳刚气质,但也有一些影片却让他对待女人显得笨手笨脚,另外是"妄自尊大"(莱奥·布劳迪语):例如《红河》(*Red River*)、《布拉沃河》、《搜索者》(*The Searchers*)、《射杀利伯

---

* 钱拉·菲利浦(1922—1959),法国著名演员,影视两栖,擅饰活泼潇洒的角色,代表作还有《勇士的奇遇》、《大演习》等。——译者注

第七章 明星和"人物"

33 《总统班底》(1976)——清晰的高调照明映射出雷德福所饰的角色是一个很严肃但有疑问的记者

提·瓦伦斯的人》。同样,像《琉璜岛沙滩》(The Sands of Iwo Jima)把女角从戏里统统撵走,让整个叙事置于一个尚可接受的专制社会结构之中,大写特写韦恩的形象,一点儿也不批评他。正如劳伦斯·艾洛威在《暴力的美国》中所观察的:"他的专横作风、身高马大,在银幕上善于跟男人打交道,而笨于应付女人,这些都使得他演拍说教性情境的动作片游刃有余"(p.37)(《琉璜岛沙滩》亦然)。这里所说的"游刃有余"表明形象与人物完全匹配。

有些作者论影评人都认为,匹配问题乃是导演为角色挑选演员的问题,用莱奥·布劳迪的话说:"聪明的导演认识到演员对人物刻画的重要贡献,因此就充分地运用选角来不言而喻地创造含义(《画面内的世界》,p.207)。"V. F. 帕金斯举艾尔弗雷德·希区柯克选用卡莱·葛伦为例,这位演员根据莱奥·麦克卡莱的观察是一直"在戏剧性情境中寻找幽默的"。

希区柯克明白选中葛伦演出这些影片(《抓贼记》[*To Catch a Thief*]、《西北偏北》)就是为了这一点;它们的情调绝对是轻松的,葛伦在片中的存在起着给我们打包票的作用,一切都会如愿以偿的,同时,他又把他的含义集中于他的主人公不在意态度的道德弱点上。(《电影作为电影》,p.182)

非议的匹配

尽管成功的个案必定是靠选择性使用明星形象和明星形象同影片中人物完全匹配才能做到的,但我仍然觉得,明星形象不可避免地存在的、早已具有表意功能的本质如此之强烈,常常会在建构人物时制造问题。正如莱奥·布劳迪所观察的:"导演如果不认识到电影明星积聚形象的美学分量,那是很容易犯错误的,结果会破坏自己影片的统一性"(《画面内的世界》,p.210)。他举伊夫·蒙当的《戒严令》(*State of Siege*)为例,该片是他在《Z》和《自白》(*The Confession*)[1]里饰演政治上令人同情的角色后拍的。(当然没有必要认为这个问题是在布劳迪的作

---

[1] 好像是科斯塔-加夫拉斯(Costa-Gavras)选中伊夫·蒙当出演《戒严令》中的反动人物的,这也许正是为了把过于容易偏袒哪一方的故事复杂化。

者论视野内）明星形象的矛盾性和多元性本质难以界定影片中其他符号建构的人物的哪怕少许方面，也难以表述清楚与该人物有关的所有事情。

这是我的观点，因此我一直为明星形象和人物非议性匹配提供范例——如《邮差总按两遍铃》中的拉娜·透纳，《现在，航行吧》中的蓓蒂·台维丝，《巴黎最后探戈》中的马龙·白兰度。这些例子都具体说明了表意的特定点在哪里（例如通过人物的多个符号表意），在这些特定点，矛盾可能被察觉出来。在有些个案中，这种矛盾可能涉及所有的特定点，如此，人们可能会将这个问题概念化为两个复合的符号群——作为形象的明星和作为其他方式建构的人物之间的碰撞。这方面的最佳例子依我看正是梦露在《绅士喜欢金发美女》中所饰的洛蕾丽。关于安妮塔·露丝（畅销的原著小说中的女主人公以及卡洛尔·钱宁在轰动一时的百老汇音乐剧中大获好评演绎的女主角）的任何情况，以及该片的剧本（例如珍妮·拉塞尔/多萝西说的关于洛蕾丽的话）、其他角色及其演绎（例如"窝囊废"葛斯/汤米·努南、好色老头皮奇/查尔斯·考本这两位演员所饰角色被他人操纵，还有"妙搭档"马龙/埃里奥特·莱德生性多疑）、全片的结构（多萝西和洛蕾丽不论在姓名、发色或对男人和金钱的喜好上犹如对立的两极；洛蕾丽的计划不管如何辩解，葛斯总会明白她的真正意图）——所有这一切都把洛蕾丽建构成愤世嫉俗的淘金者，她完全谙熟如何利用美色去诱骗有钱男人，她所做的一切都是由贪婪主使的。她的对白表明她的自我意识极好，人又十分聪明，时时（向我们和她自己）示意她对自己所做的十分欣赏，甚至在扮演假天真时也悠然自得。从另一方面看，梦露形象的重点在于她的天真，她肯定意识到自己十分性感，但她对此无内疚感，另外，这种天真首先表现为自我陶醉——亦即性感是对自己而非男人有吸引力。当她的形象发展到这一阶段时，她的所有行为都被当成是"神圣"的，"小姑娘"着了魔，一心想当电影明星，又装作对表演和艺术颇感兴趣。

于是，在作为形象的梦露和作为人物的洛蕾丽之间出现了严重的分离。此两者触及到以下三点：她俩身体特征的超常影响力、一种孩子般的幼稚行为和爱说俏皮话。但是，甚至这三点也需要加以界定。洛蕾丽对自己的身体特征拿捏得很准，而梦露（在她形象的这一阶段）却同样明显地拿捏不准；洛蕾丽假装孩子气，而梦露总的说来已被人们认为孩子气；洛蕾丽对周遭巧妙地表示一种理性但悲观的评价，而梦露对报纸的评论（即有名的梦露主义）则被认为有更多的含义，但她在这方面的智商却同"婴儿和断奶孩子的嘴里说出来没什么两样"（亦即她的聪明是偶发的，而非精心策划的）。这种分离的结果（人们可能需要通过深入分析而揭示出我们谈及的梦露和洛蕾丽这两个形象符号群的全部复杂性），梦露所饰的洛蕾丽这个人物矛盾到了无法连贯的程度。这不是洛蕾丽/梦露此时一事和彼时另一事的问题，而是她同时体现两个对立面的问题。比方说，洛蕾丽/梦露对皮奇说她曾希望他再老一点，成为"钻石矿"，当然是"钻石矿"，这些精心撰写和安排的台词（特别是由珍妮·拉塞尔/多萝西这个洛蕾丽信赖的搭档想出来的，这在一定程度上使得叙事和人物的真实性更加突出）表明她性喜操纵男人，不过，由于这些话是从梦露嘴里说出来的，同时也表明她对自己性感撩人天真得沾沾自喜。

正是由于有这样的分离，对其的分析必将涉及要具体阐述其有什么样特定的意识形态意义。同时我们也要问这种分离"展现"到了什么程度。在这点上则暗示着有各种不同的可能性。

第一种可能性是分离可能确实是引人注目的（我在《绅士喜欢金发美女》里发现了这点）。这种分离在被分析之后需要的不仅仅是论证；我们在谈论一个相当熟悉的点子后却发现角色分配不当。第二种可能性是该明星被认为需要调整其矛盾，以使它们协调好。（用莫里斯·佐洛托夫[Maurice Zolotow]的话说："玛丽莲·梦露在刻画洛蕾丽·李这个人物时，是拼凑出一个女郎的令人同情的肖像，她把心地的温柔和对地位象征的贪婪混合在一起。"《玛丽莲·梦露》[*Marilyn Monroe*], p.143)。第三种可能性是通过语境的等级体系让观众同人物发生关联,这可能会诋毁明星形象和对应人物的真实性。例如我们在《尼亚加拉》里看到梦露/露丝同情人在大瀑布后面热情接吻,人们可能认为这一事实会使她同她丈夫的行为中解读不出任何合法性(这种情况似乎只可能发生在观众尚未意识到该明星的形象,或者只发生在影片精心开了个玩笑,却以损害明星形象为代价,例如亨利·方达在《西部往事》[*Once Upon a Time in the West*]里所干的极其恶魔般的事情)。最后是明星形象如此之强有力,所有符号都被解读是属于明星形象的。从这点来看,洛蕾丽所有操纵老绅士的台词和动作都可解读是真诚的和纯洁的。为此,值得援引米歇尔·穆莱(Michel Mourlet)对查尔顿·赫斯顿(Charlton Heston)的一番恭维话,赫斯顿"意味着"就是赫斯顿,且不管影片企图拿他怎么样:

> 查尔顿·赫斯顿就是公理,仅凭他一个人就能建构一部悲剧,不管什么样的影片,只要他出现其内,就足以创造出壮观美来。他的一双眼睛隐约闪烁出磷光,他的鹰鼻,他的眉毛呈高昂弧线,他凸出的颧骨,他的嘴唇呈坚毅而硬朗的曲线,他身躯的神奇力量足以表达出遒劲的猛力:这一切是他秉有的,也是甚至最差劲的导演都不能削弱的。正是在这个意义上,人们可以说,查尔顿·赫斯顿单凭他的存在就能给电影而非《广岛之恋》(*Hiroshima mon amour*)或《公民凯恩》(*Citizen Kane*)等影片下更加准确的定义,尽管这些影片的美学风格都无视或非难查尔顿·赫斯顿。(摘自科林·麦克阿瑟的《真正的仪表》[*The Real Presence*])

要分析的正是:既揭示明星形象和人物匹配的本质,查明哪些方面匹配欠完善或可选择的;又弄清楚哪里(即人物表意的哪一方面)矛盾可以明确地表述,设法找出影片"掩饰"或"伪一致"的可能来源(如明星形象不可抗拒的统一力量)。

第八章 | 明星和表演

表演研究的趋向

在涉及明星时,对表演的研究不可避免地同对人物的研究联系在一起。长期以来存在着其他许多表演传统——即兴喜剧、歌舞杂耍、舞蹈等——还有许多激进的表演理论家——梅耶荷德、布莱希特、格罗托夫斯基——但这些表演传统和这些表演理论家处理的都不是前一章所探讨的人物,或者至少不在小说的人物概念范畴内运作。现在流行的表演都涉指人物的创造(此词为一些论述表演的著者优先于"建构"而使用)和显现。

涉及这种表演的有如下两种著述。第一种是从演员的角度出发的著述,亦即关于如何创造和显现人物的。这点可以在演员对自己演艺的反省和表演理论家的著述中找到。迈克尔·帕特(Michael Pate)的

第八章 明星和表演

《电影演员》(*The Film Actor*)是少数专写电影表演的著作之一[1],完全是从演员的角度来写的,其主要重点是 V. I. 普多夫金(V. I. Pudovkin)的《电影技巧和电影表演》(*Film Technique and Film Acting*)。有趣的是,这两本专著都是从广为人知的斯坦尼斯拉夫斯基的观点出发的,这种观点几乎被认定缺乏对"效果"、"观者"或"传播"等概念的任何理论阐述。

这种表演著述可以分为两大思想学派,从经典上看它们分别与狄德罗和科克兰*一派以及斯坦尼斯拉夫斯基一派有关联。狄德罗和科克兰尽管各自强调的重点有所不同,但都主张演员绝不可把他自己消失在角色之中,而应该把表演建筑于对他人的观察或传统的技艺。(请参阅拉尔夫·理查森(Ralph Richardson)对自己如何建构人物的阐述,它收录在约翰·拉塞尔·布朗(John Russell Brown)的《效果剧场》[*Effective Theatre*]中。)如果你想演一个不幸的人,你既要观察世上不幸的人们,使自己的表演以他们的行为为基础,也要汲取一系列戏剧传统手法来表现不幸者的苦楚。

斯坦尼斯拉夫斯基则认为演员应该尽可能地完全"生活"于他所饰的人物之中,将表演植根于他的内心感受。如果你想演一个不幸的人,你得记住当你不幸时是如何感受的。你依靠这种感受或者削弱这种感受(视全剧的情境而定),你就能够产生相应的内心感受,而你的表演行

---

[1] 查尔斯·艾夫隆的《明星表演》引起我的注意为时较晚,故未收入本书的正文内。该书详尽研究了丽莲·吉许、葛丽泰·嘉宝和蓓蒂·台维丝的电影表演。其次我对该书感兴趣的是明星表演同导演的关系(特别是吉许和 D. W. 格里菲斯,台维丝和威廉·惠勒)以及明星演艺生涯的工具方面。(比如艾夫隆提到嘉宝的影片,包括她在提出第一次请求时会故意戏剧化地推迟,她强调与她有关的凝视和被凝视的动机是什么,还有她通过摆弄物件和触摸其外表来培养情绪和感情等。)不过关于作者身份和工具的话题尚未进一步审视。该书的重点是分析几部特定影片中的表演(分析得最多的例子是《残花泪》、《茶花女》、《众口一声》),所用的是剧照和放大画面,以说明要点。这意味着该书作为资料十分有用,但需要仔细处理。艾夫隆说明时所作的阐释时而夹进一些有疑点的推断,其用意主要是通过表演细节对演员的天赋表示赞许。

* 贝诺瓦·科克兰(Benoit Coquelin,1841—1909),法国表演泰斗,擅饰莫里哀戏剧中的角色,著有《艺术与演员》、《演员的艺术》等。——译者注

为就由此而来。

狄德罗/科克兰同斯坦尼斯拉夫斯基的观点对立,有时候涉及表演由表及里同由里及表之对立。在原理上,这两种理论都可能产生同样的结果,但在实践中,几乎很少奏效,因为两者(甚至在斯坦尼斯拉夫斯基明确反对时)同已有的各种表演法则均有历史渊源关联。

第二种表演理论是从观者角度出发的著述。它们虽然写得经久不衰(不外乎来自记者、影评人),但写得出人意料的非常之少。其关于表演的极大多数文本均从演员的角度阐述。另外,实质性内容甚少,大多数均谈及争议性话题,反对任何关于表演是"自然地"传播的观点。

但对这种争议性的表演话语之需求却非常之大。像"魔术般"、"心灵贯通"之类用词充斥表演的探讨。这里援引李·R.鲍勃克(Lee R. Bobker)的一段话,它堪称这种争议性话语究竟指向什么之范例:"伟大的演员把自己对人物的内在信念和认知,透过电影胶片传递出去,直接进入任何一名观者的意识之中"(《电影元素》[*Elements of Film*],p.196),像这样的表述(以及教诲)绝不少见。

针对于此,温别尔托·艾柯(Umberto Eco)用实例论证了:甚至一个真正的醉汉上了舞台就已经是一个"符号",不再示意他本人醉了,而示意人物醉了或一般意义上醉了,在这个语境中醉的含义取决于谁将他带上舞台的,是酿酒商还是救世军。理查德·谢克纳(Richard Schechner)和辛西娅·敏茨(Cynthia Mintz)在一篇关于与表演有关的身势语*(kinesics)发展的评论中一再强调,决不是所有的动作或手势都含有其本身意义的,唯有借助它们的社会语境。(为了充分讨论这个关于人非言语表述本质的争议性论题,请阅泰德·波尔海莫斯[Ted Polhemus]的《人肢体的社会方面》[*Social Aspects of the Human Body*]。)

上述研究对于厘清根由显然十分重要,不过现在且让我们来触及

---

* 身势语指通过身体动作和手势表意的语言,现已形成一门学科。——译者注

诠释问题,探讨表演的诠释功能。身势语可以制作成一种有用的符号系统,用于更为精确地描述动作和手势。(事实上,这种系统已经为舞蹈开发出来——例如拉班舞谱等,请阅托尼·哈瑞德[Tony Harrild]的《杀手精英:情感表现》[*Killer Elite*: *Emotion Expression*],在该文中他把舞蹈术语用于表演。)不过,从现在的反应来看,这种身势语只能帮助我们以较大的准确性来描述表演的诠释功能;还是让我们再回到诠释的问题吧。

这一问题乍看可能无关紧要。我们大家知道,挥手是欢迎的符号,一旦我们认知了它所含的文化特征时,我们究竟要不要把诠释的问题进一步理论化呢?再者,我们大家知道愤怒是什么样的,此刻我们既可看到它又可听到它。但任何分析表演的企图都会碰到表演符号极其复杂又极其含糊的情况。劳伦斯·夏弗(Laurence Shaffer)对卓别林在《城市之光》(*City Lights*)片尾的笑容作了考量,可用来说明这一点:

> 不再失明的女主人公触摸卓别林的手,马上"认出"他来;当她失明时正是这个陌生男人帮助了她……卓别林的脸对这个卖花女作出反应……这副笑容可以假设为神话,如此超然、完美,足以萦绕银幕多年。这个笑示意什么?是骄傲?是羞怯?是表示知道一切,可以接受一切?人们对这副披露心中真谛的笑脸还能说什么?(《反思电影中的脸》[*Reflections on the Face in Film*],p.4)

这就是对本节所探讨的诠释问题的最佳答案。

表演符号

表演是演员在情节中她/他所做的动作/活动和她/他所说的话语之外所演绎的一切。表演即动作/活动是怎样进行的,台词是怎样念的。

　　表演的符号有：脸部表情、声调、手势（主要是手和手臂，还有任何肢体如颈、腿等）、身体姿势（人的站法或坐法）、身躯运动（整个身躯的运动，包括人怎么站起或怎么坐下、怎么走路、怎么奔跑等）。其中最重要的，通常认为是脸部表情，这跟日常生活中人与人之间交流一样，脸部表情是头等重要的。但正因为它是最重要的，所以它的含糊性也最强。夏弗指出，尽管有反对意见，但我们始终觉得人脸是最能揭示人格特征的："一张看上去'可入住'的脸让你觉得它在任何瞬间的表情中都包含（或重演）它的过去，弗雷德里克·马区（Frederic March）*丰富的情感活动不怎么'渗透'于他的面部特征……但仍然会给人有这种渗透错觉。"（同书，p.3）但同时，当破译了面部表情后，我们却又会蒙受很大的损失（正如夏弗所举的上述卓别林例子）。有一些影片常常利用这种含糊性来服务于脸作为"心灵之窗"（见第一篇巴拉兹所探讨的）永远不可言喻之概念。除此之外，大多数影片借助下面将探讨的符号码之运用来缩小脸部表情在与周围割开时可能会有的含义之范围。正如下面对《亚巴契城堡》（Fort Apache）和《小狐狸》的分析所显示的，含糊性仍然很少被完全消除。

　　这种含糊性需要从影片中演员和观者之间的关系来予以理解。关于这一点，可以将《女继承人》（The Heiress）中的莫里斯（蒙哥马利·克里夫特饰）同影片改编的原著小说——亨利·詹姆斯的《华盛顿广场》（Washington Square）中的同一人物比对而加以考量。在原著中，我们被一句话明确地告知，莫里斯是善骗的家伙。但在影片中，我们对这点仿佛处于与卡特琳娜（奥丽薇娅·德哈维兰饰）一样的位置，我们不得不从我们对他的不断观察才弄清楚他究竟是诚实的还是不诚实的。而当

---

* 马区（1897—1975），著名的演技派明星，以《化身博士》和《黄金时代》两次荣获奥斯卡奖影帝称号。——译者注

我们同作为明星的克里夫特发生关联时，这点就更加复杂了。在这些方面，影片、尤其是影片中的演员给人物编造了一种关系，而不是说出人物的实情。

我们如何解读表演符号

我们解读表演符号，首先取决于我们对声调、手势、眼神等所含的意义之一般性了解。这种了解是有文化和历史界限的。正如雷·L. 伯特维斯特尔（Ray L. Birdwhistell）坚持认为的，没有一种手势是固有含义的，而只是文化才让它具有的。他对笑的探讨（《身势语和语境》[Kinesics and Context]，pp. 29—38）和对外显的男子气与女子气的探讨（同书，pp. 39—46），均为上述这点提供论据。下面是他阐述的一般传递模式：

> 我把传递设想为一种多渠道的系统，它源自于生活系统的多种感官活动，这种活动影响巨大，但可以调节。在这样一个参照物框架内，话语和肢体作为语言均属于次级传递系统（infra-communicational systems），它们彼此独立，却融为一体，并且同其他利用其他渠道的可比码融为一体，结果成了极富传递性的。（援引谢克纳和敏茨的《身势语和表演》，p. 104）

一个给定的表演符号之意义由它置入的文化和历史特定编码决定，换言之，就影片来说，为了解读蓓蒂·台维丝的眼珠转动或约翰·韦恩的阔步走路，我们不能参照一般和普适的眼睛和走路动作词汇，而应该参照特定的词汇、即一种文化特定且限定于该文化的词汇。（为了进一步探讨之，请阅泰德·波尔海莫斯的《人体的社会方面》。）

34 《女继承人》(1949) 中，奥丽薇娅·德哈维兰饰卡特琳娜·斯洛普；蒙哥马利·克里夫特饰莫里斯·汤圣特。她能够——我们能够——信任他吗？我们只有看他说什么、做什么，等着瞧吧

应当补充，一旦这种限定的词汇建立（例如尤利乌斯·法斯特[*Julius Fast*]的《肢体语言》[*Body Language*]一书介绍的），它们就决不可抽去大多数表演符号的表意功能，这是因为表意符号乃类推式的，而非数字式的：

> 类推式编码是建立这样一系列代号，它们在比例和关联上均类似于它们所替代的事物、意念或事件……这种编码形式所处理的是一系列连续的功能，而数字式编码不同，所处理的是一个个分

离的阶段间隔。(见尤尔根·吕什[Jurgen Ruesch]和威尔登·基斯[Weldon Kees]的《非话语性传播》[*Non-Verbal Communication*]，p.8)

这意味着,任何将表演符号分解成一个个分离的单元,再将它们建成表意清晰的词汇的企图,会受到很大的限制,且确实只限于特定的固定化方式(例如日本式欢迎、舞台情节剧)。更为常见的是表演符号的表意由多个码和该表演符号所处的相关语境决定,而且也由该表演符号在整部影片中的位置决定。

限定码

那么,什么是与明星表演符号必须具有的位置相关的码呢？

正如我们早已阐述的,这种码首先是制作影片并使它被人们理解的文化共通码。我们在具体分析时可以尽量认为这是理所当然的。我身为一个英国人,常常观看我出生之前所拍的好莱坞影片,但由于在地理和时间上同它们有距离感,我很可能误解的比理解的更多。好在我对这方面比较警觉,重要的是要研究出理论观点来,且直截了当,但从实践上看似乎很少有人能做到这一点。

能够在理论上再次(暂时)探讨的第二个方面是实际的身势语和文化的语音码(vocal codes)以及在属于该文化的影片中的那些码——它们被当做一个整体——之间的关系。这就是说,我们好像是按照电影特定的和文化限定的而非共通动作和言语码(亦即不囿于类型片和大片厂等)来解读影片中的动作和言语。而这些码与更广泛文化的那些同样的码休戚相关。这是一个有待于探索的领域。

表演类型

我们在前一节所开拓的领域里能作的进展,只是在电影(好莱坞有声片)运用的各种不同的表演传统方面。(关于把电影中不同表演传统作为一个个整体的论述,请阅雷蒙·杜格内特[Raymond Durgnat]的《给电影合适的波长》[Getting Cinema on the Right Wavelength]和詹姆斯·E.斯科特的《电影——媒体和制作者》[Film-the Medium and the Maker]。)

表演的各种不同类型基本上都可以用形式方面的术语来加以描述。我将稍作尝试,不过有两点必须首先谈一谈。第一点是从形式方面阐述各个表演传统之间差别的著作甚少,即使后来有也没有以对此进行长期的分析或研究为基础。第二点可能是表演符号的特点,人们解读要靠我们对这些符号如何制作的了解,这就是说,可能在某些情况下各种既有的表演传统之间的形式差别几乎没有,但有关表演的理论谈及它们的可能广为人知,反过来告知如何解读它们。我现在特别想到那些关于方法派的广为流传的看法,该学派崛起于50年代。其实,方法派表演和百老汇演出/保留剧目轮演风格之间的形式差别并不比各种表演技巧之间的差别明显多少。(白兰度、迪安、斯泰格各自建立了在形式上迥然不同的表演传统,方法派还覆盖伍德沃德、麦奎、简·方达、凯文·杜里以及所有极其"普通风格"的演员。)这些传统有一部分势必要应对演员以不同方式演绎角色的假设。

我将阐述的不同表演类型均在更为广泛的小说人物概念的历史范畴内,并从上述的电影方面加以界定。我按照它们在电影之外的起源一一列出。这部分是为了探讨方便,但部分是因为符号之研究需要植根于符号在其制作时刻的特定历史。(我在论文《娱乐和乌托邦》[Entertainment and Utopia]中参照踢踏舞详细阐明了这一点。)

轻歌舞和歌舞杂耍节目

这两种表演风格主要是在喜剧领域里大行其道("商业演出"、"档期安排"、"急口快板"),又唱又跳,载歌载舞。它们的风格绚丽多彩,且大量运用非现实性、甚至间离性的手法,旨在"强化"插科打诨或歌舞节目的效果,而且参考小说人物概念,赋予它们争议性。即使在喜剧片和歌舞片中,上述手法实际上也只用于搞笑或者穿插在各段歌舞之间。因此,在一部影片的喜剧和/或歌舞片段同该片的其他片段之间要安排好表演风格的转变。(研究这种用于"胡闹"的啮合变化是颇有趣的,其会对影片的非喜剧或非歌舞方面的假设造成损害。马克斯四兄弟对他们为米高梅所拍的多部影片的传统规则造成严重损害,就是最明显的例子。)应该再补充一句,搞笑和歌舞也可以通过摒弃轻歌舞的表演传统而不落俗套(例如《布拉沃河》里单调的歌曲)。另外,还有多种别的喜剧风格;参见罗宾·伍德[Robin Wood]将《活着还是死去》[To Be or Not to Be]高雅的表演风格同《蜜月往事》[Once Upon a Honeymoon]的轻歌舞风格所作的比较(《上等表演》[Acting Up],pp.23—24)。

情节剧

情节剧在电影早期发展中的重要性,已有多位著者探讨过了,包括瓦达克(Vardac)、费尔(Fell)和奥台尔(O'Dell)(见"文献目录")。托马斯·艾尔赛瑟(Thomas Elsaesser)在《好莱坞为什么?》(Why Hollywood?)和《声音和狂怒的故事》(Tales of Sound and Fury)中表示,情节剧的影响有助于界定好莱坞是什么样的电影,他还跟踪情节剧持久不衰的重要性,一直到60年代。列夫·库里肖夫对格里菲斯如何扩大电影中的肢体和手势表演,也表明这种做法始终在情节剧的美学范畴内:

有了格里菲斯,演员不仅用凸出眼珠来表示恐惧,还做出其他动作，它们更加真实地传递出演员自身的存在状态。咬嘴唇，坐立不安，绞扭双手，抚摸东西等都是格里菲斯式表演的特征性符号。不难揣测这些肢体和手势动作都表明人物处于极其激动、甚至疯狂的时刻。(《库里肖夫论电影》，p. 94)

情节剧式的表演可以定义为运用各种肢体和手势动作，主要是其强烈直接的富于表现力和效果的表意。在情节剧中，人物的情感也属于道德范畴，正是这一点使得情节剧式表演在内涵方面有别于方法派表演，尽管两者都将人物的情感生活放在首位。

肢体和手势演出在情节剧中的发展盛况，足以让弗朗索瓦·德尔萨特(François Delsarte)为它建立一个完整的表演派表演理论，他曾描述出情节剧符号的限定词汇(例如手势示意"简单的肯定"、"强调地宣布"等，见图35)，还分析了姿势和手势的一些表现规则，例如"正常"的挺直姿势、"奇特"的姿势(示意积极或向前)和"同心"的姿势(示意消极和向后)，并加以比较。德尔萨特之所以怀有如此浓厚的兴趣，正如E. T. 寇比(E. T. Kirby)在《德尔萨特的方法：演员训练的三个新领域》(*The Delsarte Method: Three Frontiers of Actor Training*)中指出的，部分原因是他力图将表演符号系统化，部分原因是记述下来用于情节剧表演实践。

广播

我尚不清楚广播曾对电影表演产生过直接的影响，但好像有过，故值得研究。广播在美国的发展介于1919—1922年，随着声音进入电影，广播在艺术史上绝无仅有地建立起一整套有特色的节目。它们包括肥皂剧、访谈节目以及深受大众欢迎的法伯·麦吉和莫莉专题节目，他俩每天早晨闲聊早餐。当时最显赫的广播明星是威尔·罗杰斯(后来又在舞台和银幕上发展)，他总是在现场即兴地谈论世界上所发生的

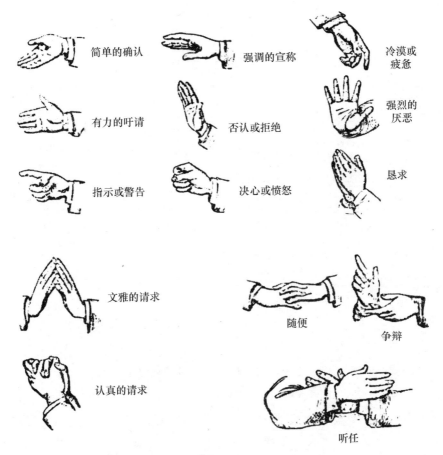

35 德尔萨特给情节剧式的手势演绎编码

事情(见广埃林·怀特[Llewellyn White]的《美国广播》[*The American Radio*])

由广播开发的表演模式有如下三个特点：1. 直接进入家庭,广播被视为家庭的另一个成员；2. 拥有立即可认知的人物,他们被认知既是社会类型又是个体；3. 起用大家来演"自己",他们可都是日常生活中的普通人。

在有声电影里,演员几乎总是在诠释人物,但随着明星的问世(以及可能是随着性格演员[Character actor]的问世),同时也趋向于演自己,这种势头同样十分强烈。促成这一过程的乃是那种表演风格:看上去好像日常生活中互相交流,但又符合于社会类型人物。(广播的表演可以描述成在形式上同情节剧一样,几乎被确定为就是后者,请参见默顿在《大众信念》[Mass Persuasion]中对演员所用的"诚信登记"之探讨。)

正是从这种表演风格出发,詹姆斯·F. 斯科特在《电影——媒体和制作者》中把它认同为"好莱坞大制片厂风格"(the Hollywood studio style),但电影表演概念并非"表演干"(acting stems)。斯科特援引了亨利·方达的话,说电影中的表演一点不像戏剧,"你就照现实中那样演呗"(p.241)。不过他对亨佛莱·鲍嘉和葛丽泰·嘉宝的探讨表明,这种风格正在于在许多影片的范围内、在明星生涯所拍的许多影片内重复使用一定的手势、姿势、话语和动作,它们所起的作用就是使得演员所饰的类型人物个性化。这些重复使用的表演符号可能是相对"自然主义"的风格模仿,但它们不全然相同,而重复频繁到一定程度,足以建构独特的气质和技艺。而这些则形成为该个人明星独特的表演风格之基础。

"广播"式或"好莱坞大制片厂"式风格,为了建构一种类似我们在日常互动中所感受的与他人关系的演绎,需要融入明星/观众的各种不同关系。(参见夏弗的上述探讨。)但不可能制定出什么规则来驾驭它们的。或许与之最接近的是欧文·戈夫曼的《在日常生活中呈现自己》。不过该书涉及的是一个完全不同的领域,而且又未提供堪与德尔萨特相比的描述性工具,但是戈夫曼对有些假设作了详细的阐明,我们可以借用来在面对面的交流互动中破译他人。当你看到这些如何涉及电影中借助"广播"式表演呈现人物时,肯定饶有趣味。这里特别有趣的是戈夫曼对我们所"给予"的符号和我们所"放弃"的符号作的区分(p.14)。前一种符号是我们要求人们思考的,后一种符号则是我们在无意中显露出自己的。(当然我们可以巧妙地操纵这后一种符号。)在

第八章　明星和表演

电影中，上述两种符号均可有意识地运用于建构人物。不过可能会有这样的情况，明星放弃的符号有时并非故意（在一部特定的影片中根据她/他的一方和/或无论谁的一方的要求选拍她/他的镜头），但可以建构她/他的大部分兴趣喜好以及形象。梦露启开的双唇，给出了"柔软的性感"信号，但她微抖的上唇（其实这是她企图掩盖自己过高的牙床线）也可能被解读为她放弃"孱弱"的信号。（关于女明星形象的性感和孱弱之间的联系，苏珊·布朗米勒[Susan Browmiller]在《违背我们的意愿》[*Against Our Will*]中有不少令人深思的话，pp.333—336。）

36　玛丽莲·梦露典型的娇媚姿态

保留剧目轮演/百老汇演出

随着声音的出现,许多演员从"纯正"的戏剧被招募而来。斯科特所举的亨利·方达一例表明,许多戏剧明星都努力遵照我所称的广播式表演风格,而放弃原先的戏剧表演风格:

> 亨利·方达声称他在导演维克多·弗莱敏批评他"扮鬼脸"那天确实上了一堂关于电影表演的课。深受伤害而震动的他说"我那时才明白,我所给出的是舞台表演,而这种表演是我在纽约的好几个星期里一直作出的"。从那以后,方达显然明白了电影表演的真谛,"你就得像在现实中一样演"。(《电影——媒体和制作者》,p.241)

不过,有些明星——如保罗·茂尼(Paul Muni)*、蓓蒂·台维丝、凯瑟琳·赫本——却能够利用自己的舞台功底。李·R.鲍勃克强调英国舞台演员50年代在好莱坞的重要作用(《电影的元素》,p.190)。

这种表演风格的关键在于它正好是"广播"式风格的对立面,它首先强调演员必须隐藏在她/他所建构人物的后面,绝对不可扮演他自己。通常这种表演传统被拿来同"经典好莱坞大制片厂"式风格相比,系真正的"表演"对决"本色"(just being)表演,因此受到特别的尊重;这种表演主张要熟稔已进入探讨的人物之中,做到无论什么人物都能"演绎"。

按照百老汇和英国保留剧目轮演戏剧运动的模式,表演乃指演员有能力做到她/他所饰的每一个角色都互不雷同。这种演绎的不同性是按照狄德罗/科克兰的表演理论,通过不断观察和运用规则而做到

---

* 茂尼(1895—1967),原籍奥地利,擅长演强盗又擅长演名人,凭《巴斯特传》封为奥斯卡影帝。——译者注

的。这是一种"由表及里"的表演范式。它具有以下诸特点,第一是"悉心关注细节"(鲍勃克《电影的元素》,同上页数),这就是说既要非常仔细且"自然主义"般准确地关注时代风尚、阶级和种族的特点等,又要借助于这么些细节的不断累积和精心制造(并非借助于泛泛又重复地整理他人的处理方式)。第二,要呈现出一种特别令人喜欢的连贯性美感,这样,每个细节必须诉述什么,不该有任何多余之物;这在实践时意味着每个表演符号必须有清晰的动机,必须涉指细节。(例如《女继承人》中,在卡特琳娜从法国回来的那一天,莫里斯/克里夫特一个人被留在客厅里,他踱步到沙发后面,打量四周墙壁和天花板;这不单是一个补白,但也不是方法派表演的多余花招,它更像是在提醒观众,莫里斯这个谋财的人物生性多疑,哪怕在大功告成,卡特琳娜即将嫁给他的时候也如此。)第三,比其他表演风格更加强调说话流畅而清晰,这就使得人物能侃侃而谈又高谈阔论,能满怀更加强烈的自我认知或者用卢卡奇的术语说拥有"知性识相本领"(intellectual physiognomy)(亦即对他们所做出、所感觉和所思考的更广泛含义作反思),这点远远超过了其他表演风格通常所能做到的[1]。最后,在许多例子中,演员同她/他的角色之间明显存在着一定的分离,正如劳伦斯·夏弗在其论文《电影表演的一些评论》中提到的,他力图勾画出这种表演风格,他称其为"人物表演"(character acting):

  作为最出色的"人物表演"范例有《琼·布洛迪小姐的青春》(The Prime of Miss Jeam Brodie)中的玛吉·史密斯(Maggie Smith)、《半夜来客》(The Nightcomers)中的白兰度、《海鸥》(Seagull)中的凡妮莎·雷德格莱夫(Vanessa Redgrave)、《在江边》中的罗德·施泰格、《艺人》(The Entertainer)中的劳伦斯·奥立佛(Lawrence

---

[1] 见乔尔格·卢卡奇的《文学人物的知性识相学》。

Olivier)。在这些例子中,观众依然是模模糊糊意识到演员在幕后牵线,为他的角色调制一些与众不同的特点。当演员乐意加进一些面部和声调矫饰时,效果也自然产生,奥立佛经常是这样。这种种矫饰被证明会对表演机制加大力度和强度。演员不是在"欣赏表演",而是在加大力度"做表演"。此刻,同化和参与均削弱了。(p. 104)

"方法派"

"方法派表演"(Method acting)是专给纽约"演习讲习所"(Actors' Studio)所教授的表演方法定下的称呼。该讲习所成立于 1947 年。方法派系康斯坦丁·斯坦尼斯拉夫斯基体系的美国版,指演员从感觉着手,将她/他的全副身心融入角色之中,在短时间内与人物同化,在处理上充分地畸变,到演绎时实际上已变成人物了。

方法派表演如同情节剧,将情感内涵优先于人物的其他方面(例如社会行为、"知性识相"),但是情节剧最终将情感回归到道德范畴,而方法派将情感植根于广为理解的精神分析范畴。方法派建构人物是在她/他的无意识和/或在不可避免的心理修补方面。尽管方法派在原理上可用于表现任何的心理状态,但在实践中它特别适用于表现困扰、压抑、苦恼等。这部分原因是大家认为这些情感如同本我及其受压抑的潜意识,概念相当模糊,却比稳定的心理状态及其公开表达较为"真实"。(我怀疑,如此分析本身也显示出一种性别偏见,困扰和苦恼是为男人留着的,而压抑是为女人留着的——男人作为本我,而女人作为本我的压抑潜意识……)依照这个观点来看,人物本身比情节或结构更为重要,结果,许多表演从这些方面看都是"多余的"。斯科特在描述白兰度在《欲望号街车》中的表演时指明有以下几个构成元素:表演缩减为一个特定的"基态"心理;积聚大量多余的表演符号;突出粗犷和猛烈的情感。这些进一步证明了该人物的"真实性"完全不同于布朗什的虚情假意，两者形成强烈的对比（舞台和银幕上的布朗什皆由英国保留剧目轮演剧团名角费雯丽担任，这也"证明"了她是何许人）：

> 在《欲望号街车》里，白兰度显然是紧扣他对斯坦利·科瓦尔斯基的感觉——野兽般的攻击性而建构这一角色的。有时候这个角色像狗一样纯真，当他不停地搔背和腰时，提醒我们他就是一条狗，正在寻找跳蚤。但科瓦尔斯基的性格是破坏性的，这是白兰度用嘴的动作告知我们的：他咬水果时会发出很响的啪嗒声，甚至连一片片番茄，他也会用下颚肌肉出声地咀嚼。他喝啤酒时，先让嘴边沾满泡沫，然后张大嘴巴一口吞下。在科瓦尔斯基翻寻布朗什的衣箱一场戏里，由白兰度制造的两个隐喻同时出现：他一双如兽爪般的大手伸入，疯狂地搜寻，然后将一件件绒制衣服都扔了出来，他又把狐皮领披在自己肩上，忸怩作态。这些看似非实质性的舞台式手法却让我们对高潮戏做好心理准备：在高潮戏里，科瓦尔斯基把布朗什的衣橱弄得一塌糊涂，最后又糟蹋了这个女人，将她对高贵的南方女性一点点幻想都埋葬殆尽。（《电影——媒体和制作者》，p. 249）

斯科特认为，方法派不但适用于那些在每一部影片中基本保持原样的演员（他推举的是白兰度，尽管他会惊人地模仿一系列不同种族的口音，但始终是"十有八九的无产者"，他对中产阶级的端庄得体派头持怀疑态度[同上]，请参阅前面卡普兰对《巴黎最后探戈》之探讨），而且适用于"丢开"自己个性而想方设法进入陌生人心灵的演员（斯科特推举的范例是罗德·斯泰格，同书，p. 251）。无论哪种情况，事实总是许多人过去相信、现在仍然相信，方法派的演员善于"进入人物的内心"或者"成为人物他"，而且赋予表演以极其真实的标记，从而使其他表演风格相对地显得做作或夸张。

明星的表演风格

正如前文已提到的,明星拥有特定的表演风格,由于人人熟悉而使得她/他在任何一部影片中所作的表演都富于特点。明星在一系列影片中建构的全套特定的手势、语调等都带有她/他的形象之含义,例如外表的"情性"元素、她/他独特的嗓音或服装款式。G. 希尔提供了一个例子(见《约翰·韦恩》,p. 7),他援引一名看过《战车》(*The War Wagon*)的观众的话说:"当你看到约翰·韦恩用缰绳把自己的马拴在柱子上时,真是带劲!"这不仅仅碰巧是韦恩拴的,或者这一动作始终充满含义,而且韦恩习惯拴马的方式总括出了他形象的一个特定方面。(人们兴致勃勃地告诉我这个例子,表明它首先是总括出韦恩悠闲自信的男子气概。)

研究明星的一部分工作就是确定这些反复出现的表演特点究竟是什么,它们在明星形象方面究竟示意什么。这些表演特点通常只能总括出该形象的一个方面。上述一例就没有让我们想起韦恩的任何情况——特别是他乐天达观的魅力,因为他是在西部的沙漠,不是在越南,也不是在跟女人打交道。(关于蓓蒂·台维丝表演本领的例子,请阅本书对《小狐狸》的分析。)

蒙太奇和场面调度

在电影理论中不时发生的少数关于电影表演的争议之一,是表演究竟在多大程度上可以被考虑为具有任何表演功能的表现性元素。当影评人天天谈论电影都倾向于关注表演(例如"在你刚看过的影片中谁最像某个人?")的时候,作为电影理论中一个重要的传统观点却一直倾向于否认表演具有任何表现价值:你从演员身上读解到什么,你只有通

第八章　明星和表演

过那些不同于表演符号的符号才能真正读解。对这种观点的经典阐述一般认为是库里肖夫,特别是他关于剪辑在判断面部表情、手势等含义时的决定性作用之观点,常常被人们提到。下面是他对所发现的这种效果的阐述:

> 我们曾同一位著名演员发生过争论,我们对他说:请想象这场戏——一个男人被关押很久,饥肠辘辘,因为没有给他任何食物吃;眼下正给他端来一盆汤,他十分欣喜,狼吞虎咽地喝光了。再想象另一场戏——一个在押的男人被提供了食品,他吃得很好,恢复了元气,但他渴望自由,渴望看到鸟儿,看到阳光、房屋和云朵。监狱大门为他打开。他被带到街上,他看见鸟儿、云朵、太阳和房屋,为眼前所见到的一切欣喜若狂。于是我们问那位演员:犯人看到汤的脸部反应和看到太阳的脸部反应,在银幕上呈现是否一样?我们得到的回答却是倨傲的:对于任何人来说,看到汤的反应和对获得自由的反应显然是完全不一样的。
>
> 然后我们拍了这两段戏,且不管我如何将这些镜头排列的,也不管这些镜头是如何审视的,都没有人会认为这位演员的脸部反应有任何两样,纵使事实是他在每个镜头里的表演是截然不同的。正确地运用蒙太奇,即使拍摄演员面对某物的表演是完全不重复的,但观众所看到的仍然会像剪辑师打算的那样,因为是观众本身在完成这两段戏,他所看到的是蒙太奇暗示给他的。(《库里肖夫论电影》,p. 54)

姜弗朗科·贝特提尼(Gianfranco Bettetini)进一步发挥了这一观点,他表示,不仅蒙太奇,连电影中的种种视觉符号(它们完全不同于文字符号)也起着决定性作用(这是一种颇有争议的观点,是否起着决定性作用取决于电影向你意指的是什么);他还表示,银幕的二维性和演员在电影叙事中的功能迫使演员的作用降低为"导演手中的一个工具"

(见《电影语言与技术》[The Language and Technique of Film, p. 83])。这一点的最著名例子(贝特提尼并未援引)是嘉宝在《瑞典女王》中的最后一个镜头。她停立在一艘船的船首,那艘船在她的情人死后将她驶离瑞典。她凝视前方,海风将她的秀发吹乱。这个镜头可以解读出许多东西——女王退位,心情忧郁,内心莫测。但众所周知,该片导演罗本·马穆里安(Rouben Mamoulian)告诉嘉宝拍这场戏时什么也不要演,她按照导演所说的做了。(人们应该说,在这场戏里,表演确实有高超的技巧。)因此,嘉宝在这个镜头中的脸部表情之含义,完全来自于该镜头在影片叙事中的位置,取决于该镜头的拍摄方式,她的脸部含有嘉宝形象的投射物。

37　葛丽泰·嘉宝在《瑞典女王》(1934)的片尾镜头

然而上述例子更多是违反规则的例外,在这方面,库里肖夫绝对没有像贝特提尼那样极端化。他尽管未涉指演员是"模型"或"模仿",且一贯反对"戏剧式"表演而赞成"类型"和"真人"的使用,但仍然认为演员所做的动作乃是"影院电影的主要元素"(《库里肖夫论电影》,p.71)。他的许多著述都涉及为电影培养演员。另外,库里肖夫还有一个评估的侧重点。贝特提尼暗示表演在电影中几乎无多大的表现意义,而库里肖夫认为应该说是无太多的表现意义(因为太多的话会导致人本主义或个人主义的表现)。虽然人们可能并不赞同这后一种观点,但它是一种可接受的论点,而贝特提尼否认了通过表演而表现的可能性,这在审视影片时就无法得到支持。

现在,让我们联系这后一点来考察约翰·韦恩。韦恩是一位极负盛名但无表演才华的演员。假设他现在站在那里,那只不过是表示他在那里。在一部特定的影片里,因他存在而获有其他任何含义,那准是来自蒙太奇、场面调度、所说话语等——或者情节暗示。这其实正是我对他的看法。不过,在对他在《亚巴契城堡》一场戏里的表演作了分析后,证明我的看法是错误的。在那场戏里,他所饰的约克上尉和诨号叫"星期四"的中校(亨利·方达饰)率领一支骑兵队,去会晤印第安科奇司族人。老实说,我所作的分析与评估关系(我不大有兴趣证明韦恩是位好演员),也与(韦恩的)作者地位无关。表演的定义是演员所演之,无论是演员她/他、导演或其他一些人员对表演负有作者的责任,那完全是不同的问题。这里令人感兴趣的是表演——韦恩所演之——对建构韦恩/约克起作用,还是纯粹是运用其他手段来完成这一人物的建构?(后者包括韦恩早已表意的明星形象,但不包括韦恩的表演。)

这场戏刚开始时,有一单个镜头拍韦恩/约克(以下简称韦/约)奉方达/"星期四"(以下简称方/"星")之命令,从骑兵纵队的后侧奔了过来,一起商讨在哪里会见科奇司族人。方/"星"位于画面的右侧(按照我们看的方向),他身躯笔挺,直指天空。韦/约位于画面的左侧,在银幕上的位置比方/"星"低一些,只有部分的天空背景;他在沙漠里移动

38 约翰·韦恩(左)和亨利·方达在《亚巴契城堡》(1948)中

着。在两人谈话过程中,方/"星"宣布他的计划,要把自己的人马布陈开来。韦/约则告诉他,这样的布阵是不合适对付印第安人的实际位置的,他之所以知道,因为他的身后有尘埃盘旋着。他指向银幕外的地方。这个镜头到这里结束,然后切至印第安人,他们大批人马奔驰而来,越过山脊;他们"熟悉地貌,颇有创见"(韦/约刚才指向的地方),画面外骤然响起令人感到威胁的音乐。

在这场戏里,韦/约面对印第安人的场面调度以及蒙太奇显然十分重要。他相对于方/"星"的位置,不仅呈现出他在军事体制中的相应地位,而且还使方/"星"自封的史诗般灵感同韦/约的笃实/自然(这实际上也是史诗般的)形成对比。(要解读出这点来,当然取决于对全片贯串的这种对比的认知。)镜头突然切至印第安人,证实了韦/约所说的

"正确",因之给他打上了实事求是的标记(与这一事实有联系的是他通过了解"自然"——尘埃盘旋而认知"真理"。)

不过,表演本身也表意。方/"星"的僵直和韦/约的好动之对比,暗示了后者的从容自如,因而也有助于了解片中两人之间对立的另一方面,亦即韦/约生性耿直,观察敏锐,视打仗如家事,而方/"星"书生气十足。(这点具有等级制度的含义,在本片中清晰地呈现为移位的贵族/平民的对立。)当方/"星"宣布要布置两支部队于此侧时,这样的布阵意味着他只要将自己的头部稍微转向左侧(银幕的左侧),而韦/约只得将自己整个身子在沙漠里转一圈。但他却转得十分轻松和灵活。这样的设置要求有较大的动作,而表演这样的动作既暗示了紧迫感(方/"星"作了一个灾难性的决定),又再次表现了韦/约在沙漠里如同在家里一样,因为他如此轻松地完成了上述动作。

这场戏的后面部分,一名西班牙语翻译重复了科奇斯的话,后者极其侮辱人格地描述了军火走私贩米切姆的情况。接着是一个反应镜头,显示米切姆和方/"星"正坐着而其他人都站在他俩身后,韦/约则绕到后面,稍微靠近方/"星"的右侧。韦/约通过接下来的表演表现出他对科奇斯的话很感兴趣:他双目偏向左侧又偏向天空望着,脸上淡然一笑,又把右脚和上身挪动了一下,双手放在身后。(当这段表演结束时,他朝米切姆投去轻蔑的目光。)这里有三点对我们阐述"感兴趣"是有裨益的:1. 没有任何场面调度或蒙太奇来为这个人物建构"感兴趣"的反应;它全凭借表演;2. 这样的表演符合我们对这个人物的认知——我们从中解读出他从容不迫等;3. 其中是否有更为具体的表意而超出"感兴趣",尚不清楚。从另一方面看,这种表演的含糊性和不寻常性(不只是咧嘴而笑)反而暗示出"内涵丰富",但究竟是什么含义,人们只得从"翻译的话语"如"这证明我是对的","科奇斯人很精明","这让'星期四'很尴尬"等中撷取揣摩了。(有争议的是,这些表达的尽是一逝而过的想法。)

上述这种表演不仅作为把表演符号置于其确定语境中工作的一部分是十分有益的,而且还有助于区分人物呈现于影片的不同模式(例如可以测试布劳迪对封闭式影片和开放式影片的区分),有助于区分一种表演匹配人物其他符号的影片(这种情况我认为《亚巴契城堡》中的韦恩是符合的)和另一种匹配充满矛盾性的影片;接着,从这些出发,再来测试明星抗拒他们的题材的可能性,这不仅有他们必然要表示的(亦即对角色分配不当),还有他们通过表演而显示的(亦即本书一直引用的哈斯克尔的论题)。

作为整体的影片

正如在探讨《亚巴契城堡》时业已指出的,一场特定的戏里的表演符号可以从影片其他地方提及人物和情境的符号中获得许多含义。罗宾·伍德在一篇论电影表演的文章(《高级表演》)中表示,这是解读(以及用罗宾的话说是评估)表演的重要语境。而这点基本上又可分为两个不同的侧重点:该片属于一种特定的影片(在某种类型片范围内,由一位特定的导演拍摄);该片作为分离的整体,由各种码(按照 S/Z)组成,但主要是在它们特定的组合和它们对作者码(the authorial code)的服从中表意。现举这第二种情况的例子,是《夜长梦多》中的鲍嘉,罗宾的上述论文以此为结语:

> 我力图要表明的是,需要从特定码的最复杂网络上加以界定。如果丝毫不希望对这位演员加以诋毁的话,那么可以质问,称他在《夜长梦多》中的表演十分出色是否确凿,或者甚至可以撇开影片所给的语境来探讨他的表演。(p.25)

在这里,巴特的著述也被用来支持对个别影片的整体论观点。上述的评论对《夜长梦多》来说也许是正确的,且这部个别影片确实是表演符号确定语境的,然而表演符号只能按照前面探讨的其他语境码(contextual codes)表意,而不按照影片的其他方面表意,这点务必牢记。

蓓蒂·台维丝在《小狐狸》中

本章我拟分析蓓蒂·台维丝在《小狐狸》一场戏里的两个片断来结束。在该片中,她/雷吉娜不肯为霍拉斯(赫伯特·马歇尔[Herbert Marshall]饰)去取药,反而非要他自己爬上楼去取,这一举动的结果造成他死亡。

当霍拉斯要求拿一瓶药片时,正位于银幕的前方,而雷吉娜位于后方,坐在两侧有扶手靠背的沙发椅上,她始终不动,连脸部表情也未变。在这个镜头里台维丝只有两个表演符号可加探讨:脸部表情和身体姿势。前者之所以在许多方面都无法解码,部分原因是它的距离不够近,另外原因是影片自始至终设定成这样:双唇紧闭,目光直望前方。化妆使她的脸显得尤为白皙(这是很贴切的时代标志),嘴巴也显得尤其小而噘起。她的坐势是笔直的,但背靠着沙发椅,略倾向右侧(对我们而言)和有较高扶手一侧,她的右手放在另一侧,呈弯曲,另一只手放在自己的膝盖上面。

这样的面孔和坐姿意味着什么呢?这首先是一种十分规矩的姿势,她如此注意坐姿规矩,表明这是一种特别傲慢的贵族派头。我们早已从我们的文化知识中得知,这种举止形式化乃是贵族特有的,它可不像比方说芭蕾舞演员在不跳舞时采取的习惯姿势。在该片的语境里,坐姿的刻板可与雷吉娜的两个兄弟比较(他俩是较为露骨的资本家,举止较为随便),也可以与一位北方的商人比较,他的潇洒自如举止证明他才是一位真正的绅士,较之于雷吉娜及其兄弟,更像是一位新贵。由此,这个符号含义的共通文化因子(限定成分),由于该符号和相关表演符号(示意僵硬的社会礼节)在影片其他地方也被运用,而变得更加复杂了。台维丝的总体傲慢也给人印象极深。富于特征的是,台维丝本人从来不僵直地坐着,甚至在扮演英格兰女王伊丽莎白一世这样正统的角色时,她依然带有台维丝的这样一些标志而显得生动活泼:一对眼珠不时转动,目光多变,一双玉手迅速捏紧又松开;这些都表示这位女王冷冰冰的仪表下的焦虑和激动。统观《小狐狸》全片,台维丝的举止言谈几乎不露斧痕,而在上述这个关键时刻更是完全不露斧痕。就台维丝而言,很难将之解读为压抑,解读为她所饰人物善于克制情感的表达或者克制情感本身。

接着是从这个镜头切入霍拉斯脸部的中景。当他明白她不愿去取药瓶然后准备害死他之后,他脸上明显掠过恐惧的表情(像这样的表演符号尝试一下如何判定,是饶有趣味的),画面外又响起凶兆的音乐。镜头的这一切换告诉我们必须解读我们刚才见之为"恶魔"般的冷漠表情和坐姿;但它们早已告诉我们关于阶级和压抑机制更为复杂的东西。上述切换可以读解为一个指示,亦即正是女恶魔的暴发行径和压抑情绪导致了前一个有趣的镜头,否则是自相矛盾的(这可能有"完全理解"的因素在内,这是"一切可谅"在起作用)。

下面一个镜头是长镜头,既拍出霍拉斯从雷吉娜/台维丝身边擦过,又拍出她的脸部。我们看见很大特写的她位于画面的中右侧,而他在后左侧爬上楼梯(退出集点)。一开始,雷吉娜/台维丝仍然像前一个镜头里那样,坐势笔直,背靠沙发椅——但她的一双眼珠已把瞳孔转向左后侧,当霍拉斯经过时,她的眼睛两次稍稍睁大一点。然后她渐渐做出细小动作,站了起来,脸转向左侧,两肩也转了过去。换句话说,当我们看见霍拉斯在银幕的后右侧时,雷吉娜/台维丝更加转向左侧,仿佛透过自己的双肩看他,而且同他的距离保持最远。当他最后倒在楼梯上时,她霍地跳起,奔了过去,直喊仆人。

雷吉娜/台维丝在这个片断中的表演,是相当难于置入一般的文化场域的,但显然可以置入情节剧范畴内的传统表演。不过真要同情节剧的整个表演体系（其演员常常顺从得被人们大加赞许）比较，上述巧妙设计的姿势（越过某人的左肩看某人右侧的东西）必须被解读为情感所然或者一切皆空。她的眼睛几乎扭曲地转向左侧，意味着紧张的情绪即将迸发。如此运用眼珠的转动，也是台维丝表演特有的，通常喻示表里不一致，即所做和所想的并非她表面上的样子。在如此语境下，这点决不可简单地解读为雷吉娜是恶魔。她的作为显然像个恶魔；但她的眼睛也示意在她的内心还有别的情绪的涌动。这个涉及情节剧和台维丝场域的问题，正在于它们都指向反面，指向紧张的情绪，而没有任何更为具体的情感表意。雷吉娜感觉到了某些相反的和紧张的东西——但那些是什么呢？这种不明确性（迫使我们陷入前面谈及《女继承人》中的蒙哥马利·克里夫特时所探讨的那种与人物关系之麻烦）被她看见霍拉斯跌倒而突然跳起所强化。这一突然动作不能被读解为是算计好的（就人物而言），倒可追溯成是赋予台维丝在霍拉斯跌倒之前的表演符号以更多的含糊性，亦即她脑子里究竟在想什么。

　　我们对上述十分细微的表演符号之理解，视它们被置于不同的限定性语境而定。我们得知的是雷吉娜这个人物不单纯为恶魔，她的行为动机相当模糊。我们凭这样的信息究竟能获知什么，又取决于我们的批判视点是什么。我们可以将雷吉娜缺乏明确的动机归结为台维丝同导演惠勒关于这一角色设想的文本不一致。（这点有其自身的吸引力，但不是在趣闻性方面，而是在它提出的影片实际制作者和银幕体现者之间关系的问题）。因为演员台维丝想把雷吉娜诠释为十足的恶魔（正如塔鲁拉·班克希德在舞台上成功诠释的那样），而"自由派"惠勒想使雷吉娜人性化。但是在这场戏里，无法估计到的演绎让雷吉娜的恶魔形象温柔起来，而此时谁会去想导演的片中看上去是参照了情节剧式表演风格并通过与她的关联，使得她本未"打算"演绎的东西含糊了。这种辨别不清的情况可以读解为在企图处理资本家和贵族时自由主义导致的种种矛盾之征兆。人们同样可以解读这种含糊性是适当的,不过是以下述两种方式中的任何一种:将雷吉娜"人性化",但让观众"自由"地阐释这种人性化,并用自己(观众)的话语表述(假定巴赞也欣赏该片,极有可能是将这点同他关于运用景深镜头的主张联系起来)。像这种女恶魔的类型人物,后来黑色电影亟欲打造,亦即把女恶魔的凶邪完全置于不可知性之中。最后,人们会坚持认为台维丝的形象在诠释人物时具有超群的魅力,决定——比如拍霍拉斯的反应镜头——是想让雷吉娜的性格单纯化一些。也许是因为台维丝自己无法进一步开发该人物的性格刻画,她在影而这点正使得我们相对同情地将这种含糊性读解为莫莉·哈斯克尔所总括的"超级荡妇"综合症(参见第二篇以及克里斯蒂安·维维安尼[Christian Viviani]在《没有地铁,

39 《小狐狸》(1941)

没有市长》[Sans Metro ni Mayer]一文中对《小狐狸》里台维丝的论述)。(我明白,这一个案我阐述得十分巧妙,我表示,在这场戏里,台维丝的表演符号是部分地因为其不存在或"受压抑"而起着表意功能。这点实际上支持了哈斯克尔的论题,因为它强调"失意"这一概念对发展"超级荡妇"至关重要。雷吉娜欲在家中操纵一切的强烈意识,而她的兄弟忙于在公众世界周旋,也都支持了这一解读。)

第九章 | 关于作者身份的说明

长期以来,作者身份(authorship)一直是电影研究的一个论题,亦即谁应该被视为一部影片的作者。电影以奇特的一贯性提出了这个问题,是因为电影的工业生产涉及成千上万的人员和极其精细的分工。(详见伊凡·白脱勒[Ivan Butler]的《故事片的制作》[*The Making of a Feature Film*],该书系这一问题探讨的突破)然而在审视这点时,正是作者身份这一概念本身经受了很大的修正。

为了厘清电影制作的公司或合作性质,下面拟提出各种不同的作者身份模式。

个人作者身份

这种模式打着"作者论"(auteur theory)的旗号,迄今已经在电影学研究中取得巨大的成功。它提出个人——通常不外乎且必定是指导演——作为影片的作者。这个论点在以下两个方面得到了论证。第一个方面,电影文本内的任何东西均可归结为导演(或其他作者)的决断;这个观点普遍承认导演能够掌握现成的叙事、明星形象等,但有争议的是导演强使编剧、演员等服膺于她/他的创作意愿。一般地说,这种观点有一个评估的侧重点,亦即只有"好"导演才能如此被看待。第二个方面,导演或其他作者的工作可以被视为就是审查(通常就是看她/他制作的影片试映），但这种工作不可能弄清楚影片中的每一件东西；按照这种观点，作者只是构成全片文本诸元素中的一个，她/他的工作可能与文本的其他元素相违背；这种观点也不需要作评估——只要监督由这位同一个人指导的工作人员，掌握分镜头的连贯性，而这种连贯性可以归功于他，从而确立了他的作者身份，然而如何做到分镜头的连贯性可能是件索然乏味的事儿。

多人作者

这种模式乃是个人作者后来的延伸版，它认为电影文本是由许多不同的作者"声音"（导演、制片人、编剧、明星、摄影师等）组成的，它们可能或者不可能协调一致。

集体作者

它认为一群一起密切地工作的人员组成一个团队，严格地说均可被视为影片的作者。这种模式可举的例子尚不多，它们都是在一位导演的名义下由一群围绕该导演工作的人员组成——例如约翰·福特、英格玛·伯格曼（Ingmar Bergman）、萨蒂亚吉特·雷（Satyajit Ray）*——但集体作者和个人作者之间的关系依然存在着争议。这种模式据我所知在理论上并未详细研究过，而且除了非传统的电影制作实践（例如伦敦女性电影集团）之外得不到支持。

公司作者

它认为制作影片的机构或社会结构均为影片的作者。它们可能是

---

* 伯格曼（1918—2007），瑞典电影大师，拍有《第七封印》、《野草莓》、《芬妮与亚历山大》等；雷（1921—1992），印度社会电影大师，拍有"阿普"三部曲等，曾获奥斯卡荣誉奖。——译者注

个别的制片厂,或者作为整体的好莱坞,甚至于美国的资本主义和/或父权制社会。这个模式意味着,为一部影片工作的个人实质上都"承载"着一些更大结构的内涵和价值,而在这些结构内他们的工作并未显著地改变结构。

所有这些作者概念都向我们提出这样一个重要问题——它也可以说涉及所有艺术——即符号文本或美学文本同作者之间的联系。从传统观点来看,这个问题可以被认为是"表现"问题:文本表现作者的思想、情感和/或"个性"。但长期以来人们一直认为这种公式化的表述是不恰当的。如果只依据经验而言,那么作者通常并不完全如同他们的文本。对此的各种解决方案都提了出来,包括文本实系作者的无意识和她/他的"艺术个性"(即某种不同于她/他生活中个人特点的东西)表现之概念等。在许多的电影研究中,上述看法造成了一些著述不讲霍华德·霍克斯的影片而只讲"霍华德·霍克斯"的个性了。(第一个提出这点的是彼得·沃伦在其修订版论著《电影中的符号和含义》[*Signs and Meaning in the Cinema*])

不过,上述论题凡涉及任何版本的表现理论,都提出了在作者和她/他的文本之间有一种可推断性(transparency)。但这种可推断性只是人类的表现方式的一个特点,却常常被那些运用的人"忘掉",正是因为表现只是通过语言以及因可共享而较个人、甚至群体更加共通的符号码来表述的一种可能性。但这并不意味着可以把个人从作者身份的考量中完全去掉。更确切说,我们必须考虑个人,考虑那些用语言和符号码进行创作的人。至于个性问题,仍然是恰当的,它须以富于特征的方式处理符号码,依之我们才能将某部影片认同为"霍克斯的"或"黛德丽的"。所以影片不能假设为承载着或体现着作者的个性,不过人们仍然会去制作影片,并为这些影片做出限定性决断。这才是一个合理的探究领域。

明星作为作者

研究明星本人是作者,实质上乃属于研究好莱坞生产环境的范畴。当然可以将之建立为"作者理论",但这会妨碍我们研究明星的连贯性、矛盾性和可转型性,它们不仅呈现于明星的总体形象中,而且呈现于其服饰或表演风格、角色、宣传物、图像说明等等分离的因素中。然而这些因素同明星之间的关系始终必须建立起来,途径是检视那些有关明星形象和影片实际制作的来源究竟是什么样的。换言之,在影片、宣传和营销中的明星乃是一种符号建构,但这种建构虽然会展现其连贯性,却不足以证明明星是对这种连贯性负责的个体。她/他可能是,但也可能不是。

帕特里克·麦克吉利甘(Patrick McGilligan)在他对詹姆斯·贾克奈的研究著作《演员作为作者》(*The Actor as Auteur*)中,非常清晰地阐述了这一观点:

> 作者论可以随着脑中出现的演员而重新修改和重新提议:在一定情况下,一位演员对一部影片的影响力可以同编剧、导演或制片人一样;有些演员的影响力甚至比其他人更大;还有极少数演员,他们的表演能力和银幕形象强有力到体现并界定他们所演影片的精华本身。如果一位演员只对表演负责而不介入影片制作的任何艺术决策,那么必定是指那种作为半顺从偶像的演员,指那种作为受编剧和导演操纵的符号的演员。然而,那些不仅影响着艺术决定(选派角色、编写剧本、指导运镜等)而且以他们的银幕形象为依据要求一定限制的演员,则完全可以被视为"作者"。当这样

的演员变得对制作如此重要——他不仅改变台词,即兴演出,更换含义,影响影片的叙事和风格,而且不顾编剧和导演的意图,全能地将某些东西明确示意给观众看——时,他的表演可以被假设为具有作者的原创力、风格和完整性。(p.199)

他进而认为,贾克奈正好符合演员—作者概念,依据是贾克奈及其合作者的一系列访谈和麦克吉利甘的一系列观察。他观察贾克奈的影片是如何同导演洛埃德·贝肯(Lloyd Bacon)、威廉·凯利(William Keighley)和罗伊·德尔·鲁思(Roy Del Ruth)合作制成的经过,他和他们彼此十分熟悉;还观察贾克奈的其他影片以及上述导演同其他不同明星合作的影片。(不幸的是,这最末一种观察点缺少了麦克吉利甘大多数研究固有的精确性;人们需要从表演技巧、人物刻画、叙事结构等具体方面来加以确认,就像人们从对导演的作者论分析中期待的那样,而不要含糊地指为"自发行为"[贝肯],或者指为"对动作和对白作了润色性的强调"[凯利]或"礼貌行为"[德尔·鲁思]。)

麦克吉利甘的目的是要表明,贾克奈正是他的影片之作者;这是经典的作者论立场。不过,前面概述的各种作者模式均能用于特定的明星。在考量这一点的同时,我们必须区分明星形象和/或表演的作者地位这一方面同明星的影片作者身份这另一方面。

在明星形象和/或表演的情况下,可能有明星完全掌控作者地位(如弗雷德·亚斯泰、琼·克劳馥),或者只是促成作者地位(玛琳·黛德丽、罗伯特·米契姆);可能有明星作为集体团队的一分子(约翰·韦恩),或者只是许多声音中一个另类的声音(玛丽莲·梦露、马龙·白兰度);也或者另有一些明星几乎完全是制片厂/好莱坞机器的产品(拉娜·透纳)。(上面加弧号的人名仅是揣测而已,需要进一步研究,以确认之或反驳之。)

明星的人格在文本(明星形象、人物、表演)建构中同该文本吻合时,她/他只是一个合作者,甚至只是一个工具,这一事实应该提醒我们不要忽略作为个人的明星同作为文本的明星之间的关联性,不要假设前者就是后者的作者。我发现难以认同明星在决定她/他的形象或表演时会没有任何权力,但是她/他究竟有多少权力,她/他如何行使权力,还须视具体个案而定。

在明星作为影片作者的情况下,我们必须首先排除那些由明星执导(或编剧)并主演影片的个案;例如查利·卓别林、巴斯特·基顿、梅、蕙丝特(她曾编写过剧本)、艾达·鲁比诺(Ida Lupino)*、杰瑞·刘易斯、约翰·韦恩、克林特·伊斯特伍德等。在这些个案中,我们不得不在理论上对他们作为所饰的角色同他们在制作中所起的作用进行区分。还有一些个案是影片的成功或失败完全归功于或归咎于明星,但应该说这是极少数的。(可入选的个案有葛丽泰·嘉宝和《瑞典女王》,艾伦·伯斯汀和《艾丽丝不再住在这里》,以及最有说服力的是芭芭拉·斯特赖桑和《明星的诞生》)不过,明星作为影片中的一种声音(任何这种声音要被永远记住,只能回归到其在影片制作做决定时的作者地位,而非其直接的表现能力)肯定是相当常见的。这种"声音"不一定限于表演、服饰等方面,但可以影响到影片几乎每一个方面,这视明星如何行使她/他的权力而定。

在上面概述的一些理论命题中,每个例子都必须有例子来加以论证。亚历山大·沃克在《电影中的性》一书里有一章专门谈葛丽泰·嘉宝,它虽然未以严谨的理论方式进行探讨,但十分详尽地阐述了这一命题在经验依据上的复杂性。沃克在检视嘉宝参与摄制所面临的各种不同人和压力后,基本上认为,就"声音"模式而言,葛丽泰·古斯塔夫松(嘉宝)的声音是独一无二的。由此他表示,古斯塔夫松首先是秉有一

---

* 鲁比诺(1918—),先是华纳公司的合同演员,后转向制片和导演,拍有《决不害怕》等。——译者注

定的既成特征,包括她的外表(高雅的"女子气"、"神圣的脸庞"和强烈的"阳刚味"、"朴实"的身躯,等等,p. 102)和她"忧伤"的气质(p. 103)。古斯塔夫松是这些特征的"拥有者",但不完全是它们的"作者"。不过沃克也强调"她展现自己天赋的方式却产生了效果"(p.99)。这肯定是一种作者视角(下面我们将撇开"天赋"这个有争议的词)。他指出,"几乎每一篇目睹她如何工作的报道都强调了这样的同一点:她喜好令人惊奇的突发性,会使她刚开始的表演顷刻大变"(p. 110)。而例证也都表明她在面对摄影机决定怎么演之前都会下很多的工夫,沃克表示这在技巧上接近于斯坦尼斯拉夫斯基体系。不过她的合作者们也发挥了总体作用。沃克未探讨她的导演们是如何同她一起工作的,但也指出两个人:莫里茨・史梯勒(Mauritz Stiller)和威廉・丹尼尔斯(William Daniels),他俩是关键的合作者。史梯勒在瑞典发掘了她,似乎是将她的表演风格按照他自己对她的构想改造了一番。对他来说,古斯塔夫松是"可锤炼的女性材料",他能够把她铸成"一个能够满足他情感需要的形象"(p. 107)。正是他给她取了艺名嘉宝,该词在瑞典语中意为"林中仙女"。丹尼尔是嘉宝的打光摄影师,拍摄了她所有——仅两部——有声片。根据沃克的描述,上述关系是富于成效的合作关系,产生了各种不同的动情效果,其较之于对她所饰角色要求的动情效果更为强烈(p. 117)。

然而这一切都发生在米高梅精心打造的结构之内。沃克就这点认为,米高梅的编剧们"成功地做到了把嘉宝的一些特质熟练地化入他们撰写的故事里"(p. 103),而嘉宝因这种剧本同米高梅发生了激烈的交锋,这些交锋总的说来是她获胜的。但如果说这真的是她赢了,显然亦是她让自己适应米高梅的一些制作观念。正是这家制片厂迫使她在1933年的《大饭店》(*Grand Hotel*)里说出了"我多么想一个人待着"。关于这一点,据她对报纸说是被误导了,但是确实助长了她的孤独形象的形成[1]。也正是这家制片厂为她提供了各种"古典片"或"历史片",到后来又设法以《尼诺奇卡》(*Ninotchka*)和《双面女人》(*Two-Faced Woman*)来改变她的形象。另外,这家制片厂自己又设法迎合女性诠释中更加共通的意识形态方面的一些变化。沃克认为,嘉宝乃是米高梅这样的一个企图,亦即调和少女的"活泼"性欲和"丽莲·吉许所擅饰少女的永远为荣誉而战之间的矛盾"(p.113)。在这方面,嘉宝的作者身份是意识形态的(以资本主义和父权主义的复杂性表达出来)。尽管沃克并未如人们所愿提供更详细的例证,也未质疑"天赋"和"生性"等用语,但该章和《电影中的性》其他章节以及本书《明星》(尤其是第一章关于梅·蕙丝特、伊丽莎白·泰勒的论述,第二章关于蓓蒂·台维丝、琼·克劳馥和克拉克·盖博的论述)都表明,像这样的研究在明星学研究这个领域中是极其必要的。(许多明星的[自传]传记也一样——但它们不是我详尽研究的对象)

明星和作者

明星的形象和表演也常常被其他作者所利用。这里我把讨论限于导演,尽管所举的例子是路易·B.迈耶(米高梅老板)和裘迪·迦伦、大卫·塞尔兹尼克(David Selznick,著名制片人)和珍妮佛·琼斯(Jennifer Jones)*、霍华德·休斯(Howard Hughes,雷电华老板)和珍妮·拉

---

[1] 沃克指出嘉宝曾有一次被报纸记者单独询问,但该报纸和制片厂都选择将此次访谈解释为只是表达一个基本的和"抽象"的欲望。

* 塞尔兹尼克(1902—1965),著名的独立制片人,拍有《乱世佳人》、《蝴蝶梦》、《第三个人》等名片;琼斯(1919—),在塞尔兹尼克指导下,演有《太阳浴血记》等,后来两人结婚,她曾凭《圣女之歌》封为奥斯卡影后。——译者注

塞尔,这些例子无疑是值得检视的。正如 V. F. 帕金斯在《电影作为电影》一书中指出的:"导演凭借演员,如同凭借剧本一样,便获得了材料,它们可以被利用和组织,但不能随心所欲地改变其性质。"(p. 182)帕金斯感兴趣的是导演如何使"演员为大家熟悉的个性特征"适合于导演(她/他)所关注的,适合于人物特征的"模型"。导演她/他可以借助明智而审慎地选角来做到这一点——帕金斯援引希区柯克使用卡莱·葛伦和詹姆士·史都华——不过导演对选角甚至拥有更多的掌控权;选角通常是"发掘并富于想象力地组织"事先给定的材料、明星的形象和表演能力。帕金斯在这里提到明星形象能够为导演提供一定的可能性——例如史都华对于希区柯克、安东尼·曼(Anthony Mann)、约翰·福特和奥托·普雷明格(Otto Preminger)——同样,导演也利用明星以不同的方式呈现她/他的"作者"模型——例如尼古拉斯·雷(Nicholas Ray)和亨佛莱·鲍嘉、罗伯特·米契姆、詹姆斯·贾克奈、查尔顿·赫斯顿。

明星和导演相互受益这一观念渗透于许多作者论批评方法中。这种观点通常使得导演同演员在双方合作的互动中处于优势地位,这方面的例子通常更多的是考量导演的工作,但有关著述甚少。在《西方地平线》(*Horizons West*)一书中,吉姆·基特西斯(Jim Kitses)提到了曼/史都华、伯德·鲍提切(Budd Boetticher)/兰道夫·斯科特(Randolph Scott)的合作。约翰·巴克斯特(John Baxter)在《约翰·福特的电影》(*The Cinema of John Ford*)一书中则写道,福特的英雄观是随着他使用约翰·韦恩、詹姆士·史都华或亨利·方达而不同的。其他比较不大令人满意的例子有:斯坦利·索洛蒙(Stanley Solomon)在《电影的思想》(*The Film Idea*)中探讨的斯坦利·多南和艾尔弗雷德·希区柯克使用卡莱·葛伦;加里·卡莱(Gary Carey)的论文《淑女和导演》(*The Lady and the Director*)所涉及的蓓蒂·台维丝和威廉·惠勒*。

---

* 惠勒(1900—1981),美国著名导演,13 次提名奥斯卡奖最佳导演,3 次中鹄。——译者注

人们需要的并非是帕金斯、基特斯和巴克斯特所指出的,亦即只关注明星形象和导演模型之间完美匹配的问题。这两者之间的分离也许是有趣的,尤其是从意识形态角度来看,因为它们可能会符合或至少暗示意识形态的矛盾。在这里我要援引梦露和霍克斯在《绅士喜欢金发女》中的对决。洛蕾丽正如安妮塔·鲁丝所写之,乃是该片的英雄[1]。她通过深思熟虑地利用(社会建构的)女性魅力而成为英雄。而在霍克斯所拍的许多影片中,像这样的人物(如《只有天使长翅膀》[*Only Angels Have Wings*]中的丽泰·海华丝)并不那么令人同情,也不会成为中心人物。因此他刻意让她在片中蒙羞丢脸(让她身躯陷进舷窗口,直到露出她丰满的臀部,而这正是她性感武器的一部分)和讽刺性模仿(珍妮·拉塞尔在法庭一场戏里演她的替身),而建构拉塞尔的人物时,则塑造成一个温馨、亲昵的女子(她实际上是洛蕾丽的女友),其堪与"霍克斯电影"的其他女性媲美(如《只有天使长翅膀》中的琼·亚瑟)。在这样的语境下,梦露所建构的洛蕾丽仅是一个天真、性感但未被人操纵的女子,而这种建构正来自于梦露形象的基本模型,霍克斯借助这一角色对鲁丝在舞台上所饰的洛蕾丽稍作变化,把自己的意图搞混了,他原先想把女性世界分解成易受操纵的纯女性化女子这一类和看似男性化(或非女性化)的女子另一类。这就是为什么霍克斯嘲弄的只是鲁丝所饰的那种洛蕾丽,而不是梦露所饰的这种洛蕾丽——不过这又让我们回到在霍克斯的影片中"女性"究竟占什么样的位置,更重要的是女性在好莱坞、特别是在整个社会里的地位如何这样的问题上。"女性化"首先是社会建构,另外它也是男人们所作的建构,但它还是男人们常常发现难以相处的一种建构——它是一种让男人们投射出对性别的本性

---

[1] 我这里用"英雄"一词,部分是为了强调鲁丝所饰洛蕾丽的"英雄气质",强调她是一位可敬的胜利者;部分原因是"女英雄"一词含有其叙事中被建构的与男主人公相对应的地位——她是他寻求或钟爱的对象。

恐惧的范畴,对之可以从心理分析角度或者社会—历史角度亦即男人掌握对女人的控制权但同时又依赖女人的角度去认知。霍克斯的影片如同大多数影片一样,都证实了这种恐惧的存在。它们实际上都在说,女人、尤其是"女权主义"的女人真的应该让男人感到害怕;换句话说,它们拿着从男人身上反射出来的东西,却声称其发自女人。但梦露所饰的洛蕾丽让这个模式搞乱了,因为洛蕾丽作为梦露的形象早已建构了她,而当她演绎时,两者都充满了女性魅力,既不是恶魔,也不是阉割男人。梦露所饰的洛蕾丽拒绝支持这种由男人建构的女性。

大多数明星/导演之研究都涉指,明星作为表意的复合体必须符合导演的关注或处理。由玛琳·黛德丽*和约瑟夫·冯·斯登堡合作拍摄的一系列影片通常都被这样解读,但是也提出了其他种种可能情况。对黛德丽/斯登堡影片的标准看法是:她纯粹为他的种种幻想和对形式关注之工具。难怪马乔利·罗森(Marjorie Rosen)在《爆米花女神》(*Popcorn Venus*)一书中将这些影片都看成黛德丽作为冯·斯登堡理想"封圣化"(p.174)。克莱尔·约翰斯顿则进一步,认为这些影片远不是推广男性关于女性化的理想,实际上是否认女性的存在:

> 为使男人始终处于聚焦女人形象的文本中的核心位置,作者被迫压制女人作为社会存在和性别存在(她的不同性别)的意念,并完全否认男人/女人的对立。作为符号的女人因而成为影片语境的伪中心,而该符号提供的真正对立面是男性/非男性,这正是斯登堡利用给黛德丽的形象穿上男式服装而建构的。这种假扮指明了男人的不存在,而男人的不存在同时经男人否认又复原。像这样的女人形象已经变得仅仅留下女人被排斥和压抑的痕迹。(《关于女性电影的评论》[*Notes on Women's Cinema*],p.26)

---

* 黛德丽(1901—1992),原籍德国,后赴好莱坞发展,是一位多才多艺的女星,她的表演风格独树一帜。——译者注

不管是认为黛德丽已不存在,或者是认为女人已不存在,这两种看法亦均符合斯登堡自己的声明,该声音曾被汤姆·弗林(Tom Flim)在其论文《乔伊,你在哪儿?》(*Joe, Where Are You?*)中援引:"在我的影片中,玛琳不是她本人。请记住这点,玛琳是玛琳,我也是玛琳,关于这点她比谁都清楚。"(p.9)不过,正如劳拉·马尔威在她的论文《视觉快感和叙事电影》中指出的:

> 众所周知,斯登堡有一次曾说他喜欢他的影片倒过来放映,这样故事和人物的复杂情况不会同观众对银幕形象的净化欣赏发生抵触。不过他的这一声明也显示他的制作十分精巧,正是凭借这种精巧的制作,他的影片是非让这个女人形象(即黛德丽在所有与他合作的影片中始终是最极致的典范)被认同不可。(p.14)

这表明,当斯登堡倾向于将黛德丽作为他对色欲—形式主义("恋色情")关注的一部分使用时,黛德丽作为早已表意的元素事实上也已经存在。正是这点使得莫莉·哈斯克尔把黛德丽归为女明星范畴,这类女明星一直抗拒那种强加于她们的模式化。因此她对黛德丽是同琼·哈罗(Jean Harlow)*和梅·蕙丝特联系在一起予以探讨的,她认为:

> 黛德丽之美丽璀璨夺目,宛如女神,但是她拒绝成为女神,拒绝承载广大观众能够认同的爱情和痛苦的共通方面,拒绝装作讨好男人的自我,亦即爱情永不泯灭,或者她只爱他。(《从崇拜到强奸》,p.109)

同样,汤姆·弗林在前述的论文中也提到:

> 打造"黛德丽"最最重要的是黛德丽本人,是她超然的气质,她

---

* 哈罗(1911—1937),著名的性感女星,绯闻颇多,演有《地狱天使》、《红尘》等片。——译者注

摆脱社会禁忌的独立精神——这些都是她偶尔盗穿男式服装而展现出来的,她常常模仿"更强大"的性别,她会以这种或那种方式但永远不变地胜出。(p.14)

上述观点——黛德丽是斯登堡色欲—形式主义的空泛工具,黛德丽抗拒将自己建构成男人梦想的女神——都把黛德丽/斯登堡的影片按照这两种"声音"的融合或分离概念化了。不过有些著者表示,有人会从明星和导演之间的色欲—情感关系角度来解读这些影片。正如杰克·巴布西欧指出的,人们可能"感觉到黛德丽及其导演之间有些'暧昧关系'"(《基佬和同性恋感情》,p.51)。劳拉·马尔威则表示,他俩的影片在形式上诸特点支持了这种看法——在那些极其明显窥淫的影片中不存在一个可替代导演或观众的男性主人公,或者这个男性主人公被降为配角。至于斯登堡和作为明星、人物的黛德丽之间的关系,则属于一种直接的窥淫癖——他偷窥她——而观众也被放在同导演一样的位置上。罗宾·伍德进一步表示,综观这些影片,可以看到:

> 这样一个过程……它也许符合冯·斯登堡对他俩关系的感觉。从《上海快车》,经过《斯佳丽女王》(*The Scarlet Empress*),到《恶魔是女人》(*The Devil is a Woman*),越来越明显地让人感到男人的无能和女人的残忍。(《个人观点》[*Personal Views*],p.113)

马尔威和伍德均暗示,这些影片都表达了斯登堡对这种关系的看法。但如果我们认同哈斯克尔和弗林的"抗拒"论点,那么我们可以认为伍德所指的"变坏"实指黛德丽不愿成为斯登堡想要她成为的任何样子的人,所谓的"变坏"确切说是她的"傲慢"——该词是亚历山大·沃克在《电影中的性》里描述黛德丽的关键词——它防止她被划入斯登堡的场面调度之中,故而致使他认为她"残忍"(伍德语)。从这点看,这些影片可以看出他俩复杂关系的蛛丝马迹,但不是两种声音的融合。

我在探讨作者身份时,力求避免陷入那种认为作者即自我表现的想法。自我表现这个概念存在着一些理论性问题,正如我在前面所提到的,第一,它无法确认所有语言(不管什么种类的)都会被其个人使用者或多或少程度"忘掉";第二,它假定自我是存在于语言之外并优先于语言的,而不是在语言中且借助语言(尽管不单单是语言)而形成的。不过,自我表现这一概念一直是我们习惯思维之一。弗兰克·麦克康纳(Frank McConnell)在其《可说话的可见物》(*The Spoken Seen*,它虽有争议,但论述明星相当严肃)关于明星一章中认为,正是明星——因为他们看上去真的存在于银幕上但实际不是,而且他们是我们感受得到的,尽管还有其他许多符号建构人物——将自我表现概念的危机戏剧化了。这一点他认为从浪漫主义运动、特别是拜伦以来就承袭了:"拜伦浪漫主义诗篇的核心是对其本身的不可能性之假设;自我表现可以成为艺术的目标,如同是生活的目标一样;但是这种目标会对艺术本身产生不利影响,并且暗中破坏艺术。"(p. 180)他进而比较了亨佛莱·鲍嘉和詹姆斯·贾克奈,认为前者表现的是"一个人处在部分厄运和影片强加于他的环境中的'不安全感'"(p. 185),而贾克奈表现的是"一种新发现的、在故事中存活的能力"(p. 186)。麦克康纳的描述,等于改写了本书屡次提到的观点,即明星除了在意识形态内部和各种意识形态之间处理种种矛盾并将之呈现出来外,还把自我和角色的问题戏剧化了。如果有人打算把明星视为作者的话,那么还会有另一个问题以稍微不同的方式提出来而针对上述问题——亦即自我和表现之间的关系,尽管这种关系常常招致非议。

结　　论

要作结论可是件难事，正如引论所述，本书是对明星研究领域早已探讨的和需要探讨的作了一次检视。我只愿意做出四点结论性的意见，它们不应该被当做总结，也几乎不是将这一领域的探讨归为快结束了，而更像是建议，对未来的研究提出优先考量的重点。首先是观众问题。本书通篇——同大多数电影研究一样——显然都未论及观众。在谈论操纵消费、意识形态的作用、明星形象的颠覆、与角色同化、如何解读和设置时，观众的概念是十分重要的，但是在每一个个案中我不得不示意我们对之认知上的缺口，然后我又继续装作这仅仅是缺口而已。但是，如何给观众建立概念模型——并为这种概念模型提供足够的经验——对于我们能够就明星和影片如何产生功能做出任何假设乃是至关重要的。这决不可像我们在其他领域里那般无知。我们对媒体文本的制作了解不多，也甚少按照近期关于文化生产的更加精深的理论来作经验性的研究[1]。同样，对媒体文本各种形式上或诠释上处理方法

---

[1] 例如见比埃尔·马歇莱（Pierre Macherey）的《文学创作的一种理论》（*Pour une théorie de la production littéraire*）、朱莉娅·克丽丝特娃（Julia Kristeva）的《制作的表意实践和模式》（*Signifying Practice and Mode of Production*）、史蒂夫·彭尼斯顿（Steve Burniston）和克里斯·维登（Chris Weedon）的《意识形态、主观性和艺术文本》（*Ideology, Subjectivity and the Artistic Text*）、拉切尔哈里森（Rachel Harrison）的《秀兰：复制的相关性和浪漫的意识形态》（*Shirley: Relations of Reproduction and the Ideology of Romance*）。

的认知也存在着争议[1]。不过,这些欠缺较之于我们在理论和经验上忽视电影如何为观众服务、如何依赖观众、如何与观众互动是算不了什么的——还有,选择什么样的前提也是关键的。不过有迹象表明,这种种欠缺开始被一些新的理论发展[2]和新的研究计划[3]弥补了。另外,还有相当多的资料,主要涉及观众旧经验的研究成果,也获有新的意义[4]。

近年来处理观众问题的方法之一,是借助于人们作为"主体"的概念。这种处理方法按其广义涉指意识形态不仅作为人们运用的一整套思想及其表述,而且作为建构人们(作为"主体")的过程。这种处理方法的关键在于要永远地摒弃任何关于人们是存在于意识形态之外且与它相对立的实体之观念。因此,致使这种处理方法陷入危机的——在文学和戏剧中已有一个重要的传统,它被伊丽莎白·彭斯(Elizabeth Burns)在《戏剧特性》中作为"人格危机"[depersonalisation]探讨——乃是自由的意识、原创性、连贯性、乐观性和进取心,它们奠定了资产阶级社会中个人概念的基础,而且也具有马克思主义思想的许多特点。我觉得,这种涉及人格是什么的危机感,也是明星现象的核心所在,它可能隐藏在明星的魅力后面,用明星们通常就这种危机所说的是一种共通的现象,它似乎就在明星身上体现出来或者在明星身内浓缩。至于明星如何说的、体现或浓缩的,可能首先再次肯定人们作为与意识形态

---

[1] 请阅珍妮特·沃尔夫(Janet Wolff)的《解释哲学和艺术社会学》(*Hermereutic Philosophy and the Sociology of Art*)。

[2] 例如斯图亚特·霍尔(Stuart Hall)的《电视话语的编码和解码》(*Encoding and Decoding in the Television Discourse*)、戴夫·莫莱(Dave Morley)的《重建媒体观众概念模型》(*Reconceptualising the Media Audience*)、科林·麦坎比(Colin McCabe)的《理论和电影:现实主义和快感的原理》(*Theory and Film: Principles of Realism and Pleasure*)。

[3] 例如戴夫·莫莱和多萝西·霍布森(Dorothy Hobson)在伯明翰大学当代文化研究中心的研究成果。

[4] 例如莱奥·汉德尔(Leo Handle)的《好莱坞如何看待观众》(*Hollywood Looks at Its Audience*)、J.P.梅耶(J.P. Mayer)的《英国电影院及其观众》(*British Cinemas and their Audiences*)、玛格丽特·索普(Margret Thorpe)的《电影中的美国》(*America at the Movies*)。

和历史相对的个体或主体之事实,或者在界定人格是什么时准确揭示出其不安定和焦虑。不管是肯定还是揭示,也不管是游走于这两者之间,明星必须明确表述这种危机始终浸透着阶级、性别、种族、性取向、宗教、次文化结构等的文化和历史特点。但我觉得,所有明星在界定人格是什么时也都是在比较共通的方面——文化和历史特点方面——运作的。我在本书各个不同场合都表示,明星在处理下列一些对立的或不易表述的概念时可能不尽相同:

明星作为人格:明星作为形象

明星作为形象:明星作为人物

明星作为作者:明星作为文本

明星作为自我:明星作为角色

以及明星作为实体:明星作为主体

由此,明星研究富有成效的途径或许是列出明星们表述、经历和制造危机的各种方法。[1]

上面概述的方法仍然涉指理解和阐明明星们如何实际发挥功能。不过,涉及危机的揭示时,则暗示明星可能不只是意识形态的附属品,而且还是意识形态的评判员——这一观点接近于马克思和恩格斯关于文学所采取的观点[2]。这个观点导出了我的第三个结论,即明星激进的潜力问题。我从这样一个假设开始:大众媒体中激进主义创作的时

---

[1] 请阅《意识形态和思想意识》(Ideology and Consciousness)杂志,特别是黛安娜·艾德伦(Diana Adlam)等的《心理学、意识形态和人的主体》(Psychology, Ideology and Human Subject)、卢斯·伊瑞加莱(Luce Irigaray)的《妇女的流亡》(Women's Exile)、布赖恩·罗伯茨(Brian Roberts)的《G. H. 米德:他的社会哲学的理论和实践》(G. H. Mead: The Theory and Practice of His Social Philosophy)、斯图亚特·霍尔《意识形态与主体对偶的一些问题》(Some Problems with the Ideology/Subject Couplet)。

[2] 参见马克思和恩格斯的《论文学和艺术》(On Literature and Art),特别是恩格斯致玛格丽特·哈克尼斯的信。

机对于文化斗争来说是必不可少的,例如先锋派的创作[1]。于是问题就成了什么样的创作对于大众媒体来说是可以进行的呢?

我曾在前面各个章节里都指出过在文本这一级上进行创作的一些可能性。在这些可能性中需要一点精心的制作水平和有力的防卫本领。我在探讨"反叛"和"独立女性"以及多次涉及莫莉·哈斯克尔关于女明星"抗拒"侮辱性角色的论题时,一直怀有这样一个假设,即只要这些明星和明星所饰类型人物能够起到进步作用,那么他们通过观众与他们同化便可做到这点。而这种同化既可以通过给观众对他们生活环境的非传统性/对抗性的态度/回应提供确认(主体媒体是不会认同的),也可以通过角色模型(他们能暗示适应或改变环境的他择性途径)提供摆脱环境出路的形象来达到。我知道,最近有一些理论研究都认为所有形式上的同化均为反动,其理由有两点。第一点是认为同化会确认我们的幻觉,即我们都是完整统一的主体。然而这种观点所源自的理论本身讲明这种幻觉是生活在人类文化中绝对必需的,重要的是须知道人类文化的各个方面都是文化(不可认为这一切方面是天生固有的),而更迫切的任务是须区分表现模式和同化模式在政治内涵上的不同。第二点则强调我们只能通过认可来同化,因为只有我们认知哪个为那个,所有的认可/同化才能有助于确认现状。只有当这一观点有一定的逻辑性时,下述的假设才会有效运作,即现状是均质的和同质的,而不会因意识形态内部和之间的矛盾以及由此造成表现模式和同化模式内部和之间矛盾而分崩离析。如果说人们只认知哪个为那个是正确的话,那么同样正确的是哪个为那个要比主流意识形态要简单明了得多,而主流意识形态无论如何要复杂得多。针对这些企图掩饰其反对表现/同化模式的异议,我愿意补充一个更为直接的政治观点,那

---

[1] 为进一步探讨文化斗争的策略,请阅西尔薇娅·哈维(Sylvia Harvey)的《1968年5月风暴和电影文化》(*May'68 and Film Culture*)。

是适用于群体——工人阶级、妇女们、黑人们、同性恋者们——的,他们一直被排斥在所有形式——除非边缘化和平庸化的形式——的文化体系之外;这种观点要求结束只认同名人的做法,无非是一种早熟的看法。正如保罗·哈莱姆(Paul Hallam)和罗纳德·L.佩克(Ronald L. Peck)在他俩的论文《影片中的同性恋形象》(*Images of Homosexuality in Films*,刊于《左派同性恋者》杂志 1977 年总第 5 期,冬季号)中所观察到的,"叙事的同化一直遭到先锋派的反对……而反对之时正值同性恋者们可以声称自己依然不同意之时。同化的早期阶段对于受压抑的群体来说是相当重要的,他们从未拥有过合适的自我形象"(p.25)。

不管有些明星采取什么样的激进/进步/颠覆的形式——为了明确表述矛盾,凸现社会典型,例如布莱希特式的表现是通过"不断地跳入跳出",非传统性或对抗性地认同人们等——都应该强调这样一点,即人们谈论的是文本能够被解读。能够解读什么样的文本,当涉指激进电影制作的程序时,也需要一个激进电影被解读的程序。这后一种程序还可能涉及揭露明星作为媒体文本的反动意识形态功能,并且指出一些进步文本的可争议事例。(我希望大多数明星在涵延上两者兼有。)

第四个结论也是最后一个结论,我觉得应该提一下美貌、快感、欢悦……本书的重点在于分析和启蒙,而我愿将这样的重点坚持到底。不过我们不可忘记,我们所分析的均从其所经历的当中获得力量和激情;不可忘记意识形态之具形同认识之具形一样富于经验性和效果性。当我看玛丽莲·梦露时,我会静气屏息;当我看蒙哥马利·克里夫特时,我会为他的英俊扮相叹息;当我看芭芭拉·史坦妃时,我深知这个女人非凡强硬。我不想让这些反应置于分析之上,但我同样不想忘记什么是我要分析的,即使我是在匆匆地作分析。还有,我必须加一句话,当我完全同意美貌和快感具有文化和历史的特定性时,我也决不回避意识形态,他们依然是美丽的、欢悦的,我热切期望并密切跟踪以这种或那种形式呈现的他们。

附：文献目录

本书所附的文献目录分为五个部分。第一部分包含一般性论及明星的文章和书籍。尽管选取并非权威性的，但我的宗旨力求全面。这一部分收入的书籍有或多或少章节论述明星，另一些书籍和文章则论及比电影更广泛领域的明星现象。第二部分包含一些论及个别明星的著述。这部分文献比较有选择性。它重新提到第一部分里的书籍和文章，它们一方面共同地对明星们感兴趣，另一方面基本上又论及特定的明星。第三部分列出供研究明星形象参考用的原始资料。其题目限于我的正文中所援引的，也限于原始资料文集。第四部分列出涉及电影总体情况但未涉及——或者只是很少地涉及——明星的著述。第五部分收录正文中所援引的其他所有著述。

1. 明星：总论

Affron, Charles, *Star Acting*, E. P. Dutton, New York, 1977.

Agel, Henri, 'Le Dandy à l'écran', *Revue d'esthétique*, vol. 20, nos. 2 and 3, 1967, pp. 153–68.

Alberoni, Francesco, 'L'Elite irresponsable: théorie et recherche sociologique sur '*le divismo*', *Ikon*, vol. 12, 40/1, 1962, pp. 45–62; reprinted (trans. Denis McQuail) in McQuail, Denis (ed.), *Sociology of Mass Communications*, Penguin, London, 1972, pp. 75–98 (title, 'The Powerless Elite: Theory and Sociological Research on the Phenomenon of the Stars').

Alloway, Lawrence, 'Iconography of the Movies', *Movie*, no. 7; reprinted in

Cameron, Ian (ed.), *Movie Reader*, November Books, London, 1972.
Violent America, Museum of Modern Art, New York, 1971.
Alpert, Hollis, *The Dreams and the Dreamers*, Macmillan, New York, 1962.
Anderson, Joseph I. and Richie, Donald, *The Japanese Film: Art and Industry*, Charles E. Tuttle, Rutland VT and Tokyo, 1959.
Babuscio, Jack, 'Screen Gays', *Gay News*, nos. 73 ('Camp Women'), 75 ('Images of Masculinity'), 92 ('Sissies'), 93 ('Tomboys').
'Camp and the Gay Sensibility', in Dyer, Richard (ed.), *Gays and Film*, British Film Institute, London, 1977.
Barthes, Roland, 'La Vedette, enquêtes d'audience?', *Communications* 2.
Mythologies, Seuil, Paris, 1970; reprinted (trans. Annette Lavers), Cape, London, 1972.
Becker, Raymond de, *De Tom Mix à James Dean*, Arthème Fayard, Paris, 1959.
Bobker, Lee R., *Elements of Film*, Harcourt, Brace and World, New York, 1969.
Boorstin, Daniel, *The Image*, Weidenfeld and Nicolson, London, 1962; Penguin, 1963.
Braudy, Leo, *The World in a Frame*, Anchor Press/Doubleday, Garden City, New York, 1976.
Burns, Elizabeth, *Theatricality*, Longman, London, 1972.
Cavell, Stanley, *The World Viewed*, Viking Press, New York, 1971.
Durgnat, Raymond, 'Getting Cinema on the Right Wavelength', *Films and Filming*, vol. 11, no. 5, February 1965, pp. 46–50.
Films and Feelings, Faber and Faber, London, 1967.
Dyer, Richard, 'It's Being So Camp As Keeps Us Going', *Body Politic* (Toronto), no. 36, September 1977, pp. 11–13.
Eisenstadt, S. N. (ed. and introduction), *Max Weber on Charisma and Institution Building*, University of Chicago Press, Chicago and London, 1968.
Elkin, Fred, 'Popular Hero Symbols and Audience Gratifications', *Journal of Educational Psychology*, 29, 1955, pp. 97–107.
Gough-Yates, Kevin, 'The Hero', *Films and Filming*, December 1965–March 1966.
'The Heroine', *Films and Filming*, May–August 1966.
Griffith, Richard, *The Movie Stars*, Doubleday, New York, 1970.
Handel, Leo, 'La Bourse des vedettes', *Communications* 2, 1963, pp. 86–104.
Harris, Thomas B., 'The Building of Popular Images: Grace Kelly and Marilyn Monroe', *Studies in Public Communications* 1, 1957, pp. 45–8.
Haskell, Molly, *From Reverence to Rape*, Holt, Rinehart and Winston, New York, 1974; Penguin, London, 1974.
Hess, Thomas B., 'Pinup and Icon', in Hess, Thomas, B. and Nochlin, Linda (eds.), *Woman as Sex Object*, Newsweek, New York, 1972, pp. 223–37.

Hollywood and the Great Stars Monthly, nos. 1–9, 1974–5.
Jarvie, I. C., *Towards a Sociology of the Cinema*, Routledge, London, 1970.
Johnston, Claire (ed.), *Notes on Women's Cinema*, Society for Education in Film and Television, London, 1973.
  'Feminist Politics and Film History', *Screen*, vol. 16, no. 3, Autumn 1975, pp. 115–124.
King, Barry, 'The Social Significance of Stardom', unpublished manuscript, 1974.
Klapp, Orrin E., *Heroes, Villains and Fools*, Prentice-Hall, Englewood Cliffs, NJ, 1962.
  Collective Search for Identity, Holt, Rinehart and Winston, New York, 1969.
Lowenthal, Leo, 'The Triumph of Mass Idols', in *Literature, Popular Culture and Society*, Prentice-Hall, Englewood Cliffs, NJ, 1961, pp. 109–40.
Manvell, Roger, *Love Goddesses of the Movies*, Hamlyn, London, 1975.
McArthur, Colin, 'The Real Presence', *Sight and Sound*, vol. 36, no. 3, Summer 1967, pp. 141–3.
McConnell, Frank, *The Spoken Seen*, John Hopkins University Press, Baltimore, and London, 1975.
McCreadie, Marsha, *The American Movie Goddess*, Wiley, New York, 1973.
McVay, Douglas, 'The Art of the Actor, Part Five: The Actor and the Star', *Films and Filming*, November, 1966, pp. 26–33.
Mellen, Joan, *Big Bad Wolves: Masculinity in the American Film*, Elm Tree Books, London, 1978.
Mercer, Jane, *Great Lovers of the Movies*, Hamlyn, London, 1975.
Merton, Robert K., *Mass Persuasion*, Harper, New York and London, 1946.
Meyers, Janet, 'Dyke Goes to the Movies', *Dyke* (New York), Spring 1976.
Mills, C. Wright, *The Power Elite*, Oxford University Press, New York, 1956.
Morella, Joe and Epstein, Edward Z., *Rebels – the Rebel Hero in Films*, Citadel Press, New York, 1971.
Morin, Edgar, *Les Stars*, Seuil, Paris, 1957; reprinted (trans. Richard Howard), Grove Press, New York, 1960.
Morin, Violette, 'Les Olympiens', *Communications* 2, pp. 105–21.
Mulvey, Laura, 'Visual Pleasure and Narrative Cinema', *Screen*, vol. 16, no. 3, Autumn 1975, pp. 6–18.
Myrdal, Gunnar, *An American Dilemma*, Harper, New York, 1944 ('glamour personalities', pp. 734–5).
Pascall, Jeremy (ed.), *Hollywood and the Great Stars*, Phoebus, London, 1976.
Patalas, Enno, *Sozialgeschichte der Stars*, Marion von Schröeder, Hamburg, 1963; reprinted as *Stars, Geschichte der Filmidole*, Fischer-Bücherei, Hamburg and Frankfurt, 1967.

Pate, Michael, *The Film Actor*, Yoseloff, London, 1970.
Perkins, V. F., *Film as Film*, Penguin, London, 1972.
Powdermaker, Hortense, *Hollywood, the Dream Factory*, Little, Brown and Co., Boston, 1950.
Pudovkin, V. I., *Film Technique and Film Acting* (trans. and ed. Ivor Montagu), Mayflower, London, 1958.
Rosen, Marjorie, *Popcorn Venus*, Coward, McCann and Geoghegan, New York, 1973.
Schickel, Richard, *His Picture in the Papers*, Charterhouse, New York, 1974.
Scott, James F., *Film – the Medium and the Maker*, Holt, Rinehart and Winston, New York, 1975.
Shaffer, Lawrence, 'Some Notes on Film Acting', *Sight and Sound*, vol. 42, no. 2, Spring 1973.
 'Reflections on the Face in Film', *Film Quarterly*, vol. xxxi, no. 2, Winter 1977–8.
Sheldon, Caroline, 'Lesbians and Film: Some Thoughts', in Dyer, Richard (ed.), *Gays and Film*, British Film Institute, London, 1977, pp. 5–26.
Shils, E. A., 'Charisma, Order and Status', *American Sociological Review*, 30, 1965, pp. 199–213.
Shipman, David, *The Great Stars – the Golden Years*, Hamlyn, London, 1970.
 The Great Stars – the International Years, Hamlyn, London, 1972.
Siclier, Jacques, *Le Mythe de la femme dans le cinéma américain*, Cerf, Paris, 1956.
 La Femme dans le cinéma français, Cerf, Paris, 1957.
Solomon, Stanley, *The Film Idea*, Harcourt Brace Jovanovich, New York, 1972.
Thomson, David, 'The Look on the Actor's Face', *Sight and Sound*, vol. 46, no. 4, Autumn 1977, pp. 240–4.
Tudor, Andrew, *Image and Influence*, Allen and Unwin, London, 1974.
Walker, Alexander, *The Celluloid Sacrifice*, Michael Joseph, London, 1966; reprinted (new title, *Sex in the Movies*), Penguin, London, 1968.
 Stardom, the Hollywood Phenomenon, Michael Joseph, London, 1970; Penguin, London, 1974.
Weber, Max, *On Charisma and Institution Building* (ed. S. N. Eisenstadt), University of Chicago Press, Chicago and London, 1968.
Whitaker, Sheila, 'The Rebel Hero', *Hollywood and the Great Stars Monthly*, no. 8, pp. 10–13.
Wolfenstein, Martha and Leites, Nathan, *Movies: A Psychological Study*, Free Press, Glencoe, 1950.
Wood, Michael, *America in the Movies*, Secker and Warburg, London, 1975.
Wood, Robin, 'Acting Up', *Film Comment*, vol. 12, no. 2, March–April 1976, pp. 20–5.

2. 明星：个别研究

Affron, Charles, *Star Acting* (Lillian Gish, Garbo, Davis).
Alpert, Hollis, 'Marlon Brando and the Ghost of Stanley Kowalski', *The Dreams and the Dreamers*, pp. 40–61.
Babuscio, Jack, 'Screen Gays', *Gay News*, nos. 79 (James Dean), 85 (Marilyn Monroe), 102 (Dirk Bogarde), 104 (Montgomery Clift), 111 (Carmen Miranda).
Barr, Charles, *Laurel and Hardy*, Studio Vista, London, 1967.
Barthes, Roland, 'Le Visage de Garbo', *Mythologies*, pp. 77–9; reprinted in Mast, Gerald and Cohen, Marshall (eds.), *Film Theory and Criticism*, Oxford University Press, New York, 1974, pp. 567–9.
Bazin, André, 'Le Destin de Jean Gabin', *Radio-Cinéma-Télévision*, 1 October, 1950; reprinted in *Qu'est-ce que le cinéma?*, Cerf, Paris, 1961, pp. 79–82; reprinted (trans. Hugh Gray), 'The Destiny of Jean Gabin', in *What Is Cinema?*, vol. 2, University of California Press, Berkeley, Los Angeles and London, 1971, 1972, pp. 176–9.
Beauvoir, Simone de, *Brigitte Bardot and the Lolita Syndrome* (trans. Bernard Frechtman), Deutsch, Weidenfeld and Nicolson, London, 1960.
Brown, Geoffrey, 'The Marx Brothers', *Cinema* (Cambridge), no. 8, pp. 29–31.
Brown, William R., *Imagemaker: Will Rogers and the American Dream*, University of Missouri Press, 1970.
Camper, Fred, 'Jerry Lewis, *The Nutty Professor*', *Cinema* (Cambridge), no. 8, pp. 32–4.
Carey, Gary, 'The Lady and the Director' (Davis and William Wyler), *Film Comment*, vol. 6, no. 3, Autumn 1970, pp. 18–24.
Cooke, Alistair, *Douglas Fairbanks: The Making of a Screen Character*, Museum of Modern Art, New York, 1940.
Croce, Arlene, *The Fred Astaire and Ginger Rogers Book*, Outerbridge and Lazard, New York, 1972.
Durgnat, Raymond, *Greta Garbo*, Studio Vista, London, 1965.
Dyer, Richard, 'Four Films of Lana Turner', *Movie*, no. 25, pp. 30–52.
  'Resistance Through Charisma: Rita Hayworth and *Gilda*', in Kaplan, E. Ann (ed.), *Women and Film Noir*, British Film Institute, London, 1978, pp. 91–9.
Eckert, Charles, 'Shirley Temple and the House of Rockefeller', *Jump Cut*, no. 2, July–August 1974, pp. 1, 17–20.
Finn, Tom, 'Joe, Where Are You?' (Marlene Dietrich), *The Velvet Light Trap*, no. 6, Autumn 1972, pp. 9–14.
Godard, Jean-Luc and Gorin, Jean-Pierre, *Letter to Jane*, transcript prepared by Nicky North, British Film Institute, 1974.

Haskell, Molly, 'Partners in Crime and Conversion' (James Cagney, Joan Blondell, Ann Sheridan), *The Village Voice*, 7 December 1972.

Hembus, Joe, *Marilyn Monroe, die Frau des Jahrhunderts*, Wilhelm Heyne Verlag, Munich, 1973; reprinted (trans. Rosalind Parr), *Marilyn, the Destruction of an American Dream*, Tandem, London, 1973.

Hill, G., 'John Wayne', *Kinema*, no. 3, Autumn 1971, pp. 5–12.

Kaplan, E. Ann, 'The Importance and Ultimate Failure of *Last Tango in Paris*' (Marlon Brando), *Jump Cut*, no. 4, November–December 1974, pp. 1, 9–11.

Kobal, John, *Marlene Dietrich*, Studio Vista, London; E. P. Dutton, New York, 1968.

'The Time, the Place and the Girl: Rita Hayworth', *Focus on Film*, no. 10, Summer 1972, pp. 15–29.

McCreadie, Marsha, *The American Movie Goddess* (Garbo, Rita Hayworth, Monroe).

McGilligan, Patrick, *Cagney: The Actor as Auteur*, A. S. Barnes, South Brunswick; Tantivy, London, 1975.

Mellen, Joan, 'The Mae West No-body Knows', in *Women and their Sexuality in the New Film*, Horizon Press, New York, 1973; Davis-Poynter, London, 1974, pp. 229–43.

Merton, Robert K., *Mass Persuasion* (Kate Smith).

Morin, Violette, 'James Bond Connery: Le Mobile', *Communications*, 6, 1965, pp. 88–102.

Morris, Gary, 'Sex, Love and Joan Crawford', *Bright Lights*, vol. 1, no. 1, Autumn 1974, pp. 4–12.

Posadas, J., 'The Contribution of the Films of Chaplin to the Class Struggle of the Proletariat', *The Necessity of the Revolutionary Role of Cinema in the Capitalist Countries, in the Construction of the Workers' States and Socialism*, European Marxist Review, 1977, pp. 105–17.

Schickel, Richard, *His Picture in the Papers* (Douglas Fairbanks).

Young, Tracy, 'Fonda Jane', *Film Comment*, vol. 14, no. 2, March–April 1978, pp. 54–7.

NOTE: There are two series of books devoted to studies of individual stars, of varying usefulness and quality. These are *The Films of . . .* series, Citadel Press, New York, and *Pyramid Illustrated History of the Movies* (general ed. Ted Sennett), Pyramid, New York, some titles reprinted by W. H. Allen, London.

3. 原始资料

Anger, Kenneth, *Hollywood Babylone*, Editions J-J. Pauvert, Paris, 1959; reprinted (expurgated) Straight Arrow Books, San Francisco, 1975.

Brough, James, *The Fabulous Fondas*, W. H. Allen, London, 1973.
Gelman, Barbara, (ed.), *Photoplay Treasury*, Crown Publishers, New York, 1972.
Graham, Sheilah, *Scratch an Actor*, W. H. Allen, London, 1969; Mayflower paperback, 1970.
Griffith, Richard, *The Talkies*, Dover, New York, 1971.
Guiles, Fred Lawrence, *Norma Jean*, W. H. Allen, London, 1969.
Kobal, John, *Fifty Years of Movie Posters*, Hamlyn, London, 1973.
   Hollywood Glamour Portraits, Dover, New York, 1976.
Levin, Martin, *Hollywood and the Great Fan Magazines*, Arbour House, New York, 1970.
Lucas, Bob, *Naked in Hollywood*, Lancer Books, New York, 1962.
Mayer, J. P., *Sociology of Film*, Faber and Faber, London, 1946.
   British Cinemas and their Audiences, Dobson, London, 1948.
Mayersberg, Paul, *Hollywood the Haunted House*, Allen Lane, London, 1967.
Morella, Joe and Epstein, Edward Z., *Lana – The Public and Private Lives of Miss Turner*, W. H. Allen, London, 1972.
Newquist, Roy, *Showcase*, William Morrow, New York, 1966.
Springer, John, *The Fondas*, Citadel, Secaucus NJ, 1970.
Thorpe, Margaret Farrand, *America at the Movies*, Yale University Press, New Haven, 1939.
Trent, Paul, *The Image Makers*, Octopus, London, 1973.
Zolotow, Maurice, *Marilyn Monroe*, W. H. Allen, London, 1961.

4. 电影：总论

Balazs, Bela, *Theory of the Film*, Dobson, London, 1952; reprinted Dover, New York, 1970
   'The Close-Up' and 'The Face of Man' reprinted in Mast, Gerald and Cohen, Marshall (eds.), *Film Theory and Criticism*.
Basinger, Jeanine, 'Ten That Got Away', in Kay, Karyn and Peary, Gerald (eds.), *Women and the Cinema*, E. P. Dutton, New York, 1977, pp. 61–72.
Baxter, John, *Hollywood in the Thirties*, Zwemmer, London, A. S. Barnes, New York, 1968.
   The Cinema of John Ford, Zwemmer, London; A. S. Barnes, New York, 1971.
   Hollywood in the Sixties, Tantivy, London; A. S. Barnes, New York, 1972.
Bettetini, Gianfranco, *The Language and Technique of Film* (trans. David Osmond-Smith), Mouton, The Hague, 1973.
Brady, Robert, A., 'The Problem of Monopoly', in Watkins, Gordon S. (ed.), *The Motion Picture Industry, Annals of the American Academy of Political and Social Science*, vol. 254, November 1947, pp. 125–36.

Branigan, Edward, 'Formal Permutations of the Point-of-View Shot', *Screen*, vol. 16, no. 3, Autumn 1975, pp. 54–64.

Brewster, Ben, '*Justine* by the Marquis de Sade', Edinburgh International Film Festival News, 1976.

Buscombe, Edward, 'The Idea of Genre in the American Cinema', *Screen*, vol. 11, no. 2, pp. 33–45.

Butler, Ivan, *The Making of a Feature Film*, Penguin, London, 1971.

Camper, Fred, '*Dishonored* by Josef von Sternberg', *Cinema* (Cambridge), no. 8, pp. 16–18.

Caughie, John (ed.), *Theories of Authorship*, Routledge/British Film Institute, London, 1981.

Cowie, Elizabeth, 'Woman as Sign', *m/f*, no. 1, pp. 49–63.

Dyer, Richard, '*The Way We Were*', *Movie*, no. 22, pp. 30–3.

'Entertainment and Utopia', *Movie*, no. 24, pp. 2–13.

'Stereotyping', in Dyer, Richard (ed.), *Gays and Film*, British Film Institute, London, 1977, pp. 27–39.

Elsaesser, Thomas, 'Why Hollywood', *Monogram*, no. 1, April 1971, pp. 4–10.

'Tales of Sound and Fury', *Monogram*, no. 4, pp. 2–15.

Fell, John L., *Film and the Narrative Tradition*, University of Oklahoma Press, Norman, 1974.

Field, Alice Evans, *Hollywood USA, from Script to Screen*, Vantage Press, New York, 1952.

Geraghty, Christine, '*Alice Doesn't Live Here Anymore*', *Movie*, no. 22, pp. 39–42.

Gledhill, Christine, 'Whose Choice?: Teaching Films about Abortion', *Screen Education*, no. 24, Autumn 1977, pp. 35–45.

Gow, Gordon, *Hollywood in the Fifties*, Zwemmer, London; A. S. Barnes, New York, 1971.

Harrild, Tony, '*Killer Elite*: Emotion Expression', *Film Form*, vol. 1, no. 2, 1977, pp. 51–66.

Harvey, Sylvia, *May '68 and Film Culture*, British Film Institute, London, 1978.

Higham, Charles and Greenberg, Joel, *Hollywood in the Forties*, Zwemmer, London; A. S. Barnes, New York, 1968.

Kay, Karyn and Peary, Gerald (eds.), *Women and the Cinema*, E. P. Dutton, New York, 1977.

Kitses, Jim, *Horizon West*, Thames and Hudson, London, 1969.

Knight, Arthur, *The Liveliest Art*, Macmillan, New York, 1957; Muller, London, 1959.

Kracauer, Siegfried, 'National Types as Hollywood Presents Them', *Public Opinion Quarterly*, 13, 1949, pp. 53–72.

Theory of Film. Oxford University Press, New York, 1965.

Kuleshov, Lev, *Kuleshov on Film* (ed. Ronald Levaco), University of California Press, Berkeley, Los Angeles, and London, 1974.
Mast, Gerald and Cohen, Marshall (eds.), *Film Theory and Criticism*, Oxford University Press, New York, 1974.
McArthur, Colin, *Underworld USA*, Secker and Warburg, London, 1972.
MacCabe, Colin, 'Realism and the Cinema: Notes on Some Brechtian Theses', *Screen*, vol. 15, no. 2, Summer 1974, pp. 7–27.
'Theory and Film: Principles of Realism and Pleasure', *Screen*, vol. 17, no. 3, Autumn 1976, pp. 7–27.
Mellors, Bob, *Clint Eastwood Loves Jeff Bridges True*, Quantum Jump Publications, London, 1978.
Morse, David, 'The American Cinema: A Critical Statement', *Monogram*, no. 1, April 1971, pp. 2–4.
Neale, Steve, 'New Hollywood Cinema', *Screen*, vol. 17, no. 2, Summer 1976, pp. 117–22.
Genre, British Film Institute, London, 1980.
Nichols, Bill (ed.), *Movies and Methods*, University of California Press, Berkeley, Los Angeles, and London, 1976.
Nowell-Smith, Geoffrey, *Visconti*, Secker and Warburg, London, 1967; revised 1973.
O'Dell, Paul, *Griffith and the Rise of Hollywood*, Zwemmer, London; A. S. Barnes, New York, 1970.
Panofsky, Erwin, 'Style and Medium in the Motion Picture', *Bulletin of the Department of Art and Archaeology* (Princeton), 1934; reprinted in Mast, Gerald and Cohen, Marshall (eds.), *Film Theory and Criticism*.
Pines, Jim, *Blacks in Films*, Studio Vista, London, 1975.
Place, J. A. and Peterson, L. S., 'Some Visual Motifs of *Film Noir*', *Film Comment*, vol. 10, no. 1, January–February 1974, pp. 30–5; reprinted in Nichols, Bill (ed.), *Movies and Methods*, University of California Press, Berkeley, Los Angeles, and London, 1976, pp. 325–38.
Pollock, Griselda, 'What's Wrong with Images of Women?', *Screen Education*, no. 24, Autumn 1977, pp. 25–33.
Robinson, David, *Hollywood in the Twenties*, Zwemmer, London; A. S. Barnes, New York, 1968.
Slide, Anthony, *Early American Cinema*, Zwemmer, London; A. S. Barnes, New York, 1970.
Thompson, John O., 'Screen Acting and the Commutation Test', *Screen*, vol. 19, no. 2, Summer 1978, pp. 55–69.
Vardac, A. Nicholas, *From Stage to Screen: Theatrical Method from Garrick to Griffith*, Harvard University Press, Cambridge MA, 1949.

Viviani, Christian, 'Sans Metro ni Mayer: les productions Samuel Goldwyn entre 1929 et 1959', *Positif*, no. 178, February 1976, pp. 41–8.

Wollen, Peter, *Signs and Meaning in the Cinema*, Secker and Warburg, London, 1969; reprinted with new conclusion, 1973.

'*North by Northwest*: A Morphological Analysis', *Film Form*, vol. 1, no. 1, 1976, pp. 19–34.

Wood, Robin, *Personal Views*, Gordon Fraser, London, 1976.

5. 五花八门的资料集锦

Adlam, Diana et al., 'Psychology, Ideology and the Human Subject', *Ideology and Consciousness*, no. 1, May 1977, pp. 5–56.

Baran, Paul A. and Sweezy, Paul M., *Monopoly Capital*, Monthly Review Press, New York, 1966; Penguin, London, 1968.

Barthes, Roland, *S/Z*, Seuil, Paris, 1970; (trans. Richard Miller), Hill and Wang, New York, 1974.

Beauvoir, Simone de, *Le Deuxième Sexe*, Gallimard, Paris, 1949; (trans. H. M. Parshley), Cape, London, 1953; Penguin, London, 1971.

Birdwhistell, Ray L., *Kinesics and Context*, Allen Lane, London, 1971.

Brecht, Bertolt, *Brecht on Theatre* (ed. John Willett), Methuen, London, 1964.

Brémond, Claude, 'Le Message narratif', *Communications* 4, 1964, pp. 4–32.

'La Logique des possibles narratifs', *Communications* 8, 1966.

Brooks, Cleanth and Warren, Robert Penn, *Understanding Fiction*, Appleton-Century-Crofts, New York, 1959.

Brown, John Russell, *Effective Theatre*, Hutchinson, London, 1968.

Brownmiller, Susan, *Against Our Will*, Secker and Warburg, London, 1975.

Burke, Kenneth, *A Grammar of Motives*, Prentice-Hall, New York, 1945.

Burniston, Steve and Weedon, Chris, 'Ideology, Subjectivity and the Artistic Text', *Working Papers in Cultural Studies* (Birmingham), no. 10, 1977, pp. 203–33.

Centre for Contemporary Cultural Studies, *On Ideology*, Hutchinson, London, 1978 (reprint of *Working Papers in Cultural Studies*, 10).

Chatman, Seymour, 'The Structure of Fiction', *University Review* (Kansas City), Spring 1971, pp. 199–214.

'On the Formalist-Structuralist Theory of Character', *Journal of Literary Semantics*, no. 1, 1972, pp. 57–79.

Cole, Toby and Chinoy, Helen Krich (eds.), *Actors on Acting*, Crown, New York, 1970.

Coquelin, Benoît Constant, *L'Art du comédien*, Paris, 1894; reprinted (trans. Elsie Fogerty), George Allen and Unwin, London, 1972.

'The Dual Personality of the Actor', in Cole, Toby and Chinoy, Helen Krich (eds.), *Actors on Acting*.

Culler, Jonathan, *Structuralist Poetics*, Routledge and Kegan Paul, London, 1975.
Dawson, S. W., *Drama and the Dramatic*, Methuen, London, 1970.
Delsarte, François, see Stebbins, Geneviève.
Diderot, Denis, *Le Paradoxe sur le comédien*, Santelet, Paris, 1830; reprinted (trans. W. H. Pollock), Chatto, London, 1883; in Green, F. C. (ed.), *Diderot's Writings on the Theatre*, Cambridge University Press, 1936.
Ellman, Mary, *Thinking About Women*, Harcourt Brace Jovanovich, New York, 1970; reprinted Virago, London.
Fast, Julius, *Body Language*, M. Evans, New York, 1970; Pocket Books, 1971.
Forster, E. M., *Aspects of the Novel*, Edward Arnold, London, 1927; Penguin, London, 1962.
Frye, Northrop, *An Anatomy of Criticism*, Princeton University Press, 1957.
Galbraith, J. K., *The Affluent Society*, Hamish Hamilton, London, 1958.
Goffman, Erving, *The Presentation of Self in Everyday Life*, Social Sciences Research Centre (Edinburgh), Monograph no. 2, 1956; Doubleday, New York, 1959; Allen Lane the Penguin Press, London, 1969; Penguin, 1971.
Hall, Stuart, 'Encoding and Decoding in the Television Discourse', Occasional Paper no. 7, Centre for Contemporary Cultural Studies, University of Birmingham, reprinted (revised) in Hall, Stuart, *Reproducing Ideologies*, Macmillan, London.
  'Culture, the Media and the "Ideological Effect"', in Curran, James, Gurevitch, Michael and Wollacott, Janet (eds.), *Mass Communication and Society*, Edward Arnold, London 1977, pp. 315–48.
  'Some Problems with the Ideology/Subject Couplet', *Ideology and Consciousness*, no. 3, Spring 1978, pp. 113–21; with response, pp. 122–7.
Hall, Stuart, Lumley, Bob and McLennan, Gregor, 'Politics and Ideology', Gramsci', *Working Paper in Cultural Studies* (Birmingham), no. 10, pp. 77–105.
  'Politics and Ideology, *Working Papers in Cultural Studies*, no. 11, pp. 176–97.
Harvey, W. J., *Character and the Novel*, Chatto and Windus, London, 1965.
Hawthorn, Jeremy, *Identity and Relationship*, Lawrence and Wishart, London, 1973.
Holland, Norman N., *The Dynamics of Literary Response*, Oxford University Press, 1968; W. W. Norton, New York, 1975.
Ideology and Consciousness, nos. 1, 2, 3, continuing.
Irigary, Luce, 'Women's Exile', *Ideology and Consciousness*, no. 1, May 1977, pp. 62–76; introduction by Diana Adlam and Couze Venn, pp. 57–61.
Kirby, E. T., 'The Delsarte Method: Three Frontiers of Actor Training', *TDR: The Drama Review*, vol. 16, no. 1 (T-53), March 1972, pp. 55–69.
Kristeva, Julia, 'Signifying Practice and Mode of Production', *Edinburgh 76 Magazine*, no. 1, 1976, pp. 64–76.

Lovell, Terry, 'The Social Relations of Cultural Production: The Absent Centre of a New Discourse', unpublished.
Lowenthal, Leo, *Literature and the Image of Man*, Beacon Press, Boston, 1957.
Lukács, Georg, 'The Intellectual Physiognomy of Literary Characters', in Baxandall, Lee (ed.), *Radical Perspectives in the Arts*, Penguin, London, 1972, pp. 89–141. *Der Historische Roman*, Aufbau-Verlag, Berlin, 1955; (trans. Hannah and Stanley Mitchell), Merlin Press, London, 1962.
Macherey, Pierre, *Pour une théorie de la production littéraire*, Maspero, Paris, 1966; (trans.) *A Theory of Literary Production*, Routledge and Kegan Paul, London, 1978.
Marcuse, Herbert, *One-Dimensional Man*, Beacon Press, Boston, 1964.
Marx, Karl and Engels, Friedrich, *On Literature and Art* (eds. Lee Baxandall and Stefan Morawski), International General, New York, 1973.
Maslow, Abraham H., *Motivation and Personality*, Harper Row, New York, 1970.
Mattick, Paul, *Critique of Marcuse: One-Dimensional Man in Class Society*, Merlin Press, London, 1972.
McArthur, Colin, *Television and History*, British Film Institute, London, 1978.
McCarthy, Mary, 'Characters in Fiction', in *On the Contrary*, Noonday Press, New York, 1962.
McLean, Albert F. Jnr, *American Vaudeville as Ritual*, University of Kentucky Press, 1965.
Morin, Edgar, *New Trends in the Study of Mass Communications*, Centre for Contemporary Cultural Studies, University of Birmingham, 1969.
Morley, Dave, 'Reconceptualising the Media Audience', Occasional Paper no. 9, Centre for Contemporary Cultural Studies, University of Birmingham.
Munk, Erika (ed.), *Stanislavsky and America*, Hill and Wang, New York, 1966.
Paris, Bernard J., *A Psychological Approach to Fiction*, Indiana University Press, 1974.
Perkins, Tessa, 'Rethinking Stereotypes', in Barrett, Michele, Corrigan, Phil, Kuhn, Annette and Wolff, Janet (eds.), *Ideology and Cultural Production*, Croom Helm, New York, 1979.
Polhemus, Ted. (ed.), *Social Aspects of the Human Body*, Penguin, London, 1978.
Price, Martin, 'The Other Self: Thoughts about Character in the Novel', in Mack, Maynard and Gregor, Ian (eds.), *Imagined Worlds*, Methuen, London, 1968; reprinted in Burns, Elizabeth and Tom (eds.), *Sociology of Literature and Drama*, Penguin, London, 1973.
Propp, Vladimir, *Morfologiya skazki*, Academia, Leningrad, 1928; reprinted (trans. L. Scott), *Morphology of the Folk Tale*, Indiana University Publications in Anthropology, Folklore and Linguistics, no. 10, Bloomington; Austin, New York, 1968.
Roach, Mary Ellen and Eicher, Joanne Bubolz (eds.), *Dress, Adornment and the Social Order*, Wiley, New York, 1965; Chichester, 1970.

Roberts, Brian, 'G. H. Mead: The Theory and Practice of his Social Philosophy', *Ideology and Consciousness*, no. 2, Autumn 1977, pp. 81–106.
Rockwell, Joan, *Fact in Fiction*, Routledge and Kegan Paul, London, 1974.
Ruesch, Jurgen and Kees, Weldon, *Non-Verbal Communication: Notes on the Visual Perception of Human Relations*, University of California Press, Berkeley and Los Angeles, 1956.
Sartre, Jean-Paul, *Questions de méthode*, Gallimard, Paris, 1960; reprinted as *Search for a Method* (trans. Hazel E. Barnes), Alfred A. Knopf, New York, 1963.
Schechner, Richard with Mintz, Cynthia, 'Kinesics and Performance', *TDR: The Drama Review*, vol. 17, no. 3 (T-59), September 1973, pp. 102–8.
Scholes, Robert and Kellogg, Robert, *The Nature of Narrative*, Oxford University Press, New York, 1966.
Stanislavsky, Konstantin, *An Actor Prepares* (trans. Elizabeth Reynolds Hapgood), Geoffrey Bles, London, 1936.
Stebbins, Geneviève, *The Delsarte System of Expression*, Edgar S. Werner, New York, 1902; reprinted, Dance Horizons, 1977.
Styan, J. L., *The Elements of Drama*, Cambridge University Press, 1960.
Drama, Stage and Audience. Cambridge University Press, 1975.
Todorov, Tzvetan, 'Categories of the Literary Narrative', *Film Reader*, no. 2, pp. 19–37.
Van Laan, Thomas, F., *The Idiom of Drama*, Cornell University Press, Ithaca, NY, 1970.
Veblen, Thorstein, *Theory of the Leisure Class*, Macmillan, New York, 1899; Mentor, 1953; George Allen and Unwin, London, 1925; 1970 (paperback).
Walcutt, Charles C., *Man's Changing Mask*, University of Minnesota Press, Minneapolis, 1966.
Walters, Margaret, *The Nude Male*, Paddington Press, New York and London, 1978.
Watt, Ian, *The Rise of the Novel*, Chatto and Windus, London, 1957; Penguin, London, 1963.
White, Llewellyn, *The American Radio*, University of Chicago Press, 1947.
Willett, John, *The Theatre of Bertolt Brecht*, Methuen, London, 1959.
Williams, Raymond, *The Long Revolution*, Chatto and Windus, London, 1961; Penguin, London, 1965.
Television Technology and Cultural Form, Fontana, London, 1974.
Keywords, Fontana, London, 1976.
Wolff, Janet, *Hermeneutic Philosophy and the Sociology of Art*, Routledge and Kegan Paul, London, 1975.
Women's Studies Group, Centre for Contemporary Cultural Studies, *Women Take Issue* (*Working Papers in Cultural Studies*, no. 11), Heinemann, London, 1978.
Working Papers in Cultural Studies, nos. 1–10.

[增补] | 重新建构明星概念[*]

在《明星》一书中,理查德·戴尔提出了研究电影明星的社会内涵之视角和切入点,他将电影明星的社会内涵称之为"明星形象"。如此论述的方法需要审视电影如何传播个别电影演员的形象,审视这些形象如何影响我们对自己和他人认同的想法。自从《明星》最早版问世(1979)以来30年里,如此研究明星形象的方法在电影的批评研究中继续抢眼,不过其他一些批评视角也取得进展。本章检视了在如何看待电影明星上的一些关键性发展,并提出自己对总体明星分析的一些建议。

---

[*] "增补"部分由保罗·麦克唐纳撰写,特别跟踪了理查德·戴尔提出"明星研究"概念、并为之建立理论范式后该领域的一些最新进展,被收录进《明星》原版最新版本中,中文版依照原版收入。

明星与历史

明星问题出现于这样的时期,亦即电影的学术性研究一致力求将种种批评问题都围绕着电影表现的社会意义。最近几年来——作为对这种研究被认为大多数与历史无关之回应——电影学研究重又回到电影历史问题上。这一变化对明星研究产生了两种效应。部分是出于对早期电影的共同兴趣,历史学家们重新审视明星制在美国产生的渊源。另一种研究则探索社会环境如何成为制造明星意义的场域。

明星制在美国产生的渊源

明星制在美国的产生,尽管极其容易地可以与电影联系在一起,但真正根源却在戏剧。本杰明·麦克阿瑟(Benjancin McArthur)就探讨了明星制如何脱胎于从一个"专业剧团"(Stock)变为多家戏剧公司"康拜因"(集团)的转化,该过程发生在19世纪的美国。这种专业剧团公司雇用30名至40名演员,轮演40个星期的一个演出季,所演出的短剧保留剧目在题材和风格上十分广泛,地点在一些固定的剧场(见《演员和美国文化:1880—1920年》[*Actors and American Culture*:1880—

1920], pp. 5—6)。到 19 世纪 20 年代, 明星制开始萌发, 当时一些知名演员作巡回演出, 他们喜欢在不同的城市里演绎同一个角色, 并由当地剧团的演员们饰配角。麦克阿瑟认为, 这些明星的巡回演出改变了美国戏剧, 因为到 19 世纪末, 专业剧团已经逐渐被集团公司取代, 后者在地方上的剧场里轮演单幕剧, 而挂头牌的正是明星的大名 (同书, pp. 9—10)。在这种体制中有个普遍现象, 即演员们都是按照"任务额度"予以分级, 这是一种类型化的分法, 即将演员划分为"明星"、"男主角/女主角"、"饰庄重角色的演员"、"饰青少年角色的演员"、"饰怪异角色的喜剧男演员/女演员"等一系列类型(同书, pp. 11—16)。

明星能够成为明星, 只有在她/他被认可为明星, 且知名度高。在《电影的人格》(*Picture Personalities*) 一书中, 理查德·德科多瓦(Richard decordova)追溯了明星制在美国电影界产生的经过, 发现早期电影中流行着对影片演出者的各种不同认识类型。而这种种认识类型掌控着了解电影演员的情况, 从而产生了各种被德科多瓦称之为"表演语境"(discourse on acting)的构形(configurations), 诸如"电影的人格"、"明星"和"明星丑闻"等。早期对电影的评论集中于电影技术的幻觉效果, 从不提及在银幕上演戏的可见人形。德科多瓦推测, 作为电影表演语境的第一批例子出现于 1907 年, 这些例子让那些位于幕后却为电影表演出力的人广为人知(同书, pp. 30—33)。1910 年, 当时名不见经传的弗洛伦丝·劳伦斯被有轨电车撞伤之事件, 到现在被当作一位电影演员通过宣传可以成名的第一个个案, 不过德科多瓦也援引说卡莱姆和爱迪生两家公司在 1909 年都声称储备了一批电影演员并给他们封以艺名。给演员封个好艺名, 等于形成一条可以贯串于个别影片的线, 并打造一个被德科多瓦称为"电影人格"的可认同身份。所谓电影人格, 指称那些演拍电影并为此出名的人。"明星"的语境则产生于对其的评论扩展延伸到电影演员的银幕下生活。如果这一表演语境和电影人格建构了对电影演员职业生涯的认知, 那么从 1913 年起, 明星的语境便使得电影演员的私生活妇孺皆知。作为明星研究的一个共同点，过分使用"明星"一词以描写著名的电影演员，只会使得对最受大众喜爱的电影演员之认识模糊起来，使得这种认识局限于银幕上的"人格"。

制片人对明星语境的控制表现为对演员的职业生涯和私生活的相互强化，借以把明星建构成为一种天生固有和无矛盾的形象：明星的演艺形象看上去只是投射出明星的私生活。1921年一起凶杀案的所有指控都对准了大众喜爱的笑星——"胖子"罗斯科·亚布克尔，那些指控发生在女伶弗吉尼亚·拉普（Virginia Rappe）神秘地死在他下榻的旅馆卧室里之后。尽管亚布克尔后来被宣判无罪，但他的演艺生涯从此一蹶不振。德科多瓦从明星界更多的不得体内幕曝光中看出"明星的丑闻"乃是一种语境，它暴露出明星的职业形象和私人形象的种种矛盾性和必须解决的"道德闭合"*（moral closure）问题。丑闻的语境有其特殊的情况，因为它似乎总是告知最终的真相，而其是制造电影叙事和推销活动所无法掩饰的。特别是丑闻的语境总是将明星在性爱上纵情恣欲和盘托出，而最私密的真相总是可信的，故可认为明星是纵欲的实体。

德科多瓦对明星的公共性/私密性两元对立——是戴尔在明星形象中发现的——的发生作了历史追踪。表演的语境、人格的语境、明星的语境和丑闻的语境，都指明了在早期电影明星制中流行的各种不同的对演员认识类型。这些范畴也为追踪电影明星更为广泛的历史提供了各种分析水准，它们考量了认识传播模式因表演语境、明星生活和丑闻事件的内涵而发生的变化。大众喜爱演员之间的差异和明星制历史不同阶段的差异，不仅可以通过对明星了解多少而产生出来，也可以通过什么样的认识模型可使电影演员成名而产生出来。

---

* 指不完整的道德观念在想象中变成完整。——译者注

定位明星

玛里恩·基纳（Marian Keane）在《批评戴尔的困境》（*Dyer Straits*）一文中批评了戴尔对待明星形象的观点；戴尔将明星解读为表现自己对本体的看法，没有考量这样的表现与本体在社会中更为共通的概念模型有多少关联。基纳认为，对明星形象的任何理解始终涉及一系列更为广泛的对个人本体特征的看法，而这一系列特征是为明星形象风行所处的文化而存在的。这是一个十分重要的批评观点，因为它提出了一些关于能使个别明星和总体明星具有表意功能的文化条件的问题。不过基纳的下述意见则有争议：上述这些问题可以参考一些反思个人本体的哲学著作而得到解决；因为这种解决方法动用了一些流行的、自视高级的思想来理解明星，而这与电影观众解读明星所动用的大众思维方式大相径庭。再说，哲学倾向于对人的本体提供普适性的阐述，而不会确认本体概念的历史性变化或者任何社会经受的个体竞争概念之间的矛盾。将明星历史地定位于他们的文化环境，乃是一种廓清哪些信任和认知形式与明星形象并存的努力，须知这些形式能够使得该形象可被理解，并且成为其所属时代的社会主要关心的代表。

针对基纳批评戴尔研究的一个可能回答在戴尔对《超凡的胴体》（*Heavenly Bodies*）中玛丽莲·梦露的分析中可以找到。戴尔在审视梦露在50年代红得发紫时，利用《花花公子》的投放市场和艾尔弗雷德·金赛关于性行为报告的公开出版，质问明星、杂志和大众科学如何表达对当时女子气和性感魅力的看法（pp. 27—42）。这一做法将明星形象的互文本性（intertextuality）扩展到其他信息源和其他知识的交互性话语的语境（inter-discoursive-context）中，而这种语境存在于电影明星总体之外，但具有潜在的表意功能，可以帮助理解一位明星在特定的时代表示什么。

将明星的内涵语境化，始终可能被人指责明星只是呈现历史的简单"反映者"——社会发生历史性变化，明星对这些变化作出反应。需要的是在符号和语境之间努力做到平衡，语境应该对于电影明星在任何时刻来说都是特定的，而且对于明星风行所处的社会观念和社会状态来说也都是特定的。由此就提出了这样一些问题：什么可以界定和限定语境；什么样的语境形式可以判断为与明星研究最有关联？这些问题并非要使明星的历史研究变得不可能，而只是暂时不可能。

明星的形体和表演

关于本体特征的种种看法或想法,是相当难以确定的事情。明星的表意作用正在于他们如何将这种种深奥难解或不可表述的概念转化为可见的演出。正是这种将本体特征视觉化使得明星的形体以及由他们形体演绎的动作转化为明星内涵的重要因素。

文化的具形化

八九十年代好莱坞电影的一个显著发展,乃是崛起了一批阳刚的男性动作明星,例如亚诺德·施瓦辛格(Arnold Schwarzeneger)、西尔威斯特·史泰龙(Sylvester Stallone)、布鲁斯·威利斯(Bruce Willis)以及刚入门的克劳德·范达米(Claude Van Damme)。在《奇观的形体》(*Spectacular Bodies*)一书中,伊沃妮·塔斯克(Yvonne Tasker)表示这种现象有两种可能的读解。一方面是一种大家熟稔的批评观点,即男性动作英雄的形体代表着男性阳刚的一种坚定而自信的宣示,它吸纳了男性的体能力量(p.9)。另一方面,正如芭芭拉·克里德(Barbara Creed)所持的观点,是体形好的形体通过夸张男性气质的符号会展示出男性的力量,而这种力量正是一种"非实体性和非天生"的"现成物"(参见《从这里到现代性》[From Here to Modernity],p.65)。的确,观众对这种英雄般形体的反应似乎矛盾不一,有些观众认真地赞美这种英雄的力量,而另一些观众则不相信英雄的力量,甚至于蔑视或嘲笑之。塔斯克也认为,某些大牌女演员,像西格妮·薇佛(Sigourney Weaver)在《异形》(Alien)三集(雷德利·斯科特[Ridley Scott]执导第1集,1979年,美国出品;詹姆斯·卡麦隆[James Cameron]执导第2集,1986年,美国出品;大卫·芬奇[David Fincher]执导第3集,1992年,美国出品)中和琳达·汉密尔顿(Linda Hamilton)在《终结战士2:审判日》(Terminator2: Judgement Day,詹姆斯·卡麦隆执导,1991年,美国出品)中都担任着堪与男性动作英雄媲美的叙事性角色,她们的英雄素质也通过形体的力量而示意出来。(《奇观的形体》,p.49)对于塔斯克来说,这种充满阳刚气概的女英雄瓦解了传统的两元对立,这种对立曾经是区分阳刚形体和阴柔形体的关键。

上述这些体魄硬朗的新明星,借助他们(她们)显卓的体形特点展现了形体如何作为文化观念的关键能指(Key signifiers)而起表意作用。80年代美国电影出现肌肉型英雄归因于这样一种文化,对它而言,开发体型的常规强化训练被当作激发里根时代和"优瘇"革命的动力和进取精神的隐喻。在影片《完美者》(Perfect,詹姆斯·布里奇斯[James Bridges]执导,1985年,美国出品)中,杰米·李·柯蒂斯(Jamie Lee Curtis)获有一个诨号叫"身体",她是前奥林匹克运动员级的游泳选手,后来当上田径指导,她的身体不单单起着叙事因果的机制作用,而且是作为80年代后起的一种富于进取心的健身文化。形体社会学的最新研发成果拟打算审视形体作为社会事实不断变化的形式(请看费瑟斯通[Featherstone]、赫普沃思[Hepworth]和透纳[Turner]的《形体》[The Body]以及希林(Shilling)的《形体作为社会理论》[The Body and Social Theory]两书中所举的例子)。为了帮助理解形体在社会中的存在,布

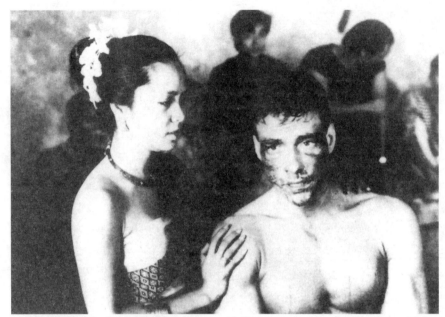

40 《跆拳道选手》(*Kickboxer*,马克·迪萨尔[Mark Disalle]和大卫·沃思[David Worth]执导,1989年)

赖恩·S.透纳论及了一种他称之为"肉体社会"(somatic society)的新概念,它指这样的社会,在其内,重大的政治问题转化为人的形体问题,并通过后者呈现出来(见《人的形体和社会》[*The Body and Society*], p.1)。从这个角度出发,明星形体的意义可以解读为它们是体现文化的方式。

动作片可以被描述为人的形体类型片。在动作片中,人的形体被凸现了,其意义也被表现得十分鲜明。不可迷恋于只想研究某些明星的理想化形体,因为电影表现的是比男、女动作英雄完美形体更为广泛的各种流行的形体类型。举个例子吧,像约翰·坎迪(John Candy)的体重对于喜剧片有什么意义?是不是拿人胖搞笑?人胖能合理地表达什么样的谐趣呢?艾迪·墨菲的重拍本《变身教授》(*The Nutty Professor*,导演汤姆·夏迪亚克[Tom Shadyac],1996年。美国出品)就取代了将

41 《异形》

学究气蠢人变身为甜言蜜语纨绔子弟的做法,而在原创本中杰瑞、列易斯就演绎这种变身:从超重的教授变成种马般的花花公子。这两部影片都拿这两位明星不同的形体特征做戏,并让他俩的演绎形成对照,还强调他俩拿黑人或白人男性身体的性爱能力之种族假设做戏是多么不同。像上述电影呈现文化具形的概念化做法,明星们足以提供大量的例子。

动作和表演,明星和演员

塔斯克研究的局限性在于她认同肌肉即符号,而未详细检视这种肌肉干什么用。这会造成动作从动作电影中被剥离出来的后果。肌肉强壮的身体不仅具有动作的潜能,而且会不断地展示出身体在动作中。将身体处理成有内涵的符号,可能会使解读身体乃行动之源模糊起来,并且忽视了身体如何通过行动而准确地产生含义。例如《龙的传奇》(*Enter the Dragon*,导演罗伯特·克劳斯[Robert Claus],1973年,美国/香港出品)里有一场格斗戏,所展示的不止是李小龙(Bruce Lee)的身体多么匀称强壮,而且通过他的身体的运动及其速度让人看到他的身体多么灵活,其动作多么流畅准确。随着每一个动作,李的身体都表现出在世上当道的感觉,他的身体运动在空间和时间上驰骋自如。

研究明星的形体运动,涉及对表演和诠释的分析。所谓表演,指明星借助形体和声音来呈现人物,这些瞬间动作的含意可以借用瓦伦汀·尼科拉耶维奇·沃洛西诺夫(Valentin Nikolaevic Volosinov)所称的"意识形态碎料"(ideological scraps)来描述,他在形体制造的潜能中发现了这一点(见《马克思主义和语言哲学》[*Marxism and the philosophy of Language*],p.92)。例如在《沉默的羔羊》(*Silence of the Lambs*,导演乔纳森·德米[Jonathan Demme],1991年,美国出品)的开场戏里,朱迪·福斯特(Jodie Foster)所饰的克莱丽丝·史塔林在慢跑,她气喘吁吁,秀发冒汗,咬紧牙齿,跑步节奏正常,这副模样立即构筑了人物坚持不懈和充满活力的形象,她秉有的这些素质在后来调查的叙事中得到了进一步的确认。从意识形态角度看,她形体的这些细小动作早已表明联邦司法人才需要如此的"禀赋",一旦出现由叙事提供的本能、心理和性别的威胁时,更是非需不可。

詹姆斯·奈尔莫尔(James Navemore)视电影是在制造"表演框架"(performance frame),它不仅限制了个别镜头的范围,而且也把电影观众的日常世界同银幕上的不寻常世界分隔开来(《电影中的表演》[*Acting in the Cinema*],p.14)。这种框架的效应之一是出现在银幕上的任何人物都被直接地从日常生活中去除,"被框住"是充满内涵的。这常常导致过分滥用"明星"这个字眼,因为被框起来的画面看上去是赋予明星地位的必要条件。这种过分的滥用所丧失的正是演员们在电影中诠释和表演手法的差异性。理查德·马尔比(Richard Maltby)提出要区分电影表演的不同模式,其一种模式是演员融入戏剧性故事中,另一种模式则是演员看上去同周围的演员和环境分离而呈独立性和自主性(《好莱坞电影》[*Hollywood Cinema*],p.256)。自主性的演绎支持了明星的超凡地位。《漂亮的女人》(*Pretty Woman*,导演加里·马歇尔[Garry Marshall],1990年,美国出品)有两场罗德欧大道的戏,经剪辑、打光之后,加上其他人物目光的反映,都将朱莉娅·罗伯茨*(Julia Roberts)所饰的维维安一角放在全场关注的中心。罗伯茨/维维安在第二场戏将结束时,走到大街上,她被画面紧紧框住,摄影机从背后跟摄她,一直与她的步法保持同步。而非叙事的声带则是一首"献给"维维安的歌(由洛伊·奥尔比松谱曲的《漂亮的女人》)。这场戏里的所有群众角色都转过身来欣赏她,打量她,所有的一切都集中在一起确认维维安是一位"俏妞",而罗伯茨是一位独立存在的明星。

---

* 罗伯茨(1967—),美国近期片酬最高的女星之一,戏路以浪漫、搞笑为特点,凭《永不妥协》封为奥斯卡影后。——译者注

42 《沉默的羔羊》

明星的独立存在可以通过"加面具"（masking）或"去加重"（de-emphasising）来达到。在《现代启示录》(*Apocalypse, Now*, 导演弗朗西斯·福特·科波拉 [Francis Ford Coppola], 1979 年, 美国出品) 中, 整个叙事一直构筑到马丁·希恩 (Martin Sheen) 所饰的威拉德和马龙·白兰度所饰的库尔茨最后一次会晤。这场戏早已预先定好调子, 故白兰度/库尔茨在会晤时几乎完全隐没在黑暗之中, 不过依然保留着他的明星意义。而朱莉娅·罗伯茨作为明星的独立存在, 则是通过强调她是光彩照人的奇观而制造出来的。白兰度的独立存在却通过他所处于的"反景观"（anti-spectacle）而示意出来。然而这不单单是视觉元素制造出白兰度的独立存在, 他缓慢地讲述给越南村民们打预防针的事, 表明这位明星的声音依然掌控着全片的总节奏。当这一切同他即兴地诉说的一些故事融为一体 (见彼得·曼素的《白兰度》, p.843) 的时候, 这场戏就变成了这样一个范本, 即明星的独立存在之权势部分是通过掌握自己

43 《走出非洲》(*Out of Africa*)

44 《掠夺者》(*Predator*,又译《未来战士》)

的声音或形体而产生的。

巴瑞·金则引出表演上的另一种区分,即他称之为"个性化"(impersonation)和"人格化"(personification)之间的区分(《阐明明星》[*Articulating Stardom*]',p. 42)。个性化是由演员改变自己的形体和声音而产生的,他借以表示她/他所饰的各个人物之间的差别,像梅丽尔·斯特里普(Meryl Streep)众所周知地擅长在演绎不同的角色时采以不同的口音——如《法国中尉的女人》(*The French Lieutenant's Woman*,导演卡莱尔·莱兹[Karel Reisz],1981年,美国出品)、《索菲的选择》(*Sophie's Choice*,导演艾伦·J. 帕库拉[Alan J. Pakula],1982年,美国出品)、《西尔克伍德》(*Silkwood*,导演麦克·尼科尔斯[Mike Nichols],1983年,美国出品)和《走出非洲》(*Out of Africa*,导演西德尼·波拉克[Sidney Pollack],1985年,美国出品)。与此相反地,亚诺德·施瓦辛格在《掠夺者》(*Predator*,导演约翰·麦克提尔南[John McTiernan],1987年,美国出品)、《双胞胎》(*Twins*,导演伊凡·莱特曼[Ivan Reitman],1988年,美国出品)和《终结战士2:审判日》中运用形体和声音上都暴露出许多雷同之处。施瓦辛格的"人格化"凸现了这位明星形象的连贯性高于人物的差异性。

当所有的电影演员都可以说是在银幕上表演时,他们如何演绎将决定着他们是否能够作为演员而受到尊敬。斯特里普不同的口音表明她善于戏剧性表演的各种表现技巧。上述诸角色中每次口音的变化均可用真实的客观性予以证实,而这种客观性使得她融入叙事环境中并让她感受到快感。斯特里普个性化的演艺赢得了尊敬和认可,她上述的每次演出都获得奥斯卡奖最佳女主角、女配角的提名。其中,因出色刻画索菲·扎维斯托夫斯卡一角于1982年封为影后。至于施瓦辛格,尽管他的每一部影片都设置于虚构的叙事情境——他的表演无疑亦如此——但在演绎时都匮乏差异性,结果招致众所周知的批评:他不会演戏,因为他"始终在扮演自己"。即使当他因这种表演而个人收入和票房远远超过斯特里普时,他依然只得到一次奥斯卡表演奖的提名。施瓦辛格得不到影评界的认可,也许是基于这样的判断,即他不擅表演,再进一步看,施瓦辛格遭到严厉批评这一点,可以读解为对文化生产——其利润据说是与艺术对立的——普遍反对的结果(阅比埃尔·布迪欧[Pierre Bourdieu]的《文化生产的领域》[*The Field of Cultural Production*])。施瓦辛格表演的人格化结果,使得他的明星形象商品化,而他殷富的明星身份又将他排除在斯特里普所代表的表演艺术技巧之外。再则,男性动作英雄的发达肌肉和阳刚气质,又将施瓦辛格之类的明星同手语的形体文化挂上了钩;而在文化生产领域里,对艺术成就、包括表演成就的最大敬意会制造出"天才"的形象,亦即大体上是知识财富。斯特里普语音的善变多变,乃具有文化地位,它否定了施瓦辛格的形体一贯性。当施瓦辛格表演时,他不再具有作为"演员"的形象。斯特里普的个性化演艺将她融入叙事之中,但她仍然保持着某种贯串于不同角色的自我意识强烈的个人风格,而且将自己定位在浑然一体的个性化和作为"明星——演员"的独立存在人格化之间的某一处。电影中各种表演方法所呈现和体现的不仅有个人本体的文化观念,而且还包含任何文化如何为明星和其他电影演员合法的演艺本体建立概念模型的方法。

明星与观众

将明星形象解读为充满内涵或具有表意功能,这个论题还涉及这样一些人,亦即明星正是对着他们才充满内涵或表意的。帕姆·库克(Pam Cook)批评《明星》一书研究的只是明星作为文本,而未关注明星形象如何构筑了观众的幻想和快感(见《明星符号》[*Star Signs*])。电影众多的批评研究中都提出了有关观众的一些问题,观众可以用"观影者"(spectator)来建立概念模型(请阅朱迪思·梅恩[Judith Mayne]的《电影与观影学》[*Cinema and Spectatorship*])。观影学理论将电影观众视为这样一种本体,其被制造出来只是通过组织观看构筑了一个特定的位置,而这位置是面对一群观众的。关于这一观点,存在着许多难以苟同之处。简单地说,"观影者"表示电影只给予一种视觉快感,而忽视了电影的听觉效果。更难以同意的是,观影学理论将电影观众定性为内涵的消极产品,而这种种内涵在银幕上早已确定。即使当影片所构筑的位置限制这种种内涵被理解和诠释时,电影观众也会作为一个个个体作出积极的回应,从而制造出各种不同的反响。

当观影学理论统治电影研究时,对电视观众的研究反倒提供了完全不同的理解观者的方法(见肖恩·摩尔斯[Shaun Moores]的《诠释观众》[*Interpreting Audiences*])。这后一种研究展现了更为广泛的社会关系场域——比如人们在工作时,或者在家里时——如何对人们看电视产生影响。瓦莱丽·沃克迪纳(Valerie Walkerdine)曾对伦敦某个家庭在家观看《洛基3》(Rocky Ⅲ,导演西尔威斯特·史泰龙,1982年,美国出品)电视转播作了一番研究,她把该家庭的父亲对西尔威斯特·史泰龙的认同归结为父辈在担当工作时工会代表的角色,视自己在为全家人"奋力工作"(见《电视重播》[Video Replay])。这种认同因之被视为多种社会地位的结果,而不单单是电影文本构筑的优先地位。在本章中,"电影观众"这个术语优先指"观影者",因为其意味着去看电影只是许多社会活动之一,不过会影响人们的综合反应,特别是涉及影片和明星。在这一时期,观众学理论继续主宰着观众和明星关系的解读,尽管当前的研究已经开始审视电影明星在电影观众日常生活中的意义。

明星和观影者

观影学理论的奠基石是劳拉·马尔威1975年撰写的《视觉快感和叙事电影》一文。在该文中她认为,运用心理分析观点,对经典的叙事性电影持续组织观看,其关注的核心仍然是作为奇观的女人。对于马尔威来说,这种方式观看的效果是电影观众仍然被按照男性对异性的欲望而定位。由于难以找到大量经验性的实证,马尔威主张的理论基础和普适要求招致了各种批评。叙事性电影迄今也继续包含着对男性身体的注视和男性人物之间的注视。史提夫·尼尔(Steve Neale)认为,电影中男性人物之间的注视会产生明显的威胁,并且具有"侵犯性",其目的是转移他们潜在的色欲(《男子气概和奇观》[Masculinity and Spectacle],p.14)。理查德·戴尔同样地否定这种注视,他强调俊男出现在被注视的形象中暗示着他们并非色欲对象。这可能涉指不注视仿佛观者就不感兴趣了,他目光朝上,似乎沉浸于更高心智形式的思考,或者正视被注视的事实(见《现在别看》[*Don't Look Now*],pp. 63—66)。

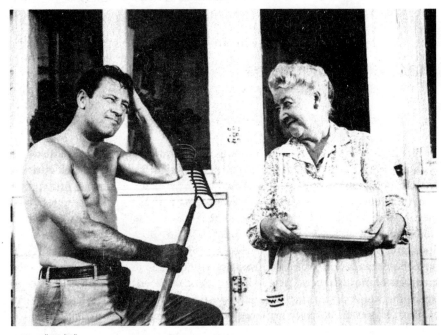

45 《野餐》

斯蒂文·科汉(Steven Cohan)在探讨《野餐》(*picnic*,导演乔舒亚·洛甘[Joshua Logan],1955年,美国出品)时,考量了该片如何建构注视,借以使得威廉·霍登(William Holden)*的身体充满性感,但这是同该明星形象的诸元素相矛盾的(见《50年代美国男性装扮术》[*Masquerading as the American Male in the Fifties*])。霍登所饰的哈尔·卡特在几场戏里不断脱下衬衫,露出他运动员般的体魄,而金·诺瓦克(Kim No-

---

* 霍登(1918—1983),外表英俊、整洁,多饰正直青年角色,但晚年潦倒,曾凭《第17号战俘营》封为奥斯卡影帝。——译者注

vak)所饰的玛吉·欧文斯、蓓蒂·菲尔德(Betty Field)所饰的弗洛·欧文斯和罗莎琳·拉塞尔所饰的罗丝玛丽·西德尼,则是每个人都色迷迷地认可了这种客体化的男人身体。在这几场戏里,霍登/哈尔被定位为按传统编码是女子气质的。不过霍登的明星形象是"血性的美国男孩",他对待表演和关于他招眼的噱头传闻的态度矛盾,被科汉解读为是要建构这样的明星轮廓,亦即他力图抵制将霍登客体化的做法,而要使自己的阳刚气概"真实化"(同书,pp. 63—64)。

劳拉·马尔威沿用弗洛伊德/拉康的思维模式,导致她得出这样的结论:男性的凝视会产生施虐狂般偷窥快感。盖林·斯塔德勒(Gaylyn Studlar)认为,迷恋于女性胴体可能会产生一种介于男性电影观众和女性明星之间受虐狂关系的非传统性快感。施虐狂般偷窥源自于俄狄浦斯与他父亲的同化和他母亲的受压抑。斯塔德勒利用吉勒·德勒兹(Gilles Deleuze)的研究成果,表示受虐狂乃是前俄狄浦斯情结(pre-Oedipal)的组成物,亦即原先给母亲戴的枷锁结果变成了受虐狂,同时保留着枷锁(见《玛琳·黛德丽的受虐狂、装扮术和色欲变性》[*Masochism, Masquerade and the Erotic Metamorphoses of Marlene Dietrich*], p. 233)。斯塔德勒认为,当这种枷锁拒绝接受父亲的象征性权势时,受虐狂就会挑战男性俄狄浦斯情结的性别和性欲差异。

斯塔德勒视受虐狂为玛琳·黛德丽的诱惑力和权势之核心,这位女明星有好几部与约瑟夫·冯·斯登堡合作拍的影片,其内叙事所起的作用就是让黛德丽所饰的角色展示一种对男性角色来说是不可抗拒的吸引力。例如在《蓝天使》(*Der Blaue Engel*,1930 年,德国出品)里,爱弥尔·詹宁斯*(Emil Jannings)所饰的拉思教授成了甘心情愿的牺牲品,造成他毁灭的是他自己的色欲,而非黛德丽所饰的洛拉—洛拉

---

* 詹宁斯(1886—1950),德国著名演员,凭《肉体之道》等摘取奥斯卡奖首届影帝桂冠,代表作还有《最卑贱的人》等。——译者注

46　爱弥尔·詹宁斯在《蓝天使》中饰演的拉思教授

(同书,p.236)。对于受虐狂的叙事,黛德丽还增添了她特有的冰冷色欲性,而这种色欲性表现出她与男人的色欲不同(p.237)。正是叙事和明星形象的融合,使得黛德丽的性感色情化,但同时也指明想永久"占有她"是不可能的。施虐狂的偷窥癖好会给偷窥者以绝对的强势,而女人变成消极的客体。因为是受虐狂,受害者最后仍然保持着对受虐狂合约的控制,但要求施虐者屈从于被虐者的欲望。如果这种女性人物得不到她渴望要又害怕要的赞美和崇敬的话,那么上述关系就无法生效。斯塔德勒对受虐狂的阐述,表明了女明星的形象如何呈现出一种融入演绎的权势,它能够改变男性凝视的快感和控制欲。

自从马尔威那篇颇有争议的文章发表后,各个学派的评论家们都着手试图给女性观影者和女人凝视明星的快感建立概念模型。斯塔德勒认为,黛德丽/斯登堡的影片通过去除一个强有力的男性角色作为观众凝视的传递者,为女性观众直接思念和渴求女明星提供了位置(见同书 p.248)。米里亚姆·汉森(Miriam Hansen)表示,鲁道夫·华伦天奴*(Rudolph Valentino)的明星形象破除了电影中常规的注视形式,因为他始终不断地被设置为既看别人又被别人看的人物。(《快感、矛盾、同化:华伦天奴和女性观影者》[*Pleasure, Ambivalence, Identication: Valentino and Female Spectatorship*])华伦天奴承担着不断变换的角色,他既饰施虐狂的惩罚者,又饰受虐狂的受害者,从而建构了一种被汉森所称的"矛盾性"素质。汉森视这种矛盾性是将华伦天奴女性化,且破除了传统的男性支配地位的建构。汉森认为,这种矛盾性促成了女性观影者认同并渴求华伦天奴。

所有观影学理论的严重局限性在于它们都是假设地给电影观众确定位置,没有研究电影观众是否占据这个位置。长期以来一直有种看法,亦即所谓"观影者"就是不打算去解释电影观众的实际反应或实际读解,而只是去观看影片看似喜欢被观看的位置。玛丽·安·道纳(Mary Ann Doane)在其一段被选入《模糊摄影机》(*Camera Obscura*)的未署名文章中表示,"女性观影者只是一个概念,并非指个体"(p.142)。不过这个领域内的研究似乎都坚持把观影者解读为个体,如

---

* 华伦天奴(1895—1926),意大利裔好莱坞偶像明星,演有《碧血黄砂》等,英年早逝后曾引发女影迷强烈反应。——译者注

果这些研究确实具有批评价值的话,那么它们不该将电影观众贬低为一种"位置"就显得十分重要了。

日常生活中的明星

观影学理论将影片的解读和明星的解读混为一谈,没有涉指电影观众实际表述自己情感的用语。杰基·斯塔西(Jackie Stacey)在出版大众女性杂志中的广告时,收集了英国妇女谈论她们记忆中四五十年代电影明星的通信和调查(请阅《明星的凝视》[*Star Gazing*])。斯塔面对这些答复的分析表明,调查对象都是按照逃避现实、同化和假设的模式来回忆明星们的。在配给供应的战争年代和战后年代的英国,那时的美国影片都被看做是代表富裕形象的,它们提供了逃避现实的奇观。当英国电影公司"兰克"(Rank)只拥有詹姆斯·梅森(James Mason)和玛格丽特·洛克伍德(Margaret Lockwood)等少数明星时,美国电影却提供了远为巨大的"魅力",美国电影明星成为这种"魅力"的特定代表。

斯塔西的调查对象以各种方式描述了他们如何与电影明星们同化。在电影院里,有些调查对象讲述自己多么欣赏和崇拜明星们,但都视他们是过着不同寻常而且不可企及生活的幸运者(pp. 138—145)。另一些调查对象在认知自己同明星们的差距时,决心克服这种差距,办法是追求并实现明星所代表的女性"迷人魅力"之理想,或者从明星们善于把握机遇的自信心中汲取灵感(pp. 151—158)。斯塔西称这样的互动关系是"电影的同化幻象"(cinematic identificatory fantasies),是电影观众在电影院里想象明星是理想中的他人时形成的。

斯塔西征询的有些调查对象讲述自己如何与明星们同化,借以激发自己走出电影院后采取行动。他们讲述了自己想采取各种行动以改变自己,建立起电影观众和演员之间的相近性。他们在童年时就玩装扮成自己喜欢的明星的游戏(pp. 160—161)。而对另一些调查对象来说,上述的相近性则是有选择地突出自己的身材与某明星相似来建构的。调查对象们都回忆起自己如何模仿某明星的部分行为或表演风格,或者仿效他的服饰和发型(pp. 161—170)。基于上述种种行动都带有明星对调查对象日常生活的影响,斯塔西指称这种种变成明星的做法乃是"超越电影的同化实践"。

好莱坞电影通过产品的展示和搭卖,同美国的消费经济越趋配合(见查尔斯·艾克特[Charles Eckert]的《梅西店橱窗里的卡洛·朗白*》[The Carole Lombard in Macy's Window])。夏洛特·赫尔措格(Charlotte Herzog)在《"粉扑"促销》("Powder Puff" Promotion)一书中,就研究出这种紧密配合特别针对妇女消费者。一些时装表演段落频频纳入下述影片的叙事中:30年代有《罗贝塔》(Roberta,导演威廉·A.赛特[William A. Seiter],1935年,美国出品)、《时装模特儿》(Mannequin,导演弗兰克·鲍沙吉[Frank Borzage],1938年,美国出品);50年代有《设计女人》(Designing Woman,导演文森特·明尼里[Vincente Minnelli],1957年,美国出品)、《多爱看看》([Lovely to Look at,导演梅尔文·勒洛埃],1952年,美国出品)、《滑稽女郎》(导演斯坦利·多南,1957年,美国出品)。这些影片都在银幕上展示各种时装,由此引发出一个将银幕时装带到商业大街去的运动。琼·克劳馥在《蕾蒂·林顿》(Letty Lynton,导演克拉伦斯·布朗[Clarence Brown],1932年,美国出品)中所穿的睡衣,是由吉尔伯特·亚德里安(Gilbert Adrian)设计的,

---

* 朗白(1908—1942),淑女型明星,擅饰喜剧性角色,如《活着还是死去》等,嫁给克拉克·盖博,在一次为推销战争公债的活动中死于空难。——译者注

后来被成批生产,作为现成服装出售给商业大街上的消费者们(见赫尔措格和盖因斯合著的《午茶前的"吹胀"袖子》["*Puffed Sleeves before Tea-Time*"])。

杰基·斯塔西认为,模仿明星生活方式的消费使得英国的女性影迷们陷入一个矛盾的语境中。当这种生活方式被设计成为供男性满足欲望的景观时,也为抗拒和逃避当时英国妇女所经受的物质困难提供了颇有吸引力的范本。

斯塔西的调查对象还叙述了当时物质供应紧张的情况,这意味着他们不得不避开消费市场,但又制造模仿明星风尚的自家版本。像这种创意的文化经济也成为研究影迷领域的兴趣对象(见菲斯克[Fiske]的《影迷的文化经济》[*The Cultural Economy of Fandom*])。斯塔西借用了亨利·詹金斯[Henry Jenkins]开发的一个术语(见《文本盗用者》[*Textual Poachers*]),来指称他的调查对象"盗用"了明星的风尚。詹金斯认为,影迷们在盗用时,"通过借用大众文化形象又稍加变化而建构自己的文化和社会身份,并且明确表达出自己的那些在主流媒体内部是常常没法说出来的关注"(p.23)。

明星和次文化

与明星同化,为抗拒主流文化提供了可能性,而这点也使得明星对次文化群体具有决定性的意义。次文化通过分享一系列信念、符号、含义、价值和实践,也制造出一种集体归属感,它会调和与文化主流群体的非传统性或对抗性关系(见迪克·赫伯迪奇[Dick Hebdige]的《次文化》[*Subculture*])。安德雷亚·怀斯(Andrea Weiss)和理查德·戴尔也加入了审视某些明星对男、女同性恋者的意义。怀斯和戴尔将玛琳·黛德丽、葛丽泰·嘉宝和裘迪·迦伦的三种形象认同为次文化资本的一部分,而男、女同性恋者借此来调和他们对异性恋文化的同一性。怀斯阐述了黛德丽和嘉宝如何在30年代的美国成为女同性恋者的表意性明星,当时中产阶级的白人和同性恋者文化首先在大都市的核心地带问世(见《吸血鬼和羞怯者》[Vampires and Violets], pp. 35—36)。怀斯认为黛德丽和嘉宝对于女同性恋者来说极富意义,这源自于有关这两位女星性生活的次文化小道新闻以及对她俩表演的解读——一贯讽刺地指摘婚姻制度并玩弄服饰编码,以瓦解女性异性恋的传统意义(pp. 32—39)。上述两位女星之所以对次文化的兴起关系重大,乃因为她俩不但被男人渴求,而且作为向公众呈现"真实情况"发挥作用,而这种"真实情况"只有次文化才能充分地理解。

在《超凡的胴体》中,理查德·戴尔考察了裘迪·迦伦的形象对于基佬文化的意义。迦伦的形象既对主流的异性恋文化的幸福家庭价值表示肯定,也对有别于该明星不幸私生活报道的"日常性"和"正常性"表示肯定。迦伦的"正常性"因而只是一种假装行为(p. 159)。同黛德丽、嘉宝一样,迦伦的表演也常常将服饰编码(dress codes)混淆,借以打造男女不分的外表(pp. 169—177)。迦伦的男女不分表明女子气质和男子气质之间的差异并非某种深刻和自然的东西,而是一种只在外表上建构的东西。她在一些影片如《齐格菲女郎》(Ziegfeld Follies,导演文森特·明尼里,1945年,美国出品)和《海盗》(The Pirate,导演文森特·明尼里,1948年,美国出品)中的角色都装腔作势,并且巧妙地披示叙事的核心主题。戴尔认为,正是由于玩弄外表,迦伦的形象可以被解读为同性恋者的女性味(camp)(p. 178)。迦伦并未直接呈现基佬的生活方式,但她充满矛盾的日常行为和男女不分却是大玩角色的外表戏,大玩性别和性爱有争议的主流定义,而这些玩法都能轻而易举地被同性恋者读解。

47 《齐格菲女郎》

明星作为劳工

  明星们演绎着代表的工作,因此任何对明星在影片摄制中地位的审视都不能同其形象和观众双方提出的代表论题脱钩。不管明星在影片摄制中的地位如何,他们的价值通过其代表的权势而被放大。既然对明星形象的分析被认为是在电影观众制造内涵的斗争和调解中的权势论题,因此对影片摄制中演员的探究必将涉及明星如何调解在他们制造影片内涵工作中的权势关系。

明星的工作形象

  在明星研究中将消费和生产分隔开来,在许多情况下只会在明星体制中复制出一条相似的分界线来,明星一时间不得不工作,而明星的语境常常被集中于明星是早已在银幕上出现过的人或者在银幕下过着相对荒唐生活的人。明星将继续作为"消费的偶像"而出现,此时他们的生活方式可以在每年的戛纳电影节上发现,他们躺在游艇上晒日光浴;还可发现他们打扮得漂漂亮亮,不时出席聚会,娶或嫁别的靓女或俊男,过后又支付巨额离婚费,悠然自得地打发时光,捐钱给高尚事业。

明星们在很大程度上依然被看成是过着如莱奥·洛温瑟尔描述的"有组织的休闲生活"(《大众偶像的胜利》,p.121)。而明星的工作形象则尽是演戏,不干体力活儿。

48 和 49　艾尔·帕西诺(左)和罗伯特·德尼罗(右)在《热力交锋》中

关于表演语境的出现,理查德·德科多瓦精确定为 1907 年,而如今继续在一些著述中被探讨,这些著述都论及了明星的工作形象。但工作的呈现方式不同会造成演员之间的职业不平等:一般地,明星的工作进入其形象的语境,并广为人知,而"不知名"演员的工作则不被认知。表演的这种语境会对明星工作的正规化或去正规化产生影响。举个例子说,《热力交锋》(Heat,导演迈克尔·曼[Michael Mann],1996年,美国出品)的宣传大都花在该片如何邀请艾尔·帕西诺*(Al Pacino)和罗伯特·德尼罗**(Robert De Niro)加盟演出上,并放话说(大意)

---

*　帕西诺(1940—　),从 20 世纪 70 年代起稳居巨星地位,凭《女人香》封为奥斯卡影帝。——译者注

**　德尼罗(1943—　),最有成就的演技派巨星,两次荣获奥斯卡奖(《教父·续集》和《愤怒的公牛》),至今仍活跃在银幕上。——译者注

这两位演员是"他们一代演员中最了不起的"。这两位明星——演员飙戏的一个重要场面是在咖啡馆里交谈。1996 年 3 月该片公映后,英国电影学会杂志《画面与音响》(Sight and Sound)刊登了一篇文章评论这场戏,并复制了导演迈克尔·曼的一段拍摄台本,还附上对这两个人物的潜台词的注释。下面是曼对帕西诺所饰人物的注释:

> 结果是:拒绝用家庭失和的混乱来换取更为复杂、一触即发的角斗场面,因为他的下意识里正在酝酿如何应付这个荒唐的局面;你在监视他;他也知道自己受到监视。贾斯汀摆脱了家庭不和的困扰,一个想法跃入你的脑海:贾斯汀要采取大胆的行动了。去会见他,去跟他说说。(《鲍勃和艾尔在咖啡馆里》[Bob and Al in the Coffee Shop], p. 18)

这篇文章里未有任何评语,《画面与音响》出于对曼所加注释的尊重,干脆让注释为自己说话,其言辞前后不连贯,只说出了一点,即该片的表演是极其复杂的,极有心理层次的人们喜欢帕西诺和德尼罗复杂的心理演绎。

1996 年 6 月,《帝国》(由 EMAP 消费杂志出版)——人称"英国最畅销的电影杂志"——刊登一篇介绍莎朗·斯通*(Sharon Stone)和根据克鲁佐(Clouzot)影片翻拍的《恶魔双姝》(Diabolique,导演杰瑞米亚·切奇克[Jeremiah Chechik],1996 年,美国出品)的文章。这篇由杰夫·唐森从拍片现场报道的文章,一开始描述了斯通在片场上呜咽时直喊"阴茎、阴茎、阴茎"。这可解释为这位明星"打定主意要干某件事了(亦即荣格哲学所阐述的一切事,以及无意识的脑子对某种怂恿及其他类似情况作出反应)"(见《关于女人胸脯的最美妙东西……》[The Best Thing About It Is the Boobs……], p. 94)。这位记者在考虑了该片导

---

* 斯通(1958—),性感女星,成名作是《本能》。——译者注

演一些自负的评论后说"随着斯通的上述谩骂……片场上确实又响起了许多臭骂声"(p.96)。早在1996年,斯通因在《赌场》(*Casino*,导演马丁·斯科西斯[Martin Scorsese],1996年,美国出品)中饰一个角色而获得奥斯卡奖最佳女主角提名,就大出人们的意料之外。唐森在《帝国》杂志上的文章竭尽讽刺地将斯通描写成一位"严肃"的演员,并认可《赌场》导演马丁·斯科西斯和男主演罗伯特·德尼罗在文化上的好名声,另外称莎朗结交上"多位显赫的好朋友,一起演戏,他们的关系如同'马蒂'和'鲍比'*"(p.96)。该文章还嘲弄了斯通在片场上备有一套柏拉图文集,称这是"用来点缀你的俏妞的反时髦装饰的,对吗,宝贝?而艺术品却留在你的高高帆布椅上"(p.97)。斯通被牵扯到明星装饰上去,该记者诧异"她坐在轿车内有没有机会读(这套文集)"(p.97)。当轿车开了300码,驶至斯通专用的拖车时,唐森又称这是"电影明星工作特权之一"(p.97)。斯通表演工作的"严肃性"完全被凸现她作为明星的工作破坏了。斯通的明星身份在一片休闲的氛围中被呈现出来,即使她那时正在工作。

  明星工作的语境,不仅要报道电影表演的工作,而且也要调整好演员们之间由艺术上合理之判断而决定的等级和权势关系。有了这样的语境,明星工作的形象就可任由处于社会位置的电影观众作不同的读解。但关于明星工作的种种看法决不可同关于其他各种工作和工作经验的看法分隔开来。

---

  * 斯科西斯和德尼罗的爱称,早在20世纪70年代就流传开了。——译者注

明星作为体制

谈论明星作为"体制"(system),必然要认识表演人才市场和电影摄制机构如何影响明星工作的。正如巴瑞·金指出的,限制明星经济权力的一个因素是演员的第二市场供大于求(《阐明明星》,p.46)。因此明星体制受到了一个由许多不满意明星地位的演员组成的更为广大的市场之影响。所有电影演员在决定自己的演艺生涯时都面临着困难。与其他产业的职位相比,通向银幕表演的道路始终是不正规的。电影演员属于自由劳工,这就影响到演员的打造在很大程度上取决于经纪人、选角部门以及协调演员和产业关系的工会。合同成为谋求工作和牟取竞争优势的关键手段。安妮·K.彼得斯(Anne K. Peters)和穆里埃·G.康特尔(Muriel G. Cantor)指出,对于许多电影演员来说,他们的大部分工作时间都花在无报酬"学习演技,寻找经纪人,奔赴选角访谈等的事上,还有不停地保持好体形,同其他演员交往和签订(有权力的)合同"(见《作为工作的银幕表演》[Screen Acting as Work],p.60)。普遍认为,许多演员在表演中谋不到生计,只得花很长时间干别的工作,这时候明星体制可以被视为伸展到电话销售,秘书工作,当"主持人",上门送匹萨、送快递等等。有这么多演员寻找工作,于是总让人觉得明星是可以取代的。不过明星可以利用"个性化"来维护自己的个人价值;利用这种"个性化"是为了打造这样的个人形象,其作用如同金所称的"个人垄断"(personal monopoly),这是一种特殊的索价,明星可以呈现出一系列在市场上是独一无二的内涵来(p.46)。

埃曼纽尔·莱维(Emanuel Levy)认为,明星地位始终取决于这样一个基本悖论:"表演的平等取向——人人都可成为电影明星——同表演的等级森严结构——只有极少数演员实际上成了明星——之间存在着不一致。"(见《民主精英》[*The Democratic Elite*], p. 49)。从30年代到80年代美国明星们中的取样显示,他们来自于不同的族裔背景,尽管非洲裔美国人当明星的明显不足(同书, p. 39)。另外,阶级的特权看来也未决定明星地位,大多数成功的明星均未获得正规的高等教育(pp. 41—45)。选入样本的明星之社会地位表明,当明星成为电影演员中间的贵族后,明星地位似乎向任何人开放。再加上这样一种看法——明星即使赢得了大众的喜爱,可能仍然只是明星——颇有争议地示意是消费者决定影片的生产,而明星达到的也只是"民主精英"形象。莱维认为,明星精英象征着美国梦,他们代表着"积极向上、发财致富、竞争精神、个人抱负"之价值(p. 52)。这种"从赤贫到巨富"的形象是攸关重要的,因为它模糊了对明星体制探究的条件,同时又确保了再生这一体制的令人乐观的可能性。

在好莱坞电影中,三四十年代的"制片厂体制"(studio system)源自于五家大制片厂(华纳兄弟、洛氏/米高梅、派拉蒙、雷电华、20世纪福克斯)和三家小制片厂(环球、哥伦比亚和联美)的权力集中化。上述五家大制片厂通过垂直式整合,将影片的摄制所有权和发行、放映所有权都加强巩固了。当时流行的标准是七年期的合同,它迫使明星在这一限定时间内成为制片厂的财产。简·M. 盖因斯(Jane M. Gaines)把明星的合同读解为电影明星和电影产业之间谈判的文本,它记载产业对明星形象的合法所有权和统治权(见《竞争的文化》[*Contested Culture*], pp. 143—174)。这种有期限合同让制片厂从明星在聘期内被各式各样滥用中牟取暴利。在制片厂体制时代里,经理们决定着明星的角色选派,还决定着把合同明星租借给其他制片厂。写进有期限合同的包括搁置不用明星的条件。杰克·华纳(Jack Warner)在这方面尤为人知,他动用这种搁置做法来惩罚明星,专门给那些片酬高的演员分派不合适的角色，他们必然会拒绝，结果制片人将该明星搁置不用。明星被搁置时是不用付酬的，这样可以节省下薪水，而且搁置期在合同期限内是不计长短的，这样对延长合同期限起到事半功倍的作用（同书，p. 152）。

50 年代，制片厂体制经受重组，但那时候期限合同并未完全消失，只是长期合同签约中止了，因为对制片厂来说这可以减少成本。代之的是明星纳入以单部影片为基础的聘用制。这对明星来说是有利也有弊。戈汉姆·金登姆（Gorham Kindem）曾描述了明星们摆脱长期合同的剥削性条件之后如何能够较为灵活地决定自己的演艺生涯（见《好莱坞电影明星制》[Hollywood's Movie Star System]，p. 88）。再则，围绕单部影片组织摄制意味着制片厂有理由要求每一部影片都取得成功。这就增加了明星的潜在价值，因为她/他是防止影片亏损的保证，而且也使得明星处于可以要求更高薪酬的地位（同书，p. 88）。有些明星还创建自己的制片公司，从而使得他们对摄制拥有更大的统治权，并为节省高额的税率提供了方便（参见巴瑞·金的《明星作为一种行当》）。与此同时，影片的摄制逐渐减少，但为了推销各单部影片，对运用耗资甚巨的奇观场面来使众影片差异化的做法寄予了新的重视。随着影片摄制量的减少，摄制成本上涨，能找到拍片机会的演员也越来越少。随着电视的问世，许多演员都选择了在电影之外发展自己的事业（见金登的同书，p. 89）。

托马斯·夏兹（Thomas Schatz）认为，自 70 年代中期以来，美国电影在公司结构、营销方法和艺术风格诸方面发生了重大的变化。他认为，在"新好莱坞"时期，主要摄制三种影片（见《新好莱坞》[New Hollywood]，p. 35）。而这每一种影片都同特定的明星群体有着联系。从单部影片中耗资甚巨的奇观场面脱胎出来高成本的"大片"。贾斯汀·维亚特（Justin Wyatt）用更富于现代性的业界行话"高概念"（high-concept）来称呼这种同一类型的制作。高概念影片的制作不一定意味着是高成本或高票房回报,而是如维亚特定义的"一种具有高度市场价值的叙事形式"(见《高概念》[*High Concept*], p. 12)。在高概念中,各种可能有的营销手段早在前期制作规划中就已经是决定性的了。富于成效的营销要求一个拍片计划必须拥有一个能够简单直接地向公众传递内涵的形象。维亚特认为明星形象在这样的战略中起着工具性的作用,而营销力求使明星形象同该片叙事的假设匹配。换句话说,该明星要使该片的概念人格化。有了高概念,艺术风格就压倒叙事内容,同时凸现并尽可能地放大明星身上最为人知的素质。维亚特为此所举的例子是杰克·尼科尔森(Jack Nicholson)*在《蝙蝠侠》(*Batman*,导演蒂姆·伯顿[Tim Burton],1989 年,美国出品)中演绎小丑一角;在该片中,尼科尔森恶魔兼疯子的特质——在《闪灵》(*The Shining*,导演斯坦利·库布里克[Stanley Kubrick],1980 年,美国出品)和《紫恋巫女》(*The Witches of Eastwick*,导演乔治·米勒[George Miller],1987 年,美国出品)中已经充分显示出来——被转型为滑稽式疯狂,从而完成了杰克·尼科尔森风格的夸张性展示。像这样的表演放大了该明星的特质,使其超过人物,而这点正是巴瑞·金在明星的表演中所看到的(《阐明明星》,p. 42)。尼科尔森在《蝙蝠侠》中的夸张表演可以描述为这样一种范本,即表演可以导致高概念电影中明星形象的"过度人格化"(hyper-personification)。这整部影片特有的凶险疯狂性,在这单个角色的演绎中完全被概念化了。尼科尔森龇牙咧嘴说明了一切。

夏兹认为,像斯蒂芬·斯皮尔伯格(Steven Spielberg)这样的导演在大片中或者高概念影片中取得了商业成功,是将明星的地位延伸到了摄制的其他主创人员。而不限于演员(《新好莱坞》,p. 35)。撇开以下一种说法不细谈——在《侏罗纪公园》(*Jurassic Park*,导演斯蒂芬·斯

---

* 尼科尔森(1937—),享有"怪才"之誉的巨星,三次荣获奥斯卡奖(《飞越疯人院》、《母女情深》和《渐入佳境》)。——译者注

50　《蝙蝠侠》

皮尔伯格,1993 年,美国出品)中,那些恐龙才是真正的明星(这种说法提出了技术作为"新好莱坞"电影中明星的可能性)——这位导演的明星地位远远高出于演出阵容中的任何一位演员。但是,导演作为明星的现象不可给以过高的评价。像约翰·麦克提南(《龙胆虎威》[*Die Hard*],1988 年;《龙胆虎威:复仇记》[*Die Hard with a Vengeance*],1995 年,均为美国出品)或者理查德·道纳(Richard Donner,《致命武器·3》[*Lethal Weapon 3*],1992 年;《赌徒》[*Maverick*],1994 年,均为美国出品)这些家喻户晓的名字究竟响彻到什么程度呢?当提到亚诺德·施瓦辛格、布鲁斯·威利斯和汤姆·克鲁斯*(Tom Cruise)时,人们会轻而易举地将他们同大片制作联系起来。至于女明星,像黛米·摩尔

---

* 克鲁斯(1962—),好莱坞片酬最高的男星之一,演有《雨人》、《碟中谍》、《刺杀希特勒》等片。——译者注

(Demi Moore) 虽然享有高片酬的权势,例如 1996 年因演《脱衣舞娘》(*Stripease*,导演安德鲁·伯格曼 [Andrew Bergman],1996 年,美国出品)拿 1250 万美元而闻名,但是好莱坞业界依然对女明星配不配拿天文数字的高薪酬表示很大的怀疑,因为这种高薪酬是视女明星"开放"高概念影片的能力而定的。

夏兹所阐述的第二个种类是主流 A 级明星工具,它展示一位演员的特定形象。这方面的例子可能举不胜举,不过像《死亡诗社》(*Dead Poets Society*,导演彼得·威尔 [Peter Weir],1989 年,美国出品)和《窈窕奶爸》(*Mrs Doubtfire*,导演克里斯·科伦布斯 [Chris Columbus],1993 年,美国出品)让罗宾·威廉斯*(Robin Williams)的搞笑本领十分抢眼。

打破制片厂体制垂直式整合的直接结果是独立制片在美国迅速成长。夏兹认为,这种低成本的独立制作的故事片正是新好莱坞的第三种制作。毫无疑问,这类制片也会使一些导演"成名",诸如大卫·林奇(David Lynch,《消磁头》[*Eraserhead*],美国电影学会美国高级电影研究中心摄制,1976 年,美国片)、昆汀·塔伦蒂诺(Quentin Tarantino,《小库狗》[*Reservoir Dog*],"狗吃狗"制片公司/生活美国摄制,1992 年,美国片)。另外,独立制片也拥有固定的演员班子,例如史提夫·布谢米(Steve Buscenai)(《分手之瞥》[*Parting Glances*],导演比尔·谢伍德 [Bill Sherwood],隆多制片公司摄制,1985 年,美国片;《值得爱的某人》[*Someone to Love*],导演亚历山大·罗克韦尔 [Alexandre Rockwell],卢米埃尔电影公司摄制,1994 年,美国片)或者蒂姆·罗思(Tim Roth)(《罗森克朗茨和基尔登斯坦都死了》[*Rosencrantz and Guitdenstern Are Dead*],导演汤姆·斯托帕德 [Tom Stoppard],勃兰登堡国际/奥德赛公

---

* 威廉斯(1952—),好莱坞三大"喜剧天王"之一,转型之作《心灵捕手》使其获得奥斯卡奖最佳男配角。——译者注

司摄制,1990年,美国片;《跳蹦墓地》[*Jumpin' at the Boneyard*],导演杰夫·斯坦兹勒[Jeff Stanzler],墓地公司摄制,1991年,美国片)。如果说这些演员的姓名不如大片明星那般众人皆知,那么两者的区别应该在于一方是"大众喜爱"的明星,另一方是"风靡一时"的明星。

戴纳·克拉克(Danae Clark)批评这样一些关于明星体制的说法,这些说法都把明星看成是受制片厂或业界的公司权势人物控制的,而排除明星抗拒这种由个人或集体谈判操纵的做法(见《调解好莱坞》[*Negotiating Hollywood*],p.5)。克拉克还认为,明星形象的研究应该侧重于那些重要人物,他们蔑视电影制作存在的等级制度——有权势的明星和其他配角演员之间的等级划分。依克拉克看来,明星的权势可能只是从整个明星体制的场域中来判别的,因此要求分析明星和其他演员之间的劳工关系(同书,p.11)。电影演员公会基金会是电影演员在好莱坞的机构代表,克拉克在对之进行研究时,将明星总体看成是劳动权力不同的体制,在这种体制下,明星的利益同制片人和其他演员的利益相互竞争。克拉克的批评方法显示出是对明星体制更为复杂的解读,该体制包含着集体或个人的抗拒以及公司的权力。

结　　论

　　明星研究的上述发展,产生了多种值得进一步探讨的不同观点。第一,明星形象的处理方式在解读单个明星孤立着的内涵时,倾向于忽视一位明星的内涵或职业权势是附着条件的,是视明星和其他演员之间的差异和区分系统而定的。这种系统可以视为是在各种语境的分配(the distribution of discourses)中运作的,而这各种语境涉及明星、明星的表演策略、观众的认同和趣味以及明星在制作不同阶段的定位。

　　第二,在语境中分析明星会显示上述差异的变化是历史性和文化性的。90年代分析梦露和50年代分析梦露有什么区别呢?电影明星在电影观众调整他们的社会位置时仍然具有重要意义吗?有无其他名人如流行明星、名模或男女运动员具有更重要意义呢?新好莱坞的表演劳工的地位如何?他们同其他国家电影中的演员的工作条件有什么关系或不同?

　　进一步要考察的是明星形象的批评方法和观影学理论的定位如何集中于明星是文本和语境效应而非实践效应。但语境的这种优势会导致明星研究陷入对原文本(texluality)的墨守,结果忽视许多明星在社会中激发的实际行动。克拉克和斯塔西的研究表明,在明星的生产和消费中明星和电影观众是相互行事的。为了赞许明星的社会活动,需要明星实践的实用性来伴随明星内涵的符号性。代之以问"明星意味着什么",一个崭新的问题应该是"明星在做什么?"

　　最后,从文本到实践的转变,必须重新考量本体。从理论上讲,电影的种种研究都是由"主体"概念主宰的。主体性(subjectivity)乃是一个重要的观念,因为它把研究的注意力吸引到本体如何由代表和权势的结构形成。这种观点有悖于认为本体是一个自主决定的个体的看法。当斯塔西和克拉克喜欢在自己的研究中运用"主体"这个术语时,他俩都指出了明星和电影观众最好被认为是社会"代理人"的可能性。代理这个概念不是假设明星和电影观众均可自主决定代表或权势的结构,而只意味着他们都可以在这两种结构内部调解各种活动。如此为本体重新建立概念模型,对于有效地审视明星机制中的差异、区分、语境和本体的实际复杂情况可能是必不可少的。

附：增补的文献目录

1. 明星：总论

Adler, Moshe, 'Stardom and Talent', *American Economic Review*, vol. 71, no. 5, 1981, pp. 208-212.

Archer, Robyn and Simmonds, Diana, *A Star Is Torn*, Virago, London, 1986.

Base, Ron, *Starring Roles: How Movie Stardom in Hollywood Is Won and Lost*, Little, Brown and Co., London, 1994.

Basinger, Jeanine, *A Woman's View: How Hollywood Spoke to Women 1930–1960*, Alfred A. Knopf, New York, 1993.

Bell-Metereau, Rebecca, *Hollywood Androgyny*, Columbia University Press, New York, 1985.

Berlin, Gloria and Bruce, Bryan, 'The Superstar Story', *CineAction!*, no. 7, December 1986, pp. 52–63.

Blum, Richard, *American Film Acting: The Stanislavski Heritage*, UMI Research Press, Ann Arbor MI, 1984.

Bourne, Stephen, 'Star Equality Part 1', *Films and Filming*, no. 351, December 1983, pp. 31–4.

'Star Equality Part 2', *Films and Filming*, no. 352, January 1984, pp. 24–5.

Butler, Jeremy G. (ed.), *Star Texts: Image and Performance in Film and Television*, Wayne State University Press, Detroit, 1990.

' "I'm not a Doctor, but I Play One on TV": Characters, Actors and Acting in Television Soap Opera', *Cinema Journal*, vol. 30, no. 4, 1991, pp. 75–91, reprinted in Allen, Robert C. (ed.), *To Be Continued ...: Soap Operas Around the World*, Routledge, London, 1995, pp. 145–63.

Clark, Danae, *Negotiating Hollywood: The Cultural Politics of Actors' Labour*, University of Minnesota Press, Minneapolis, 1995.

Cook, Bruce, 'Why TV Stars Don't Become Movie Stars', *American Film*, vol. 1, no.

8, June 1976, pp. 58–61.

Cook, Pam, 'Star Signs', *Screen*, vol. 20, no. 3–4, Winter 1979–80, pp. 80–8.

Das Gupta, Chidananda and Hoberman, J., 'Pols of India', *Film Comment*, vol. 23, no. 3, May–June 1987, pp. 20–4.

Davis, Ronald L., *The Glamour Factory: Inside Hollywood's Big Studio System*, Southern Methodist University Press, Dallas, 1993.

DeCordova, Richard, 'The Emergence of the Star System in America', *Wide Angle*, vol. 6, no. 4, 1985, pp. 4–13.

Picture Personalities: The Emergence of the Star System in America, University of Illinois Press, Urbana, 1990.

Donald, James, 'Stars', in Cook, Pam (ed.), *The Cinema Book*, British Film Institute, London, 1985, pp. 50–6.

Dyer, Richard, *The Dumb Blonde Stereotype*, British Film Institute, London, 1979.

Teacher's Study Guide 1: The Stars, British Film Institute Education, London, 1979.

Heavenly Bodies: Film Stars and Society, Macmillan, London, 1987.

Ellis, John, *Visible Fictions: Cinema, Television, Video*, Routledge and Kegan Paul, London, 1982.

Erens, Patricia, 'In Defence of Stars: A Response', in Steven, Peter (ed.), *Jump Cut: Hollywood, Politics and Counter Cinema*, Praeger, New York, 1985, pp. 240–6.

Fernandez, Rick, 'Designing for the Stars: Interview with Walter Plunkett', *The Velvet Light Trap*, no. 18, 1978, pp. 27–9.

Finney, Angus, 'Falling Stars', *Sight and Sound*, vol. 4, no. 5, May 1994, pp. 22–4, 26.

Fowles, Jib, *Starstruck: Celebrity Performers and the American Public*, Smithsonian Institute Press, Washington, 1992.

Friedberg, Anne, 'Identification and the Star: A Refusal of Difference', in Gledhill, Christine (ed.), *Star Signs: Papers from a Weekend Workshop*, British Film Institute Education, London, 1982, pp. 47–53.

Gaines, Jane M., *Contested Culture: The Image, the Voice, and the Law*, British Film Institute, London, 1992.

Gaines, Jane M. and Herzog, Charlotte (eds.), *Fabrications: Costume and the Female Body*, Routledge, New York, 1990.

Gledhill, Christine (ed.), *Star Signs: Papers from a Weekend Workshop*, British Film Institute Education, London, 1982.

(ed.), *Stardom: Industry of Desire*, Routledge, London, 1991.

Goldman, William, 'Everything You Ever Wanted to Know About Stars ...', *American Film*, vol. 8, no. 5, March 1983, pp. 57–64.

Goodwin, Andrew, *Dancing in the Distraction Factory: Music Television and Popular Culture*, Routledge, London, 1993.

Hanson, Steve, King Hanson, Patricia and Broeske, Pat H., 'Ruling Stars', *Stills*, no. 20, June–July 1985, pp. 20–23.

Hayward, Susan, 'Stars/Star System/Star as Capital Value/Star as Construct/Star as Deviant/Star as Cultural Value: Sign and Fetish/Star-Gazing and Performance', *Key Concepts in Cinema Studies*, Routledge, London, 1996, pp. 337–48.

Hilmes, Michelle, 'The "Ban" That Never Was: Hollywood and the Broadcasting Industry in 1932', *The Velvet Light Trap*, no. 23, Spring 1989, pp. 39–48.

Hirsch, Foster, *Acting Hollywood Style*, Harry N. Abrams Inc. and AFI Press, New York, 1991.

Jarvie, Ian C., 'Stars and Ethnicity: Hollywood and the United States, 1932–51', in Friedman, Lester D. (ed.), *Unspoken Images: Ethnicity and the American Cinema*, University of Illinois Press, Champaign, 1990, pp. 82–111.

Jeffords, Susan, *Hard Bodies: Hollywood Masculinity in the Reagan Era*, Rutgers University Press, New Brunswick NJ, 1994.

Keane, Marian, 'Dyer Straits: Theoretical Issues in Studies of Film Acting', *Postscript*, vol. 12, no. 2, 1993, pp. 29–39.

Kent, Nicholas, *Naked Hollywood: Money, Power and the Movies*, BBC Books, London, 1991.

Kindem, Gorham, 'Hollywood's Movie Star System: A Historical Overview', in Kindem, Gorham (ed.), *The American Movie Industry: The Business of Motion Pictures*, Southern Illinois University Press, Carbondale and Edwardsville, 1982, pp. 79–93.

King, Barry, 'Articulating Stardom', *Screen*, vol. 26, no. 5, September–October 1985, pp. 27–50.

'Stardom as an Occupation', in Kerr, Paul (ed.), *The Hollywood Film Industry*, Routledge and Kegan Paul, London, 1986, pp. 154–84.

'The Star and the Commodity: Notes Towards a Performance Theory of Stardom', *Cultural Studies*, vol. 1, no. 2, 1987, pp. 145–61.

Krutnik, Frank, 'A Spanner in the Works? Genre, Narrative and the Hollywood Comedian', in Karnick, Kristine Brunovska and Jenkins, Henry (eds.), *Classical Hollywood Comedy*, Routledge, New York, 1995, pp. 17–38.

Langer, John, 'Television's "Personality System"', *Media, Culture and Society*, vol. 3, no. 4, 1981, pp. 351–65.

Levy, Emanuel, 'The Democratic Elite: America's Movie Stars', *Qualitative Sociology*, vol. 12, no. 1, Spring 1989, pp. 29–54.

'Social Attributes of American Movie Stars', *Media, Culture and Society*, vol. 12, no. 2, 1990, pp. 247–67.

Lewis, George, 'Positive Deviance: A Labelling Approach to the Star Syndrome in Popular Music', *Popular Music and Society*, vol. 8, no. 2, 1982, pp. 73–83.

Lusted, David, 'The Glut of Personality', in Masterman, Len (ed.), *Television Mythologies: Stars, Shows and Signs*, Comedia/Routledge, London, 1984, pp. 73–81.

McArthur, Benjamin, *Actors and American Culture, 1880–1920*, Temple University Press, Philadelphia, 1984.

MacCann, Richard Dyer, *The Stars Appear*, Scarecrow Press, Metuchen NJ, 1992.

MacDonald, Glenn M., 'The Economics of Rising Stars', *American Economic Review*, vol. 78, no. 1, 1988, pp. 155–66.

McDonald, Paul, 'I'm Winning on a Star: the Extraordinary Ordinary World of *Stars in Their Eyes*', *Critical Survey*, vol. 7, no. 1, 1995, pp. 59–66.

'Star Studies', in Hollows, Joanne and Jancovich, Mark (eds.), *Approaches to Popular Film*, Manchester University Press, Manchester, 1995, pp. 79–97.

Maltby, Richard, *Hollywood Cinema: An Introduction*, Blackwell, Oxford, 1996.

Mann, Denise, 'The Spectacularization of Everyday Life: Recycling Hollywood Stars and Fans in Early Television Variety Shows', *Camera Obscura*, no. 16, 1988, pp. 48–77; reprinted in Butler, Jeremy G. (ed.), *Star Texts: Image and Performance in Film and Television*, Wayne State University Press, Detroit, 1990, pp. 335–60.

May, Lary, 'Movie Star Politics: The Screen Actors' Guild, Cultural Conversion and the Hollywood Red Scare', in May, Lary (ed.), *Recasting America: Culture and Politics in the Age of the Cold War*, University of Chicago Press, 1989, pp. 125–53.

Munn, Michael, *Stars at War*, Robson Books, London, 1995.

Naremore, James, *Acting in the Cinema*, University of California Press, Los Angeles, 1988.

Natale, Richard, 'The Price Club', *American Film*, vol. 14, no. 8, June 1989, pp. 42–5.

Pearson, Roberta, *Eloquent Gestures: The Transformation of Performance Style in the Griffith Biograph Films*, University of California Press, Berkeley, 1992.

Peters, Anne K. and Cantor, Muriel G, 'Screen Acting as Work', in Ettema, James S. and Whitney, D. Charles (eds.), *Individuals in Mass Media Organisations*, Sage, Beverly Hills CA, 1982, pp. 53–68.

Phillips, Patrick, 'Genre, Star and Auteur: An Approach to Hollywood Cinema', in Nelmes, Jill (ed.), *An Introduction to Film Studies*, Routledge, London, pp. 121–63.

Roberts, Jenny, 'Unbilled Stars', *Films in Review*, vol. 42, no. 7–8, pp. 228–30.

Rodman, Howard A., 'Talent Brokers', *Film Comment*, vol. 26, no. 1,

January–February 1990, pp. 35–7.
Rosen, Sherwin, 'The Economics of Superstars', *American Economic Review*, vol. 71, no. 5, pp. 845–58.
Rosenkrantz, Linda, 'The Role That Got Away', *Film Comment*, vol. 14, no. 1, January–February 1978, pp. 42–8.
Schickel, Richard, *Common Fame: The Culture of Celebrity*, Pavilion Books and Michael Joseph, London, 1985.
Slide, Anthony, 'The Evolution of the Film Star', *Films in Review*, no. 25, 1974, pp. 591–4.
Stacey, Jackie, *Star Gazing: Hollywood Cinema and Female Spectatorship*, Routledge, London, 1994.
Staiger, Janet, 'Seeing Stars', *The Velvet Light Trap*, no. 20, Summer 1983, pp. 10–14.
Stine, Whitney, *Stars and Star Handlers: The Business of Show*, Roundtable, Santa Monica, 1985.
Tasker, Yvonne, *Spectacular Bodies: Gender, Genre, and the Action Cinema*, Comedia/Routledge, London, 1993.
Thompson, Grahame F., 'Approaches to "Performance"', *Screen*, vol. 26, no. 5, September–October 1985, pp. 78–90.
'Screen Acting and the Commutation Test', *Screen*, vol. 19, no. 2, Summer 1978, pp. 55–69.
Thompson, John O., 'Beyond Commutation – a Reconsideration of Screen Acting', *Screen*, vol. 26, no. 5, September–October 1985, pp. 64–76.
Turow, Joseph, 'Casting for TV Parts: The Anatomy of Social Typing', *Journal of Communication*, vol. 28, no. 4, Autumn 1978, pp. 19–24.
Vineberg, Steve, *Method Actors: Three Generations of an American Acting Style*, Schirmer Books, New York, 1991.
Watney, Simon, 'Stellar Studies', *Screen*, vol. 28, no. 3, Summer 1987, pp. 110–14.
Yacowar, Maurice, 'An Aesthetic Defence of the Star System', *Quarterly Review of Film Studies*, vol. 4, no. 1, Winter 1979, pp. 39–52.
'Actors as Conventions in the Films of Robert Altman', *Cinema Journal*, vol. 20, no. 1, Fall 1980, pp. 14–28.
Zucker, Carole, (ed.), *Making Visible the Invisible: An Anthology of Original Essays on Film Acting*, Scarecrow Press, Metuchen, NJ, 1990.

2. 明星：个别明星

Balio, Tino, 'Stars in Business: The Founding of United Artists', in Balio, Tino (ed.), *The American Film Industry*, rev. edn., University of Wisconsin Press, Madison, 1985, pp. 153–72.
Baxter, Peter, 'On the Naked Thighs of Miss Dietrich', *Wide Angle*, vol. 2, no. 2, pp.

18–25.

Belton, John, 'John Wayne: As Sure as the Turning O' the Earth', *The Velvet Light Trap*, no. 7, Winter 1972–3, pp. 25–8.

Bingham, Dennis, *Acting Male: Masculinities in the Films of James Stewart, Jack Nicholson and Clint Eastwood*, Rutgers University Press, New Brunswick, 1994.

'Bob and Al in the Coffee Shop', *Sight and Sound*, vol. 6, no. 3, March 1996, pp. 14–19.

Bourget, Jean-Loup, 'Faces of the American Melodrama: Joan Crawford', *Film Reader*, no. 3, pp. 24–34.

Britton, Andrew, *Cary Grant: Comedy and Male Desire*, Tyneside Cinema, Newcastle Upon Tyne, 1983, reproduced in *CineAction!*, no. 7, December 1986, pp. 36–51.

Katharine Hepburn: The Thirties and After, Tyneside Cinema, Newcastle upon Tyne, 1984.

Brown, Jeffrey A., '"Putting on the Ritz": Masculinity and the Young Gary Cooper', *Screen*, vol. 36, no. 3, Autumn 1995, pp. 193–213.

Budd, William, 'Genre, Director and Stars in John Ford's Westerns: Fonda, Wayne, Stewart and Widmark', *Wide Angle*, vol. 2, no. 4, 1978, pp. 52–61.

Budge, Belinda, 'Joan Collins and the Wilder Side of Women – Exploring Pleasure and Representation', in Gamman, Lorraine and Marshment, Margaret (eds.), *The Female Gaze: Women as Viewers of Popular Culture*, The Women's Press, London, pp. 102–11.

Clark, Jane and Simmonds, Diana, *Move Over Misconceptions: Doris Day Reappraised*, BFI Dossier 5, British Film Institute, London, 1981.

Cohan, Steven, 'Masquerading as the American Male in the Fifties: *Picnic*. William Holden and the Spectacle of Masculinity in Hollywood Film', *Camera Obscura*, 25–6, 1991, pp. 43–72.

'Cary Grant in the Fifties: Indiscretions of the Bachelor's Masquerade', *Screen*, vol. 33, no. 4, Winter 1992, pp. 394–412.

'"Feminising" the Song-and-Dance Man: Fred Astaire and the Spectacle of Masculinity in the Hollywood Musical', in Cohen, Steven and Hark, Ina Rae (eds.), *Screening the Male: Exploring Masculinities in Hollywood Cinema*, London, Routledge, 1993, pp. 46–69.

Curry, Ramona, *Too Much of a Good Thing: Mae West as Cultural Icon*, University of Minnesota Press, Minneapolis, 1996.

Dargis, Manohla, 'Method and Madness', *Sight and Sound*, vol. 5, no. 6, June 1995, pp. 6–8.

'A Man for All Seasons', *Sight and Sound*, vol. 6, no. 12, December 1996, pp. 6–8.

Davis, D. William, 'A Tale of Two Movies: Charlie Chaplin, United Artists, and the Red Scare', *Cinema Journal*, vol. 27, no. 1, Fall 1987, pp. 47–62.

Dawson, Jeff, ' "The Best Thing About It Is the Boobs . . ." ', *Empire*, no. 84, June 1996, pp. 94–8.

Dobbs, Lem, 'Dad's the Word', *Sight and Sound*, vol. 6, no. 2, February 1996, pp. 12–15.

Doty, Alexander, 'The Cabinet of Lucy Ricardo: Lucille Ball's Star Image', *Cinema Journal*, vol. 29, no. 4, Summer 1990, pp. 3–22.

Dyer, Richard, *Star Dossier 1: Marilyn Monroe*, British Film Institute Education, London, 1980.

'*A Star Is Born* and the Construction of Authenticity', reprinted in Gledhill, Christine (ed.), *Stardom: Industry of Desire*, Routledge, London, 1991, pp. 132–40.

'Rock – The Last Guy You'd Have Figured?', in Kirkham, Pat and Thumin, Janet (eds.), *You Tarzan: Masculinity, Movies and Men*, Lawrence and Wishart, London, 1993, pp. 27–34.

'A White Star', *Sight and Sound*, vol. 3, no. 8, August 1993, pp. 22–4.

Fisher, Joe, 'Clark Gable's Balls: Real Men Never Lose Their Teeth', in Kirkham, Pat and Thumin, Janet (eds.), *You Tarzan: Masculinity, Movies and Men*, Lawrence and Wishart, London, 1993, pp. 35–51.

Francke, Lizzie, 'All About Leigh', *Sight and Sound*, vol. 5, no. 2, February 1995, pp. 8–9.

'Being Robin', *Sight and Sound*, vol. 4, no. 4, April 1994, pp. 28–9.

'Ready to Explode', *Sight and Sound*, vol. 6, no. 10, October 1996, pp. 6–8.

'Someone to Look At', *Sight and Sound*, vol. 6, no. 3, March 1993, pp. 26–7.

Francke, Lizzie and Wilson, Elizabeth, 'Gamine Against the Grain', *Sight and Sound*, vol. 3, no. 3, March 1993, pp. 30–2.

Fuentes, Annette and Schrage, Margaret, 'Deep Inside Porn Stars: Interview with Veronica Hart, Gloria Leonard, Kelly Nichols, Candida Royalle, Annie Sprinkle and Veronica Vera', *Jump Cut*, no. 32, 1987, pp. 41–3.

Gaines, Jane, 'In the Service of Ideology: How Betty Grable's Legs Won the War', *Film Reader*, no. 5, 1982, pp. 47–59.

Gandhy, Behroze and Thomas, Rosie, 'Three Indian Film Stars', in Gledhill, Christine (ed.), *Stardom: Industry of Desire*, Routledge, London, 1991, pp. 107–31.

Gelman, Howard, 'John Garfield: Hollywood Was the Dead End', *The Velvet Light Trap*, no. 7, Winter 1972–3, pp. 3–15.

Geraghty, Christine, 'Diana Dors', in Barr, Charles (ed.), *All Our Yesterdays: 90 Years of British Cinema*, British Film Institute, London, 1986, pp. 341–5.

'Albert Finney: Working-Class Hero', in Kirkham, Pat and Thumin, Janet (eds.),

Me Jane: Masculinity, Movies and Women, Lawrence and Wishart, London, 1995, pp. 203–22.

Gunning, Tom, 'Buster Keaton, or the Work of Comedy in the Age of Mechanical Reproduction', *Cineaste*, vol. 21, no. 3, 1995, pp. 14–16.

Hagopian, Kevin, 'Declarations of Independence: A History of Cagney Productions', *The Velvet Light Trap*, no. 22, 1986, pp. 16–32.

Hansen, Miriam, 'Pleasure, Ambivalence, Identification: Valentino and Female Spectatorship', *Cinema Journal*, vol. 25, no. 4, Summer 1986, pp. 6–32.

Hoberman, J., 'Nietzsche's Boy', *Sight and Sound*, vol. 1, no. 5, September 1991, pp. 22–5.

Holmlund, Chris, 'Sexuality and Power in Male Doppelgänger Cinema: The Case of Clint Eastwood's *Tightrope*', *Cinema Journal*, vol. 26, no. 1, Autumn 1986, pp. 31–42.

'Masculinity as Multiple Masquerade: The "Mature" Stallone and the Stallone Clone', in Cohen, Steven and Hark, Ina Rae (eds.), *Screening the Male: Exploring Masculinities in Hollywood Cinema*, London, Routledge, 1993, pp. 213–29.

Hunt, Albert, ' "She Laughed at Me with My Own Teeth": Tommy Cooper – Television Anti-Hero', in Masterman, Len (ed.), *Television Mythologies: Stars, Shows and Signs*, Comedia/Routledge, London, 1984, pp. 67–72.

Jacobowitz, Florence, 'Joan Bennett: Images of Femininity in Conflict', *CineAction!*, no. 7, December 1986, pp. 22–34.

Jenkins, Henry, ' "Shall We Make It for New York or Distribution?": Eddie Cantor, *Whoopie*, and Regional Resistance to the Talkies', *Cinema Journal*, vol. 29, no. 3, Spring 1990, pp. 32–52.

Jennings, Wade, 'Nova: Garland in *A Star Is Born*', *Quarterly Review of Film Studies*, vol. 4, no. 3, Summer 1979, pp. 321–37.

Klaprat, Cathy, 'The Star as Market Strategy: Bette Davis in Another Light', in Balio, Tino (ed.), *The American Film Industry*, rev. edn., University of Wisconsin Press, Madison, 1985, pp. 351–76.

Koch, Gertrud, 'Dietrich's Destiny', *Sight and Sound*, vol. 2, no. 5, September 1992, pp. 22–4.

Kramer, Margia, 'Jean Seberg, the FBI and the Media', *Jump Cut*, no. 28, April 1983, pp. 68–9.

Kramer, Peter, 'Derailing the Honeymoon Express: Comicality and Narrative Closure in Buster Keaton's *The Blacksmith*', *The Velvet Light Trap*, no. 23, Spring 1989, pp. 101–16.

'The Making of a Comic Star: Buster Keaton and *The Saphead*', in Karnick, Kristine Brunovska and Jenkins, Henry (eds.), *Classical Hollywood Comedy*,

Routledge, New York, pp. 190–210.
LaPlace, Maria, 'Bette Davis and the Ideal of Consumption: A Look at *Now Voyager*', *Wide Angle*, vol. 6, no. 4, 1985, pp. 34–43.
Lepper, Richard, *Star Dossier 2: John Wayne*, British Film Institute Education, London, 1980.
Lippe, Richard, 'Kim Novak: A Resistance to Definition', *CineAction!*, no. 7, December 1986, pp. 4–21.
MacCann, Graham, *Marilyn Monroe*, Polity Press, Cambridge, 1988.
Woody Allen: New Yorker, Polity Press, Cambridge, 1990.
Rebel Males: Clift, Brando and Dean, Hamish Hamilton, London, 1991.
Cary Grant: A Class Apart, Fourth Estate, London, 1996.
Macnab, Geoffrey, 'Valley Boys', *Sight and Sound*, vol. 4, no. 3, March 1994, pp. 20–3.
McKnight, Stephanie, *Star Dossier 3: Robert Redford*, British Film Institute Education, London, 1988.
McLean, Adrienne L. 'The Cinderella Princess and the Instrument of Evil: Surveying the Limits of Female Transgression in Two Postwar Hollywood Star Scandals', *Cinema Journal*, vol. 34, no. 3, Spring 1995, pp. 36–56.
Manso, Peter, *Brando*, Weidenfeld and Nicolson, London, 1994.
Matthews, Peter, 'Garbo and Phallic Motherhood – A "Homosexual" Visual Economy', *Screen*, vol. 29, no. 3, Summer 1988, pp. 14–39.
Medhurst, Andy, 'Dirk Bogarde', in Barr, Charles (ed.), *All Our Yesterdays: 90 Years of British Cinema*, British Film Institute, London, 1986, pp. 346–54.
Mellencamp, Patricia, 'Situation Comedy, Feminism and Freud: Discourses of Grace and Lucy', in Modleski, Tania (ed.), *Studies in Entertainment: Critical Approaches to Mass Culture*, Indiana University Press, Bloomington and Indianapolis, 1986, pp. 80–95, reprinted in Butler, Jeremy G. (ed.), *Star Texts: Image and Performance in Film and Television*, Wayne State University Press, Detroit, 1990.
Meyer, Richard, 'Rock Hudson's Body', in Fuss, Diana (ed.), *Inside/Out: Lesbian Theories, Gay Theories*, Routledge, New York, pp. 258–88.
Mueller, John, 'The Filmed Dances of Fred Astaire', *Quarterly Review of Film Studies*, vol. 6, no. 2, Spring 1981, pp. 135–54.
'Fred Astaire and the Integrated Musical', *Cinema Journal*, vol. 24, no. 1, Fall 1984, pp. 28–40.
Nadeau, Chantel, 'B B and the Beasts: Brigitte Bardot and the Canadian Seal Controversy', *Screen*, vol. 37, no. 3, Autumn 1996, pp. 240–50.
Penman, Ian, 'Sisyphus in Ray-Bans', *Sight and Sound*, vol. 4, no. 9, September 1994, pp. 6–9.
'The Dead', *Sight and Sound*, vol. 7, no. 1, January 1997, pp. 6–9.

Pepper, Linda, 'Sydney Greenstreet: Hollywood's Heaviest Heavy', *The Velvet Light Trap*, no. 7, Winter 1972–3, pp. 3–15.

Rai, Amit, 'An American Raj in Filmistan: Images of Elvis in Indian Films', *Screen*, vol. 35, no. 1, Spring 1994, pp. 51–77.

Reynaud, Bérénice, 'Gong Li and the Glamour of the Chinese Star', *Sight and Sound*, vol. 3, no. 8, August 1993, pp. 12–15.

Rich, B. Ruby, 'Nobody's Handmaid', *Sight and Sound*, vol. 1, no. 8, December 1991, pp. 6–10.

Richards, Jeffrey, 'Paul Robeson: The Black Man as Film Hero', in Barr, Charles (ed.), *All Our Yesterdays: 90 Years of British Cinema*, British Film Institute, London, 1986, pp. 334–40.

Roberts, Shari, ' "The Lady in the Tutti-Frutti Hat": Carmen Miranda, a Spectacle of Ethnicity', *Cinema Journal*, vol. 32, no. 3, Spring 1993, pp. 3–23.

Robertson, Pamela, ' "The Kinda Comedy That Imitates Me": Mae West's Identification with the Feminist Camp', *Cinema Journal*, vol. 32, no. 2, Winter 1993, pp. 57–72.

Romney, Jonathan, 'Arnold Through the Looking Glass', *Sight and Sound*, vol. 3, no. 8, August 1993, pp. 6–9.

Rosen, Miriam, 'Isabelle Adjani: The Actress as Political Activist', *Cineaste*, vol. 17, no. 4, 1990, pp. 22–4.

Schatz, Thomas, ' " Triumph of Bitchery": Warner Bros., Bette Davis and *Jezebel*', *Wide Angle*, vol. 10, no. 1, 1988, pp. 16–29.

Shingler, Martin, 'Masquerade or Drag? Bette Davis and the Ambiguities of Gender', *Screen*, vol. 36, no. 3, Autumn 1995, pp. 179–92.

Smith, Paul, *Clint Eastwood: A Cultural Production*, UCL Press, London, 1993.

Stuart, Andrea, 'Making Whoopi', *Sight and Sound*, vol. 3, no. 2, February 1993, pp. 12–13.

Studlar, Gaylyn, 'Discourses of Gender and Ethnicity: The Construction and De(con)struction of Rudolph Valentino', *Film Criticism*, vol. 13, no. 2, 1989, pp. 18–35.

'Masochism, Masquerade, and the Erotic Metamorphoses of Marlene Dietrich', in Gaines, Jane M. and Herzog, Charlotte (eds.), *Fabrications: Costume and the Female Body*, Routledge, New York, 1990, pp. 229–49.

'Valentino, "Optic Intoxication" and Dance Madness', in Cohen, Steven and Hark, Ina Rae (eds.), *Screening the Male: Exploring Masculinities in Hollywood Cinema*, Routledge, London, 1993, pp. 23–45.

Swanson, Gillian, 'Burt's Neck: Masculine Corporeality and Estrangement', in Kirkham, Pat and Thumin, Janet (eds.), *Me Jane: Masculinity, Movies and Women*, Lawrence and Wishart, London, 1995, pp. 203–22.

Taubin, Amy, 'An Upright Man', *Sight and Sound*, vol. 3, no. 9, September 1993, pp.

9–10.

Thomson, David, 'Waiting for Garbo', *American Film*, vol. 6, no. 1, October 1980, pp. 48–52.

'All Our Joan Crawfords', *Sight and Sound*, vol. 51, no. 1, Winter 1981–2, pp. 54–7.

'Charms and the Man', *Film Comment*, vol. 20, no. 1, February 1984, pp. 58–65.

Turim, Maureen, 'Jean-Pierre Léaud: Child of the French Cinema', *The Velvet Light Trap*, no. 7, pp. 41–8.

Vincendeau, Ginette, 'Community, Nostalgia and the Spectacle of Masculinity', *Screen*, vol. 26, no. 6, November–December 1985, pp. 18–38.

'Fire and Ice', *Sight and Sound*, vol. 3, no. 4, April 1993, pp. 20–2.

'Gérard Depardieu: The Axiom of Contemporary French Cinema', *Screen*, vol. 34, no. 4, Winter 1993, pp. 343–61.

'Juliette Binoche: From Gamine to Femme Fatale', *Sight and Sound*, vol. 3, no. 12, December 1993, pp. 22–4.

'From Proletarian Hero to Godfather: Jean Gabin and "Paradigmatic" French Masculinity', in Kirkham, Pat and Thumin, Janet (eds.), *Me Jane: Masculinity, Movies and Women*, Lawrence and Wishart, London, 1995, pp. 249–62.

Watney, Simon, 'Katharine Hepburn and the Cinema of Chastisement', *Screen*, vol. 26, no. 5, September–October 1985, pp. 52–76.

Weiss, Andrea, *Vampires and Violets: Lesbians in the Cinema*, Jonathan Cape, London, 1992.

White, Patricia, 'Supporting Character: the Queer Career of Agnes Moorehead', in Creekmur, Corey K. and Doty, Alexander (eds.), *Out in Culture: Gay, Lesbian and Queer Essays on Popular Culture*, Cassell, London, 1995, pp. 91–114.

Wilmington, Mike, 'Warren Beatty: The Sweet Smell of Success', *The Velvet Light Trap*, no. 17, Winter 1977, pp. 53–6.

Wolfe, Charles , 'The Return of Jimmy Stewart: The Publicity Photograph as Text', *Wide Angle*, vol. 6, no. 4, 1985, pp. 44-52, reprinted in Gledhill, Christine (ed.), *Stardom: Industry of Desire*, Routledge, London, 1991, pp. 92–106.

Zucker, Carole, 'Some Observations on Sternberg and Dietrich', *Cinema Journal*, vol. 19, no. 2, Spring 1980, pp. 17–24.

3. 电影：总论

Allen, Robert C. and Gomery, Douglas, *Film History Theory and Practice*, McGraw-Hill, New York, 1985.

Creed, Barbara, 'From Here to Modernity: Feminism and Postmodernism', *Screen*, vol. 28, no. 2, Spring 1987, pp. 47–67.

Doane, Mary Ann, untitled entry, *Camera Obscura*, 20–1, 1989, pp. 142–7.

Eckert, Charles, 'The Carole Lombard in Macy's Window', *Quarterly Review of Film Studies*, vol. 3, no. 1, Winter 1978, pp. 1–21.

Herzog, Charlotte, ' "Powder Puff" Promotion: The Fashion Show-in-the-Film', in Gaines, Jane M. and Herzog, Charlotte (eds.), *Fabrications: Costume and the Female Body*, Routledge, New York, 1990, pp. 134–59.

Herzog, Charlotte C. and Gaines, Jane M., ' "Puffed Sleeves Before Tea-Time": Joan Crawford, Adrian, and Women Audiences', *Wide Angle*, vol. 6, no. 4, 1985, pp. 24–33.

Mayne, Judith, *Cinema and Spectatorship*, Routledge, London, 1993.

Neale, Steve, 'Masculinity as Spectacle: Reflections on Men and Mainstream Cinema', *Screen*, vol. 24, no. 6, November–December 1983, pp. 2–16.

Pirie, David, 'The Deal', in Pirie, David (ed.), *The Anatomy of the Movies*, Windward, London, 1981, pp. 40–61.

Rajadhyaksha, Ashish and Willeman, Paul, *Encyclopaedia of Indian Cinema*, British Film Institute and Oxford University Press, London and New Delhi, 1994.

Schatz, Thomas, 'The New Hollywood', in Collins, James, Radner, Hilary and Preacher Collins, Ava (eds.), *Film Theory Goes to the Movies*, Routledge, New York, 1993, pp. 8–36.

Vincendeau, Ginette, 'Hijacked', *Sight and Sound*, vol. 3, no.7 , July 1993, pp. 22–5.

Wyatt, Justin, *High Concept: Movies and Marketing in Hollywood*, University of Texas Press, Austin, 1994.

4. 杂录

Bourdieu, Pierre, 'The Field of Cultural Production, or: The Economic World Reversed', *Poetics*, vol. 12, no. 4–5, 1983, pp. 311–56.

Dyer, Richard, 'Don't Look Now: The Instabilities of the Male Pin-Up', *Screen*, vol. 23, no. 3–4, September–October 1982, pp. 61–73.

Featherstone, Mike, Hepworth, Mike and Turner, Bryan S. (eds.), *The Body: Social Process and Cultural Process*, Sage, London, 1991.

Fiske, John, 'The Cultural Economy of Fandom', in Lewis, Lisa A. (ed.), *The Adoring Audience: Fan Culture and Popular Media*, Routledge, London, 1992, pp. 30–49.

Gray, Ann, *Video Playtime: The Gendering of a Leisure Technology*, Routledge, London, 1992.

Hebdige, Dick, *Subculture: The Meaning of Style*, Methuen, London, 1979.

Jenkins, Henry, *Textual Poachers: Television Fans and Participatory Culture*, Routledge, New York, 1992.

Lewis, Lisa A. (ed.), *The Adoring Audience: Fan Culture and Popular Media*,

Routledge, London, 1992.
Moores, Shaun, *Interpreting Audiences: The Ethnography of Media Consumption*, Sage, London, 1993.
Morley, David, *Family Television: Cultural Power and Domestic Leisure*, Comedia/Routledge, London, 1986.
Shilling, Chris, *The Body and Social Theory*, Sage, London, 1993.
Turner, Bryan S., *The Body and Society*, 2nd edn., Sage, London, 1996.
Volosinov, Valentin Nikolaevic, *Marxism and the Philosophy of Language*, Harvard University Press, Cambridge MA, 1986.
Walkerdine, Valerie, 'Video Replay: Families, Films and Fantasy', in Burgin, Victor, Donald, James and Kaplan, Cora (eds.), *Formations of Fantasy*, Routledge, London, 1989, pp. 167–99.

明星是谁？

——译后记

"旗下的明星比天上的星星还多哩！"这是好莱坞黄金时期"米高梅"老板路易斯·迈耶说的一段溢美之词。的确，随着明星制的建立以及大批欧洲表演精英的涌入，那一时期好莱坞的男女明星真是繁星璀璨。像葛丽泰·嘉宝、玛琳·黛德丽、凯瑟琳·赫本、蓓蒂·台维丝、英格丽·褒曼、费雯丽、秀兰·邓波儿、伊丽莎白·泰勒等女星，克拉克·盖博、贾莱·古柏、约翰·韦恩、詹姆斯·史都华、詹姆斯·贾克奈、劳伦斯·奥立佛、卡莱·葛伦、马龙·白兰度等男星家喻户晓，人见人爱。同样，其他国家也经过打造涌现出许多明星，例如：法国的让·伽班、钱拉·菲利浦、阿兰·德龙、碧姬·芭尔铎；意大利的索菲亚·罗兰、吉娜·罗乐勃丽季达、马切洛·马斯特洛亚尼；德国的玛丽娅和麦克西米伦·谢尔姊弟、罗密·施乃黛；瑞典的丽英·厄尔曼；英国的詹姆斯·梅森；中国的胡蝶、阮玲玉和李丽华；日本的三船敏郎；墨西哥的陶乐蕾丝·德里奥等等。明星们成了"外交大使"和"大众偶像"，所到之处无不引起轰动，言行打扮无不被人效尤。现在，尽管明星制业已消亡，但明星依然是电影工业生产的"主力军"和观众消费注重的"品牌"，依然是影片的卖点和电影节的亮点。新生代明星层出不穷，演技派和偶像派明星不断转型，使得世界影坛"银河系"益发膨胀，甚至爆出"超级巨星"。

那么，明星究竟是谁，亦即什么样的人呢？他（她）们是否为通称的演员,凭借精湛的演技而超越性格演员和类型演员？他(她)们是否为电影精英,拿着高额片酬和分红,享受奢华的生活？他(她)们是否为名人,靠炒作绯闻而红得发紫？"明星是谁？"(Who is the star?)这个命题,同上世纪50年代安德烈·巴赞提出的"电影是什么？"一样,乃是十分重要的经典命题。它涉及普罗大众所关注、崇拜和仿效的明星及其形象的本质。这个命题单靠报刊等的宣传或评论,单靠明星的自传或评传是探究不出道理来的。长时间内,明星作为一个电影理论的研究领域,亦即明星学(studies of stardom),几乎是个空白,从未系统研究之。直到上世纪70年代末,英国沃维克大学电影学教授理查德·戴尔(Richard Dyer)撰写出版了《明星》(Stars)一书,总算有了一部开创性的明星学专著。该书于1979年出第一版,迄今共出九版,"实为一本必不可少的工具书"。戴尔的相关研究著作还有《超凡的身体：电影明星和社会》、《形象问题：关于再现问题的评论》等,它们从各个方面对明星学涉及的论题都作了较为深刻的探讨。

  戴尔对明星研究的最主要贡献是建立了一系列概念模型(conceptualizations),包括"明星作为社会现象"(stars as a social phenomenon)、"明星作为形象"(stars as images)和"明星作为符号"(stars as signs)这样三个基本的概念模型和其他一些具体的概念模型。《明星》一书从这些概念模型出发,分三大篇九小章,详细阐述了明星研究的若干论题,借以建构明星学的基本框架。此后学者们的进一步探讨,基本上沿用了戴尔的概念模型、分析模式以及批评词汇话语,可见戴尔的研究是科学的,论断是正确的。

  正如戴尔在本书的引论中指出的,研究明星涉及社会学和符号学的关联,亦即："明星是一种引人注目的、也可以说具有重大影响的社会现象,同时也是电影工业本质的一个方面",因此"影片上是有了明星演出才具有意义"；"从符号学观点看,明星之所以具有意义,只是因为他们身处影片之中,故他们只是影片表意的方式之一"。书中第一篇主要论及各种社会学问题,如明星既是"(影片)生产的现象"又是"(观众)消费的现象";"明星脱离了媒体文本(包括影片、报纸报道、电视节目、广告等)是不存在的"等。第三篇侧重于符号学问题,如"明星同所有表意的符号一样","建构人物的符号有外表、言语、手势、动作等"。而第二篇将上述两种论题结合起来,解释清楚"明星所依赖的文本在社会语境中为何物","明星的形象具有什么含义和影响力"等。上述三篇都涉及意识形态的观念,强调"对好莱坞的任何关注,首先必须以西方社会的主流意识形态为出发点",对媒体文本和明星都必须"作意识形态的分析"。

正是由于本书是开创性之作,有些概念和话语鲜为影评人和影迷们熟知,因而显得有些深奥。但戴尔的整个论述是相当精辟的。比如他认为:"明星形象是在媒体文本中建构的人物",而这种人物一方面"具有社会内涵","代表着社会各种类别的人",例如"老好人"(威尔·罗杰斯、詹姆斯·史都华等)、"硬汉"(约翰·韦恩、詹姆斯·贾克奈等)、"反叛者"(马龙·白兰度、詹姆士·迪安等)、"独立女性"(凯瑟琳·赫本、琼·克劳馥等)和"美女"(玛丽莲·梦露、简·方达等);另一方面符合小说的人物概念,亦即具有兴趣爱好、性格发展、内心活动、行为动机、自主性和丰满度等特征。戴尔还列举出各种表演风格,例如情节剧式、广播式、保留剧目轮演式、"方法派"等,他认为明星的表演风格是特定的,是他(她)在自己的多部影片中的演绎所积累和沉淀的。像约翰·韦恩给坐骑拴缰绳的潇洒动作,玛琳·黛德丽的中性化打扮与举止,蓓蒂·台维丝的眼珠总是骨碌碌地转动,玛丽莲·梦露蓝眸眯起、红唇微启的媚态等都给观众留下深刻的印象。

诚然,明星是靠宣传、评论、推销等捧红的,但大肆宣传、推销等"炒作",正如戴尔指出的"可能将事情搞砸"。一旦丑闻成为明星的语境(话题),例如1921年"胖子"笑星亚布克尔强奸某女伶又将她杀害一案,则"毁坏事业"(他的演艺生涯从此一蹶不振)。

《明星》出版后,学术界对明星的研究又取得了一些新的成果。本书的最新版本特地邀请南班克斯大学媒体学高级讲师保罗·麦克唐纳增写了一章——"重新建构明星概念"。该章概述了最新的研究成果,着重审视:1.男性和女性动作明星,如西尔威斯特·史泰龙和琳达·汉密尔顿等,进一步研究明星的形体;2."表演框架",即叙事、场景、配角、运镜等均为明星服务,如《漂亮的女人》中的朱莉娅·罗伯茨;3.明星的公共性和私密性二元对立;4."个性化"和"人格化"两种表演方法,前者要求明星改变自己的外形和声音等,以呈现各种人物的差异性,代表者是梅丽尔·斯特里普,后者则保持明星的自我,以呈现明星形象的连贯性,代表者是亚诺德·施瓦辛格;5.观众随着观影条件的变化,从凝视、移情到与明星同化;6.明星的地位和功能之变化,在"高概念"大片中,"明星形象起着工具性的作用"。

　　戴尔等总结前人的研究成果,旁征博引,图文并茂,又提供大量参考文献,洋洋20余万字。北京大学出版社现在出版这本书,为我国影视界、演员界深入了解明星现象、明星地位、明星功能、明星形象、明星语境、明星表演等提供了理论参考。

　　原著中有不少术语尚未定论,若译得不当,诚请指正。

严　敏

2009年2月